DEVIL 데블

Perceptions of Evil from Antiquity to Primitive Christianity

고대로부터 원시 기독교까지 악의 인격화

The Devil: Perceptions of Evil from Antiquity to Primitive Christianity
by Jeffrey Burton Russell ⓒ 1987 by Cornell University Press
All rights reserved

Korean translation edition ⓒ 2001 by Renaissance Publishing Co.
Published by arrangement with Cornell University Press, USA
via Bestun Korea Agency, Korea.
All rights reserved.

이 책의 한국어 판권은 베스툰 코리아 에이전시를 통하여 미국의 저작권자와 독점 계약한 르네상스에
있습니다. 저작권법에 의해 한국 내에서 보호를 받는 저작물이므로 어떠한 형태로든 무단 전재와 복제
를 금합니다.

D E V I L
데블

Perceptions of Evil from Antiquity to Primitive Christianity
고대로부터 원시 기독교까지 악의 인격화

제프리 버튼 러셀 지음, 김영범 옮김

르네상스

CONTENTS

차례

서문 _7

1. 악의 문제 _13
2. 악마를 찾아서 _41
3. 동서양의 악마 _65
4. 고전 세계에서의 악 _151
5. 히브리적인 악의 인격화 _225
6. 신약성서에 나타난 악마 _279
7. 악마의 얼굴 _315

본문의 주 _333
참고문헌 _363
역자후기 _373
찾아보기 _375

서문

이 책에서 다루고자 하는 주제는 신학이 아니라 역사다. 이 책에서는 형이상학적 논변보다는 인간의 정신에 깃들인 개념의 발전 과정을 연구한다. 역사를 해박하게 알고 있더라도 악마가 객관적으로 존재하는지 그 여부는 결정할 수 없다. 하지만 역사가들이 제시한 바에 따르면, 사람들은 마치 악마가 존재하는 듯이 행동해온 것 같다. 악—살아 있는 존재에 고통을 부여하는—은 인간 존재가 가지고 있는 가장 오래되고 심각한 문제 가운데 하나다. 많은 문화 속에서 악은 빈번하게 의인화되어왔다. 이 책은, 악이 의인화된 '악마(Devil)'의 역사를 다룬다.

 나는 중세를 연구하는 학자다. 몇 년 전 11, 12세기의 악마 개념을 연구하기 시작하면서 역사적인 선례들을 연구하지 않고는 중세의 악마를 이해할 수 없다는 사실을 깨닫게 되었다. 더욱 중요한 사실은 악의 문제를 빼놓는다면 악마를 전혀 이해할 수 없다는 것도 알게 되었다. 나는 한 사람의 역사학자로서, 그리고 인간으로서 악의 문제에 정면으로 맞서야만 했다. 악과 악의 의인화에 관한 서술은 상당히 방대하기 때문에, 이 책은 신약시기 말까지로 제한하지 않을 수 없다. 계속 이어지는 두 번째 책에서는 초기 기독교 시대의 악마를 다룬다.

이 책은 수없이 다양한 문화 속에서 상당히 오랜 기간에 걸쳐 나타난 악의 의인화라는 광범위한 문제를 종합적으로 다룬다. 역사학의 최근 조류는 종합적인 연구보다는 분석적인 연구로 나아가고 있다. 하지만 두 방향을 위해 균형 잡힌 견해가 필요하며, 세밀한 연구가 이루어져야 한다. 또한 각각의 맥락 속에 세부 사항을 확인하는 연구들이 필요하고, 역사적인 증거를 인간의 삶과 경험 전체와 관련지어야 한다.

특히 역사가는 항상 변화하고 있는 가치의 역사 속에서 특별한 어려움에 직면하고 있는데, 가치 평가적 용어들이 하나의 언어와 문화적 맥락에서 다른 언어와 맥락으로 번역되어야만 하는 이(異)문화 사이의 연구에서도 그러한 어려움은 나타난다. 그렇지만 오류를 피할 수 없고, 해석이 논쟁을 불러온다고 해서 어떤 한 작가가 인류와 자신에게 중요한 것이라고 여겨지는 문제를 다루지 못해서는 안 된다. 학문 연구는 단순한 연습 이상이어야 한다. 글을 쓸 때 작가는 스스로를 변화시켜야 하고, 독자가 자신의 글을 읽으면서 변화하기를 바란다.

나는 『마법의 역사』에서 종종 잘못 이해되었던 논점을 이 책에서 전부 명확히 하고 싶었다. 즉, 역사적 증거가 '실제'로 있었던 일을 알 수 있을 정도로 명확할 수는 없지만, 사람들이 있었던 일이라고 믿었던 증거는 상대적으로 분명하다. 개념—사람들이 있었던 일이라고 믿었던 것—이야말로 실제로 있었던 일보다 더 중요하다. 왜냐하면 사람은 진실이라고 믿는 바에 따라 행동하기 때문이다.

이 책처럼 광범위한 연구를 하는 데 나는 많은 동료, 학생, 친구, 그리고 관계자들의 도움을 받지 않을 수 없었다. 나는 그분들이 이해할 만한 특별한 방식으로 감사를 표한다. 이 책에 오류가 나타나더라도 나를 도와준 분들은 아무런 책임도 없다. 그리고 이 책에 나오는 해석에 그분들이 전적으로 찬동한다고 여겨서도 안 된다. 칼 버크호트, 조셉 블렌킨숍, 에드먼드 브렘, 헬렌 콘나드, 프랭크 쿡, 클라라 딘, 에드윈 가우스태드, 노먼 지라르도, 바버라 햄블리, 브렌하드 켄들러, 헬렌 로그, 도널드 로, 에이린 맥크렐, 레온 맥크릴리스, 랄프 매키너니, 프랜시스 마콜롱고, 윌리엄 매튜스, 준 오코너, 더글라스 패롯, 자니 앤 랄프, 다이애나 러셀, 제니퍼 러셀, 캐이 쇼이어, 마크 윈담 등에게 진심으로 감사를 표한다. 또한 나에게 재정과 기타 도움을 준 캘리포니아(리버사이드) 대학의 연구위원회, 노터데임 대학교 중세연구소의 마이클 그레이스 강좌, 기독교 예술 장서 목록, 인문학을 위한 국가 기부금, 바르부르크 연구소 등에도 감사의 마음을 전한다.

이 책의 1장은 《리스닝(*Listening/Journal of Religion and Culture*)》(vol. 9, no. 3, 1974) 71-83에 게재된 바 있고, 2장은 《계간 인

디애나 사회과학(*Indiana Social Science Quarterly*)》(vol. 28, 겨울호 1975/76) 24-37에 게재되었다. 이 책에 수정해서 게재할 수 있도록 허락해준 편집자들에게 감사한다.

인디애나 주 노터데임에서
제프리 버튼 러셀

악마, 그는 오래된 존재이다.
　　　　　　－괴테

꽃을 꺾는 사람은 가장 멀리 있는 별들을 불안하게 한다.
　　　　　－토머스 트러헌

1
악의 문제

하늘은 방관하고 그들의 편을 들지 않았는가?
—맥더프

악의 본질은 감정을 가진 존재, 고통을 느낄 수 있는 존재를 잔인하고 폭력적으로 다루는 것이다. 중요한 것은 바로 고통이다. 악은 정신을 통해 즉각 파악되고, 감정에 의해 곧바로 감지되며, 고의로 가해진 고통(상처)으로 느껴진다. 악이 존재한다는 데 더 이상의 증거가 필요치 않다.
'나는 존재한다, 그러므로 나는 악을 경험한다.'

흔히 많은 사회에서 악은 목적의식적인 힘으로 느껴지고 인격을 가진 것으로 지각된다. 간단명료하게 나는 그렇게 인격화된 존재를 '악마'라고 부른다. 악은 절대로 추상적인 것이 아니다. 악은 항상 개인의 경험 속에서 이해되어야 한다. 『카라마조프의 형제들』에서 이반이 알료샤에게 한 말보다 악의 존재를 직접적으로 더 잘 묘사한 것은 없을 것이다.

팔에 아이를 안은 채 떨고 있는 어머니를 상상해보라. 한 무리의 침략자 터키인들이 그녀를 에워싸고 있다. 그들은 농락하려고 한다. 아이를 토닥이고 웃게 만들며 즐거워한다. 그들의 행동은 계속되고 아이는 웃는다. 바로 그때 한 터키인이 아이의 얼굴과 10cm 정도 되는 거리에서 권총을 겨눈다. 아이는 즐겁게 웃으며 그 작은 손으로 권총을 잡는다. 그리고 그 터키인이 아이의 얼굴에 방아쇠를 당기자 아이의 골수가 날아간다. 극적이다. 그렇지 않은가? 악마는 존재하지 않을지도 모르지만 인간은 악마를 창조했고, 인간 자신의 이미지와 비슷하게 악마를 창조했다고 나는 생각한다.

그리고 계속 이어진다.

교양을 갖춘 부모에게서 온갖 고문을 당하는 다섯 살짜리 어린 소녀가 있었다. 그 부모는 차갑고 음산한 옥외 변소에 그 어린 소녀를 밤새도록 가두어두었다. 어린 아이가 밤에는 (이곳에) 있고 싶지 않다고 했다는 이유로 부모는 배설물을 아이의 얼굴에 문지르고 입에 처넣었다. 바로 그 아이의 엄마가, 그 엄마가 그런 짓을 했던 것이다. 그리고 그 엄마는 불쌍한 아이의 신음소리를 들으며 잠을 잘 수 있었다! 자신에게 자행된 짓들을 이해할 수도 없는 어린 생명체가 어둠과 추위 속에서 작은 주먹으로 작고 상처받은 가슴을 쳐야 하는지, 연약하고 누구도 원망해본 적이 없는 눈물로 신께 자신을 보호해주기를 호소해야 하는지, 그 이유를 이해할 수 있는가? 인간은 왜 그렇게 많은 대가를 치르고서야 선과 악이 악마의 본성을 가지고 있다는 것을 알아야 하는가? 왜 온 세상을 다 아는 지식도 하나님께 드리는 아이의 기도보다도 못 하단 말인가.[1]

1976년 8월 22일 UPI에 따르면, 다음과 같은 일이 벌어졌다.

분명히 LSD에 취한 열여섯 살짜리 소녀가 손목과 팔에 난도질을 하며 로마 가톨릭 교회의 제단으로 뛰어들었다. 그 아이가 면도칼로 목을 찌르자 300명의 군중들은 환호하며 소리쳤다. "계속해라, 자매여!" 경찰은 환호하는 군중들이 '혐오'스러웠다고 말했다. "사람들은 '그렇게 해라, 자매여!' '당장에' 이렇게 소리쳤다"고 순경은 수사관에게 말했다. 베인 상처에서 너무 많은 피를 흘려 소녀가 기절해 쓰러지자 사람들은 환호했다.

이유 없는 잔인함과 파괴 행위는 인간의 역사에서도 흔한 것처럼 일상적인 뉴스 기사에 흔하게 나오는 일이다. 약 3,000년 전 아시리아의 왕 아슈르바니팔 2세는 적의 마을을 점령하고는, 모든 마을 사람들을 데려와 손과 발을 자른 다음 마을 광장에 쌓아 피 흘리며 죽게 했다.

이 장에 나오는 악의 사례 대부분은 육체적인 것인데, 그 이유는 육체적 고통이야말로 정신적이고 영적인 능욕보다 더 확실하기 때문이다. 하지만 정신적·영적 능욕도 누구나 느낄 수 있고, 파괴적이며 고통스럽고 전적으로 악령과 관련된다.

악이란 무엇이고 어떻게 존재하는가? 인간이 품은 문제 가운데서도 이 물음은 가장 오래되고 복잡한 것이다. 악의 문제는 시간이 흐른다고 해서 잊혀지는 법이 없다. 이 문제는 12세기에 그 어느 때보다도 더 절박했다.

악은 어떻게 존재하는가? 악은 사람들이 인식하는 대로 존재한다. 그러나 악에 대한 인식은 너무나 다양하기 때문에 만족스럽게 악을 정의할 수 없다. 제한적이나마 의사소통을 위해서 자의적으로 정의를 내릴 수도 있다. 그러나 악은 애매모호한 개념도 아니지만 그렇다고 내적인 일관성을 갖지도 않는다. 따라서 우리는 범주를 통해 정의하기보다는 즉각적이고 직접적이며 실존적으로 악을 인식해야 한다.

악을 이해하려면 개인에게 행해진 어떤 사건을 직접적이고 즉각적으로 경험해야 한다. 사람들은 자신들에게 닥친 악을 즉각적으로 경험하게 된다. 사랑하는 사람들, 친구나 이웃들에게 아니면 개인적인 친분이 전혀 없는 사람들에게 행해진 악을 감정적으로나마 직접 경험한다. 악이란 추상적인 개념이 아니다. 사람들은 강제수용소에서 안네 프랑크가 겪은 고통, 네이팜탄 공격을 받는 베트남 아이의 고통, 불 속에서 죽어가는 아시리아 병사들의 고통 등을 자신들이 겪은 고통을 통해 알게 되고 동감하게 된다. 수만 킬로미터 밖에서 오천 년 전에 일어난 고통일지라도 시공간적인 간격은 문제 되지 않는다. 울부짖는 목소리는 들리게 마련이다. 가스실 속의 유대인들, 장작더미 위의 이교도들, 길거리에서 강도짓을 당하는 힘없는 노인들, 강간당하는 여인들, 그들 가운데 한 사람, 당하는 그 한 사람에게 고통은 참을 수 없는 일이다. 고통받는 사람은 악을 이해하고 악의 문제와 맞서려는 의무감을 반드시 갖게 된다.

    그러한 고통이 한 사람에게만 국한되는 경우는 거의 없다. 내부인민위원회(NKVD. 구 소련의 국가비밀경찰)에게 한 희생자가 처형을 당한 후 그 사람의 여덟 살짜리 딸 조야는 1년을 넘기지 못하고 죽었다. "그때까지만 해도 그 아이는 한번도 앓아본 적이 없었어요. 그 사건이 있은 후로 그 아이는 단 한번도 웃지 않았지요. 그 아이는 고개를 떨군 채 돌아다녔지요. 그러다가 뇌염으로 죽었어요. 죽어가면서 계속 소리치며 울었어요. '아빠 어디 계세요? 아빠를 돌려줘요!' 강제수용소에서 사라져간 수백만의 사람들을 헤아리면서도, 그 숫자가 실제로는 두 배 세 배로 늘어난다는 사실을 잊곤 하지요."[2)]

에셔, 〈희생양〉, 1921. 악마는 신의 그림자, 신성의 어두운 면으로 나타난다(에셔 재단, 헤이그 시립미술관).

경험의 영역으로부터 구성하고 개념화하는 의식의 영역으로 옮아가듯이, 개개인들이 지각하게 되는 악을 통해서 우리는 악의 보편성을 추론하게 된다. 아시리아 병사의 죽음을 통해 아시리아 전쟁의 공포, 더 나아가 모든 전쟁이 주는 공포의 개념을 형성할 수 있게 된다. 안네 프랑크가 겪은 고통을 통해 잔인한 독재정권 하에서의 공포스러운 삶을 의식하게 된다. 네이팜탄의 공격을 받는 베트남 아이들의 고통으로부터 인류를 파괴하는 무분별한 이데올로기로 인한 고통을 알게 된다. 이제 보편적인 악의 관념이나 개념이 발생한다. 그러나 이런 것들은 이론적으로 정의될 수는 없는데, 개개인이 겪는 고통을 직접적으로 알게 되면 우리의 의식에 곧바로 호소하기 때문이다.

악의 보편성을 의식하게 되면 악을 또 다른 차원으로 이해하게 된다. 악은 보편적일 뿐만 아니라 인간의 경험 속 어디에서도 존재한다는 것을 알게 된다. 악은 모든 장소, 모든 시간, 그리고 모든 분별 있는 개개인의 삶에 간여해왔다. 악이 보편적임을 이해한다. 마음속에 그리는 더 좋은 세상에서도 우리는 근본적으로 뭔가가 부족함을 느낀다. 이 세상에 뭔가 결함이 있다는 생각은 영혼 하나하나에 깊이 뿌리박혀 있는 것이다. 결함은 인류가 갖게 되는 다른 개념만큼이나 널리 퍼져 있다. 이 세상은 어떻게 결함(어쩌면 치유할 수 없는)을 갖게 되는가라고 의문을 던지는 순간 우리는 악의 문제를 전면적으로 제기하는 셈이다.

그러나 '결함'이라는 말은 은유다. 그리고 존재론적이고 원인론적인 질문들은 형이상학적인 추론들이다. 항상 악을 이해하려 한다면 은유나 형이상학에서 개별적인 문제로 돌아가야 한다. 수치는 현실을 가릴 뿐이다. 나치가 처형한 유대인 600만 명, 이런 언술은 한낱 추상에 불과하다. 우리는 바로 단 한 사람의 유대인이 겪은 고통을 이해해야 하고 과도한 추론 능력은 제한해야 한다. 밀턴이 창조해낸 사탄이 그렇게도 거만하게 보일 수 있는 이유는, 그 사탄이 보여주고 있는 악은 추상적으로 가려져 있기 때문이다. 어둠 속에서 홀로 아이를 고문하는 이반의 사탄이야말로 사탄이 가지고 있는 가짜 영광으로, 개인이 겪는 고통을 잊게 하기 위해 추상적으로 만들어져 우리 마음이 허락해야만 느낄 수 있는 영광의 본질을 적나라하게 드러낸다. 뭉뚱그려져 있던 추상적 개념들이 하나하나 풀리면 그 폐해가 사라질 수 있다. 교회, 민주주의 혹은 인민이라는 이름으로 얼마나 많은 피의 헌납을 요구해왔던가? 추상적인 개념이 사라지는 경우는 한낱 인간이 만들어낸 개념처럼 여겨지거나 실재하는 현상으로 잘못 상상하는 때이다. 안네 프랑크를 희생시킨 국가사회주의나 베트남 아이들에게 약속된 민주주의는 실재하지 않는다. 그 아이들의 고통만이 실재할 뿐이다. 사람들은 자신들이 겪은 고통을 통해서 직접적이고 확실하게 타인의 고통을 알기 때문에 그 아이들의 고통은 우리에게도 실재한다.

많은 이들이 총살을 당했다. 처음에는 수천 명이, 그러다가 수만 명이. 우리는 그 숫자를 나눠보기도 하고 곱해보기도 하면서 한숨을 짓거나 욕설을 퍼붓는다. 그렇지만 이러한 것들은 숫자에 불과하다. 숫자는 우리의 정신을 압도한다. 그리고는 쉽게 잊혀진다. 어느 날 총살당한 사람들의 친지들이 출판업자에게 처형당한 혈족의 사진을 보내 그 앨범이 여러 권으로 출판된다면, 그 책들을 넘겨보고 꺼져가는 눈을 들여다보기만 해도 죽는 날까지 귀중한 교훈을 배우게 될 것이다. 비록 아무 말도 없었지만 그렇게 책을 봄으로써 우리 가슴속에 영원토록 깊은 흔적을 남기게 된다.[3]

또 다른 관점에서 개인의 문제로 돌아가볼 필요가 있다. 지금껏 나는 악을 우리에게 행해진 어떤 것으로 다루어왔다. 하지만 우리는 악을 행하기도 한다. 우리 중에 어느 누구도 악이 미치지 않는 삶을 살 수 없는 것처럼 어느 누구도 악을 행하지 않고 살 수 없다. 내가 키우는 장미에도 벌레는 있는 법이다. 우리들 마음속 어딘가에 고문기술자, 살인자, 강간범, 사디스트가 될 수 있는 감정이 들어 있다. 그리고 늘, 적어도 미약하나마 나는 그런 감정들이 표출되도록 내버려두기도 한다. 적어도 악의 문제에 대한 대답의 일부분은 내 안에 들어 있다. 그런데도 나는 대개 악을 외부로부터 다가온다고 이해한다. 스스로가 악하다고 인정하는 사람은 거의 없고, 악을 저질렀다고 스스로 인정하는 사람도 거의 없다. 인류가 직면한 커다란 위험 가운데 하나는 우리 자신의 악을 다른 사람에게 전가하려는 경향이다.

그토록 간단하게 할 수만 있다면! 어딘가에서 은밀하게 악행을 저지르는 악한 사람들이 있다면, 나머지 우리들을 그들과 분리하고 그들을 없애기만 하면 된다. 그러나 선과 악을 가르는 선은 모든 사람들의 가슴을 관통한다. 누가 기꺼이 자기자신의 가슴을 도려내겠는가? 한 인간이 때로 악마가 되기도 하고 때로 성인이 되기도 한다. 그러나 인간이라는 이름 그 자체는 변하지 않으며, 우리는 선과 악이라고 하는 모든 운명을 인간의 이름으로 돌린다.[4]

우리에게 뭔가를 저지르는 존재라는 의미에서, 아니면 우리가 추행을 하게 만드는 외적인 힘이라는 의미에서, 우리는 악을 우리에게 고통을 가하는 어떤 것으로 간주한다. 우리는 스스로에게 묻는다. 내가 어떻게 그런 짓을 할 수 있었을까? 또는 변명을 늘어놓는다. 내가 뭔가에 씌었던 게 틀림없어.

그렇다면 바로 그 뭔가의 정체는 무엇인가? 정말로 악이란 무엇인가? 이 문단에서 계속되는 내용은 악이 내게 무엇을 의미하는지를 진술하고 있다. 그럼에도 불구하고 그 진술이 전적으로 유아론적이지는 않다. 왜냐하면 다른 많은 사람들도 지각할 수 있기 때문이다. 악이란 무의미하고 분별없는 파괴 행위다. 악은 파괴하지만 건설하지 않는다. 악은 허물지만 재건하지 않는다. 악은 잘라낼 뿐 서로를 이어주지 않는다. 언제 어디서나 악은 모든 것을 절멸시키고 무로 만들기 위해

안간힘을 쓴다.[5] 모든 존재를 취해 무(無)로 만드는 것이야말로 악의 본질이다.[6] 에리히 프롬이 말한 것처럼, 악이란 "생 그 자체를 적대시하는 생"이고 "죽고 썩어가며, 생명력이 없고 순전히 기계적인 것을 끌어들인다."[7]

악은 때로는 의도적으로 악의를 품는다. 악은 때로는 합리화와 나약함의 산물이기도 하다. 나는 가끔 위험에 노출되거나 약점이 있다고 느끼면 거만해지고 모질어지고 적의를 갖게 된다. 이런 행동의 동기를 문제삼는 것은 어렵고도 어쩌면 필요하지도 않다. 고문기술자는 두려움 때문에 혹은 잘못된 합리화 때문에 그런 짓을 하고 있을 수도 있다. 그러나 고문은 절대적으로 객관적인 악으로 남는다.

전통적으로 '자연발생적 악'과 '도덕적 악'을 구분하기도 한다. 자연발생적 악이란 토네이도나 암과 같은 '신 또는 자연의 파괴적인 행위'를 말하고, 도덕적 악은 인간의 의지나 여타 지능을 가진 존재에 의해 발생하는 것을 일컫는다. 그러나 진지하게 신이라는 개념을 숙고해보면, 그러한 구분은 무의미해진다. 왜냐하면 신이란 다른 감정을 지닌 존재에게 고난을 짊어지우는 감정을 가진 존재이기 때문이다. 만일 나무 들보가 무너져 당신을 덮친다면, 그 들보가 내가 휘두르던 곤봉이든 지진 때문에 무너진 천장이든 간에 당신을 다치게 할 것이다. 당신을 덮치게 한 신의 의도는 당신을 없애 더 좋은 세상을 만드는 것일 수도 있다. 당신을 때린 나 자신은 선한 의도를 가지고 있을 수도 있다. 하지만 인간이 가지고 있는 동기들은 이해하기 어렵고, 신이 가진 동기를 분별하기란 불가능하다. 자연발생적 악과 도덕적 악은 동일한 문제에서 연유하는 두 가지 양상이다.

   이제 인간이 인류 이외의 다른 존재―동물이나 식물에게까지―에 게로 그 책임감이 확대되어가는 문제를 생각해볼 차례다. 내가 태어나기도 전에 자라고 있던 나무들을 자를 수 있는 권리가 내게 있다고 가정할 수 있는 근거는 무엇인가? 숲이라고 하는 삶의 터전에서 살고 있는 동물의 목숨을 빼앗을 수 있는 권리를 누가 나에게 부여해주었는가? 기독교적인 전통에 따르면 신은 이 세상의 창조물을 아담이 마음대로 사용할 수 있도록 부여했다. 그러나 다른 전통에서는 신의 의도를 다르게 해석한다. 어쨌든 신이나 창세기의 존재를 믿지 않는 사람들은 계속해서 자연을 약탈해왔는데, 이러한 상황이 인간 '권리'의 기반이 되었다. 이는 완력, 그저 단순한 완력일 뿐이다. 우리는 자신의 탐욕을 채우기 위해 다른 존재를 약탈하는 힘을 가졌기 때문에 그런 일을 했고 아주 최근까지도 아무런 생각이나 배려 없이 그런 짓을 해왔다. 힌두교의 아힘사(ahimsa, 비폭력) 원리에는 모든 살아 있는 존재, 모든 느낄 수 있는 창조물에 대한 존경심을 담고 있다. 리처드 테일러는 다음과 같이 쓰고 있다.

   자기자신에 대한 편협하고 배타적인 관심이나 이성에 대한 천박한 숭배 말고 무엇을 가지고 도덕론자들을 다르게 생각도록 하겠는가? 사람만이 생각할 수 있는 유일한 존재임은 아마 틀림이 없다. 그렇지만 사람들이 고통을 받는 유일한 존재는 절대로 아니다. 사람들의 고통 속에서 기쁨을 얻어내는 사람 못지않게 고양이의 고통에서 기쁨을 얻는 사람도 악한 것이다.[8]

고양이를 좋아하든 싫어하든 다음과 같은 묘사를 보면 불쾌한 감정이 일어난다.

장난거리를 찾아 여기저기 방황하던 한 무리의 소년들이 헛간에서 자고 있는 더럽고 바싹 마른 늙은 고양이를 발견했다. 소년들 가운데 한 녀석이 깡통에 등유를 가지러 간 사이에 다른 녀석들은 자루 속에 고양이를 가두어 묶고는 앉아 기다리고 있었다. 드디어 등유를 가져와 꿈틀거리는 고양이 여기저기에 뿌렸다. 고양이의 얼굴이나 눈에는 아무런 조치도 취하지 않은 채. 그리고 나서 성냥을 그어 꼬리에 불을 붙인다. 끔찍한 결과가 벌어진다. 고양이는 울부짖는 횃불이 된다. 들판 여기저기를 펄쩍펄쩍 뛰다가, 미친 듯 계속 빙빙 돌며 날뛰다가, 눈은 마치 번쩍이는 구슬처럼 튀어나오고 내장들은 축축한 파편으로 터져나와 마침내 고양이는 부들부들 찢겨진 덩어리가 되고 만다.[9]

'커다란 철재 팔로 나무를 움켜쥔 다음 땅에서 당근처럼 뽑아내는 벌채 기계'라는 나무를 죽이는 데 쓰는 새로운 기계가 발명되었다.[10] 유대교의 윤리는 인간과 신을 자연으로부터 갈라놓았고, 근대 유물론은 신을 제거하고 전적으로 인간만을 남겨놓음으로써 문제를 해결하려 했다.

나무나 가축들에게 가장 잔혹한 것은 자연이 아니라 바로 인간이다. 어쩌면 자연을 변형시키는 행위는 인간 존재를 변형시키는 것만큼이나 엄청난 폭력이라고 생각할 수도 있다. 정말로 탈인간화가 탈자연화를 부추긴 것은 아닐까. 우리는 사람들마저도 무생물 정도로 바꾸어버렸듯이 우주를 단지 무생물에 불과한 것으로 만들어버렸다. 악의 본질은 고통을 느낄 수 있는 존재에 가해진 고의적인 폭력으로 남는다.

모든 악 가운데 은밀하고 제도화된 악이야말로 가장 나쁜 것이다. 『엑소시스트』에서, 저자 윌리엄 블래티는 이 세상에 더 큰 해악을 끼칠 수 있는 국가 정부를 선택하는 대신 어린 소녀를 재물로 삼을 정도로 어리석은 악마를 등장시킨다.[11] 모든 사람들은 나치가 운영한 죽음의 수용소가 취한 비인간적이고 관료적인 형태를 알고 있다. 가장 최근의 예로는 칠레의 군사정부를 들 수 있는데, 고문기술자와 희생자는 다음과 같은 대화를 주고받았다.

"조르지오, 혹시 네가 나를 밖에서 만나면, 넌 내게 무슨 짓을 할

텐가?"라고 고문기술자가 물었다. 솔리마노는 아무 짓도 하지 않을 거라고 말했다. 솔리마노는 의사였고, 사람들에게 봉사했다. 고문기술자는 대답한다. "모르겠나? 이 짓도 일종의 직업이야. 네가 하던 일처럼 말이야."[12]

악은 무엇 때문에 발생하는가? 최근에 악의 원인이 유전적이라는 답이 유행하고 있다. 간단히 말해서, 인류의 폭력성은 인간이 가지고 있는 동물적인 본성에서 기인한다는 주장이다. 다른 동물들처럼 원시인은 무심하고 잔인한 환경에 맞서 끊임없이 투쟁해야만 했고, 그러면서 무자비한 습성이 장구한 시간 동안 체득되었는데, 문명에 의해 덮여 있다가 쉽게 숨어 있던 얇은 덮개로부터 파괴적인 본성이 빈번하게 분출한다는 것이다. 무의식적이고 '유전적인' 호전성은 무절제한 기술과 결합되면 인류를 완전히 파멸시킬 만큼 광범위하고 강력해진다.[13] 가장 최근의 이러한 경향은 사회학적인 관점보다는 유전학적인 관점에 무게를 두고 있다. 그러나 육체에 뿌리박힌 본능이 인간에 내재해 있는 무의식적이고 파괴적인 공격성의 원인임을 설득력 있게 제시하는 증거는 없다. 설령 그러한 증거가 있다고 하더라도, 생명이나 자기 영역을 방어하는 수준을 넘어서는 인간의 폭력성과 악을 설명하지는 못하며, 각기 다른 상황마다 다른 양상으로 나타나는 악의 형태를 설명할 수도 없다. 유전학은 생명과학의 체제 안에서 제기되는 제한적인 문제들을 설명해줄 수 있다. 그렇게 함으로써 악을 포괄적으로 이해하게 해준다. 그러나 유전학은 이 분야의 범위를 넘어 악의 다양한 측면을 다룰 수 없다. 더군다나 유전학자는 자신의 설명방식만이 문제를 해결할 수 있다고 주장할 수도 없다.

유전학적인 주장('본성'을 주장)을 강력하게 반대하는 사람들은 행동주의적 관점 혹은 행동주의적/사회적 관점에서 '훈육'을 옹호하는 사람들이다(물론 모든 사회학자가 행동주의자라는 뜻은 아니다). 간단하게 설명하면, 골자는 환경—가족, 동료, 제도적·문화적 환경 등—이 행위를 결정한다는 주장이다. 이 명제를 쉽게 일반화하면 개인이 아니라 사회가 악을 낳는다는 말이 된다.[14] 물론 사회학적인 접근법도 개인적인 악뿐만 아니라 집단적이고 사회적인 악을 설명해준다. 어떤 조건들은 다른 조건들에 비해서 더 많은 악을 전파하기도 한다. 급격한 변화, 가치의 혼란, 정신적 불확실성에 사로잡힌 사회의 질서는 불가피하게 악을 낳는 일종의 소외를 야기한다.[15] 행동주의 이외에도 '훈육'이라는 개념을 통해 악을 사회학적으로 설명하는 방법도 자체적인 원리가 가지고 있는 개념적인 틀의 한계 내에서 우리에게 이해의 폭을 넓혀준다.

그러나 정통 스키너주의적 행동주의자들은 유전학적인 주장을 정통으로 옹호하는 사람들처럼 교조적인 환원주의로 문제를 모호하게 할 뿐만 아니라, 사회공학을 통해 인간 사회에 엄청나게 실질적인 해를 끼칠 징후를 보인다. 생물학적 주장과 행동주의적 주장은 모두 이 문제를 논의하는 과정에서 가장 중요한 요인—특히 인간적인 요인으로 책임감, 자유, 양심(그리고 존엄성) 등의 요인—을 덮어버리는 경향이 있다. 예를 들면, 스키너는 독단적이지 않은 가치기준을 제공하지 못했다는 비판에 대해 제대로 대응한 적이 없었다. 『월든 2(Walden Two)』에서 이 공동체의 지도자 프레이저는 인간의 행위를 결정하기 위해 '긍정적인 공권력'이라는 입장을 제창했는데, 이는 스키너가 『자유와 존엄성을 넘어(Beyond Freedom and Dignity)』에서 23년이 지나서도 수정하지 못했던 것이다. 그러나 누가 인간의 행위가 결정되도록 가치를 결정하는가? 아돌프 아이히만은 유대인을 학살할 목적으로 정부의 역할을 강화시켰다. 스키너는 이러한 문제를 사실로 인정하고 "문제는 통제 일반으로부터가 아니라 특정한 통제로부터 인간을 자유롭게 하는 것"이라고 언급했다.[16] 하지만 어떤 종류의 통제를 말한 것인가? 스키너는 문제를 교묘히 빠져나가, 윤리 의식이 부족하더라도 인간은 어느 정도 도덕적 또는 윤리 사회적 환경을 조성해왔다고 주장한다.[17] 스키너의 이론체계가 가지고 있는 틀로는 설명할 수 없는 이러한 문제들이 어떻게 일어날 수 있을까? 궁극적으로 스키너의 이론체계로부터 제시할 수 있는 유일한 답은 스키너가 바람직하지 않다고 밝혀냈기 때문이다. 심리학 교수가 신이 되는 순간이다. 그리고는 스스로의 지위를 저버렸다. 『월든 2』나 『자유와 존엄성을 넘어』 어디에서도 스키너는, 무엇이 인간의 행복이자 궁극적인 관심이며 근본적인 본성인지, 또는 왜 반드시 그래야만 하는지를 보여주지 못한다. 존엄성에 대한 스키너의 주장은 『월든 2』에서는 상당히 명확하다. 프레이저와 '계획자들'은 자신들이 원하는 사람들은 공동체에 받아들이고 원치 않는 사람들은 내쫓을 수 있는 권한, 그리고 공동체 내에서 어떤 행동이 허락되고 어떤 행동이 금지되는지를 결정할 수 있는 권한을 갖는다. 지도자(한 명이든 여러 명이든, 지도자들의 정체성이 어떻든 간에)는 가치기준을 가지고 있고, 그러한 가치를 부여할 권리를 가지고 있다는 가정이 성립한다. 사람들은 좀처럼 그러한 가치기준들을 비판하지 못한다. 왜냐하면 이 세상에 객관적인 가치기준이 없다면 지도자의 가치기준을 판단할 어떠한 표준도 절대로 존재할 수 없기 때문이다. 그리고 세상에 객관적인 가치기준이 없다면, 지도자의 가치기준 그 자체도 임의적일 수밖에 없다.[18] 행동주의에 따르게 되면, 사람들은 자유와 존엄성, 선과 악, 고통과 기쁨, 사랑과 동정심, 독창성과 창의력, 박애 등을 무시하게 된다. 나의 이론에 따르면 인간은 자유와 존엄성, 그리고 책임감을 가지고 있는 존재다.

악의 문제에 접근하는 세 번째 방법은 인문학적 심리학, 즉 정신—의식과 무의식 모두—을 실재로 인정해야 할 필요성을 주장했던 프로이트, 융, 프랭클과 같은 심리학자의 체계를 참조하는 것이다. 이러한 견해에 동의한다고 해서 정신이 뇌와 몸으로부터 분리되어야 한다고 주장할 필요는 없고(오늘날 이런 주장을 하는 사람은 거의 없을 테지만), 오히려 정신에서 나오는 생각이나 감정은 우리들이 직접적으로 경험하는 것이고 따라서 어떤 의미에서는 우리가 진짜로 알고 있는 유일한 것임을 인정하면 된다. 그러므로 정신은 유전학적 또는 행동주의적 결정론자들이 설정해놓은 한계를 넘어 인간 자신의 목적을 위한 독립성과 자유를 갖는다.

에리히 프롬은 『인간 파괴의 해부(Anatomy of Human Destructiveness)』에서 이러한 입장을 가장 설득력 있게 대변하고 있다. 프롬은 '본성'이라는 입장을 대변하는 주장과 '훈육'이라는 입장에서 나온 주장을 모두 거부하면서 논의를 시작한다. 그는 본능의 결과일 수 있는 '생물학적으로 적응되는 폭력성'(가장 간단한 예는 강도를 막기 위해 당신이 날리는 주먹 한 방), 그리고 '파괴본능과 잔인성'을 구분한다. 한편에서는 방어하려고 하고 다른 한편에서는 파괴하려고 한다. 프롬은 파괴본능이란 '성격에 기인'한다고 주장한다. 유전적인 특성과 환경적인 문제가 파괴본능을 부추길 수도 있지만 납득할 만한 원인은 되지 못한다. 그는 긍정적인 방식이든 부정적인 방식이든 인간에게는 자유롭게 반응하고자 하는 기본적인 욕구가 존재한다고 주장한다. 헌신의 대상에 대한 요구는 알베르트 슈바이처나 아돌프 히틀러를 모방하게 된다. 관계에 대한 요구는 사랑이나 사디즘으로 충족될 수도 있고, 자극이나 흥분에 대한 요구는 창조성이나 무분별한 쾌락의 추구로 충족될 수도 있다. 어떤 사람이 이러한 요구에 대해 너무 지나치게 부정적인 방식으로 반응하면 부정적인 증후군이 형성되어 복수, '사디즘'(타인을 완전하게 지배하려는 욕망), '시체성애'(모든 것을 죽은 사람, 기계, 비활성체로 환원하려는 욕구) 등으로 나타날 수도 있다.

여타 인문학적 심리학자들은 다른 방식으로 악에 접근한다. 예컨대, 융과 에리히 노이만은 파괴적인 감정을 억압(의식적인 억제에 반대되는)하게 되면 인성 내에 점차로 '그림자', 즉 아무런 경고도 없이 폭발적으로 분출할 수도 있는 부정적인 힘을 낳게 된다고 주장한다. 내가 당신을 화나게 하면 당신은 내 얼굴을 한 대 치고 싶어진다. 당신은 그런 충동을 느끼지만 그렇게 해서는 안 된다고 결정한다. 이것이 바로 의식적인 억제다. 아니면 당신은 스스로 너무 착한 사람이라서 그런 식으로 생각하지 않는다고 하면서 그러한 욕구 자체를 무시할 수도 있다. 이것이 바로 무의식적 억압이다. 당신이 억압한 감정은 사라지지 않고 무의식 안에 갇힌다. 그 무의식 안에서 숨겨진 감정들은 궤양이나 기타 증상들을 유발하면서 자신에 대한 증오를 증식시키거나 아니면 스스로 억압한 적개심을 다른 사람들에게 표출하게 된다. "(어떤 사람이) 자신의 그림자를 억압하면 할수록, 그림자는 더 어둡고 짙어진다"라고 모레노(Jacob Levy Moreno, 1889~1974. 1889년에 루마니아에서 태어났으며 빈 대학 철학과와 의과대학을 졸업했다. 그는 창조성과 자발성에 대한 신학적·철학적 측면에 관심이 많았으며, 1911년에는 빈 가든에서 아동

극을 관찰하고 활성화시키기 시작했다. 이것이 사이코드라마의 출발이었고 내적 성찰 연극의 시작이었다. 그는 다른 의사들과 함께 자아협력 소집단을 창안했는데, 이 일이 임상 지역사회 정신의학의 최초의 예가 될 뿐만 아니라, 집단정신치료의 효시이기도 하다. 그의 철학은 대인관계의 주제와 밀접한 관련이 있었다)는 말한다. 그리고 솔체니친은 이렇게 말한다. "악에 대해 침묵을 지키고 겉으로는 흔적조차 보이지 않게 우리 내부에 깊숙이 묻어버리면, 결국 우리는 악을 배양하는 꼴이 되어 언젠가 수천 배로 증식되어 솟아오를 것이다."[19]

악마를 이해할 때 심층 심리학적인 입장, 특히 융의 견해가 가장 시사적이다. 융은 심리 발달을 개별화의 과정이라고 주장한다. 사람은 처음에 자신에 대한 혼돈스럽고 미분화된 생각만을 갖는다. 그 사람은 성장하면서 점차로 선과 악의 입장을 분별한다. 대개 사람들은 자신의 무의식 속에 어두운 그림자를 키워가며 악을 억압한다. 이러한 억압 과정이 너무 지나칠 경우에 그 삶의 그림자는 괴물처럼 되어 결국 폭발해 그 사람을 압도해버린다. 건강한 사람들에게는 세 번째 단계, 즉 조정의 단계가 있는데, 여기서 선과 악이 모두 인지되고 의식의 차원에서 다시 조정된다.[20]

인간의 심리에 들어 있는 세 단계의 발달 과정은 인간이 신을 인식하는 과정에서도 비슷하게 세 단계로 나타난다. 즉, 맨 처음 단계에서 신은 미분화된 상태로 나타난다. 두 번째 단계에서 자비로운 신과 악한 악마가 점차로 구분되고 악한 악마를 억압해서 쫓아버린다. 세 번째 단계—이 단계는 개념의 역사에서 명백하게 드러나야겠지만—에서 신과 악마는 통합된다. 융은 『죽은 자를 위한 일곱 가지 설법』에서 신성이 나타나는 이러한 과정을 통해 자신의 신념을 표현했다. "아브락사스는 신성하고도 저주스러운 말을 하는데 거기에는 삶과 죽음이 동시에 들어 있다. 아브락사스는 진실과 거짓, 선과 악, 빛과 어둠을 같은 말과 같은 행동으로 낳는다. 그래서 아브락사스는 끔찍하다."[21]

악마를 연구해보면 역사적으로 악마는 신의 현현(顯現)이고 신성의 한 부분임이 드러난다. 악마가 없다면 신도 없다. 그러나 도덕적으로 악마의 행위는 완전하고도 철저하게 백안시되었다. 이러한 역설은 단 한 가지 방법으로만 해결될 수 있다. 악이 통합되면 악은 동화되어 통제될 것이고, 악이 완전히 인식되고 이해되면 악은 통합될 것이다. 무의식에 그림자만을 증식시키는 억압에 의해서가 아니라, 우리 내부에서 악으로 인식되어왔던 요소들을 의식적으로 억제하면 악마라고 부르는 신적인 요소는 혼돈스럽고 적대적인 상태에서 벗어나 질서와 통제로 탈바꿈할 것이다.[22]

오래되긴 했어도 현재 통용되는 악의 기원을 둘러싼 해석들은 잘 알려져 있다. 대부분의 기독교나 불교적 사유에서 악은 무, 즉 선의 부재다. 기독교 전통에서는 악을 또 다른 방식, 즉 악이란 원죄의 결과이고 따라서 궁극적으로 자유의지에 따른 것이라고 설명한다. 또 한편 일원론에서는 눈에 보이는 악이란 불쌍한 인간들이 지각할 수 있는 능력 너머에 있는 더 큰 선의 일부라고 주장한다. 이원론에 따르면 악은 악한 의지를 가진 정신 때문에 생기는 것이므로 선과 악은 대립되는 두 개의 원리라고 단언한다.

악은 왜, 어떻게 인격화되는가? 가장 기본적인 답은 이렇다. 즉, 악을 외부로부터 우리에게로 침입해 들어오는 고의적인 악의라고 생각하기 때문에 인격화된다는 설명이다. 당연히 20세기에 만들어진 공포의 개념 속에는 오랜 시간을 지나 악마의 존재에 대한 믿음이 급속도로 다시 나타나고 있다. 1974년에 이루어진 조사에 따르면 미국에서 악마의 존재를 긍정적으로 믿는 사람들의 숫자가 1965년 이후로 37%에서 48%로 증가했고, 나머지 20%의 사람들도 악마가 존재할 가능성이 있다고 믿고 있다고 한다.[23] 악마를 초자연적인 존재로 여기든, 무의식에서 솟아오르는 통제할 수 없는 힘으로 여기든, 아니면 인간 본성의 절대적인 측면으로 여기든 그 본질을 포착하는 것이 가장 중요하다. 다시 말하면, 우리는 낯설고 호전적인 힘에 의해 위협받고 있다는 사실이다. 융은 "악은 모든 한 사람 한 사람에게 닥치는 끔찍한 현실이다"라고 말했다. "만일 당신이 악이 발생하는 원리를 실재―즉 악을 악마라고도 부를 수 있는―로 간주한다면."[24]

이러한 나의 견해를 분명하게 하려고 하자 곧바로 용어상의 어려움에 직면하게 된다. 악마를 오로지 유대교의 사탄과 동일시하는 데에

집단수용소의 희생자, 유럽, 1945. 악마를 가장 절실하게 나타내는 것은 인간의 잔인함과 무관심의 결과일 수도 있다(미 국방성, 워싱턴).

는 약간의 위험이 따른다. 개념적으로 살펴보면, 사탄은 악마의 한 유형이지 악마 그 자체는 아니다. 마찬가지로 유대교의 야훼는 역사적으로 높으신 하나님(High God)이 가진 성격에서 하나가 표출된 것으로 간주된다. 이러한 어려움을 최소화하기 위해 나는 높으신 하나님—신성의 근본—을 칭할 때는 '하나님(God)' 이라고 하고 여타 신들을 칭할 때는 '신(god)' 이란 용어를 쓴다. '하나님' 이라는 말은 불가피하게 야훼를 연상하기 때문에 가급적 피한다. 나는 다양한 문화 속에서 발견되는 인격화된 악을 지칭하기 위해 사탄에 대립되는 '악마' 라는 용어를 사용한다. 또한 나는 신이나 악마를 언급할 때 편의상 '그' 라는 대명사를 사용하는데, 그렇다고 해서 악마의 성을 남성에 국한하려는 의도는 전혀 없다.

악마란 호전적인 힘이 인간적으로 또는 신적으로 구체화된 것이고, 이러한 호전적인 힘이 우리 의식의 밖에서 지각된 것이다. 이러한 힘—우리 스스로는 이러한 힘을 의식적으로 통제할 수 없는 듯하다—은 외경, 불안, 두려움, 공포와 같은 종교적인 감정을 불러일으킨다. 악마는 신들만큼이나 종교적인 의미를 상당히 드러낸다. 사실, 악마를 경험해서 생긴 감정은 선한 신을 경험하고 얻어진 감정만큼이나 엄청난 것이다. "악은 최고로 결정적인 신성에 대한 경험이다."[25] 그러나 유대교의 신과는 달리, 악마는 고의적인 파괴 본능을 가지고 인격화한다. 때때로 그러한 악의는 하나님이나 여타 천상의 신들에게서 기인되고, 때로는 그 아래 신들에서 기인하기도 하며, 때로는 미천한 정신들의 소행으로 간주되기도 한다. 1215년 제4차 라테라노 공의회에서는 악마와 여타 악령들(demons)을 언급했다. 때때로 이러한 구분은 중심적인 문제는 아니지만 절대악이 인격화되는 발전과정을 설명해준다[26]

여러 시대와 사회 속에서, 이름이나 성별 혹은 숫자가 바뀌더라도 이러한 인격화를 '악마'라고 부른다. 비록 연관은 되지만 별개의 성격을 가진 두 가지 측면에서 악마의 근본적인 역할을 다룬다. 악마가 모든 악의 원천이며 기원이라는 측면, 그리고 악의 화신이라는 측면. 어떤 사회가 악을 어떻게 정의하고, 악의 기원을 어떻게 설명하는지를 알면 악마의 모습을 어떻게 묘사하는지도 알게 된다.

그러므로 악마란 기묘하고 한물간 존재가 아니라 인간 정신 안에, 또는 인간 정신을 압도하는, 거대하고 영원한 힘이 표출된 것이다. 오늘날 악마에 대한 관심과 믿음이 증가하는 경향은 악의 실재를 점차 인식하게 되었다는 징후일 수도 있다. "기성세대가 탐닉한 도덕적 남용에 대항한 일단의 젊은 세대들의 종교적인 위반이야말로 이 세상에 악뿐만 아니라 죄도 만연한다는 암묵적인 전제를 깔고 있는 것이다. 악인에게 악에 대해 책임을 져야 한다고 생각하지도 않으면서 도대체 왜 악행을 저지른 사람에게 분노하는가?"[27] 악마는 이 세상이 겪는 고통 속에 진정으로 살아 있다. 그리고 이러한 악이 사라지면 또 다른 악이 계속해서 존재할 것이고, 그 각각의 악은 무자비한 고통을 가하면서도 그 자체로 절대적이며 우리의 관심을 끌게 될 것이다. 이러한 악의 저변에 놓인 원리를 이해하고 악마를 충분하게 이해하게 될수록, 우리들 각자에게 개별적으로 부딪히는 악을 더 잘 이해하고 싸울 수 있게 된다.

나는 의도적으로 믿을 수 없을 만큼 복잡한 도덕 철학을 멀리하려고 애썼다. 합리화는 끝이 없다. 아마도 악마조차도 자신이 옳은 일을 하고 있다고 스스로를 설득했을 것이다.

2
악마를 찾아서

**그러나 나는 아직도 과학적인 가설과 여호와가 내 앞에 놓은
공허 사이를 연결하지 못했다.**
–액셀 룬드

악마는 인격화된 악이다.[1] 그러면 이것은 무엇을 의미하는가? 진정 악마란 누구이며 무엇이란 말인가? 진정한 답을 얻으려면 목적과 방법론을 명확하게 해야 한다. 주제의 중요성을 깊이 통찰하면서 진지하게 악을 역사적으로 연구해온 사례는 거의 찾아볼 수 없다. 구스타프 로스코프(Gustav Roskoff)는 뛰어난 연구를 남겼지만 벌써 1세기 이상의 시간이 지났다. 뛰어난 학문적 가치를 지닌 최근의 연구를 꼽자면 헨리 앙스가 켈리(Henry Ansgar Kelly)의 『악마, 악마학, 그리고 마법(*The Devil, Demonology, and Witchcraft*)』, 리처드 우즈(Richard Woods)의 『악마(*The Devil*)』, 헤르베르트 하크(Herbert Hagg)의 『악마를 믿다(*Teufelsglaube*)』 정도다. 나 자신은 악마를 심리학이나 인류학 또는 신

학적인 방법으로 다루지 않고 역사적인 방법으로 기술한다.

진정으로 악마란 무엇인가? 이러한 질문은 "진정으로 예술이란 무엇인가?"라는 질문과 같다. 이런 질문에는 완전한 답이란 있을 수 없다. 독자들은 "역사란 무엇인가?"라는 질문에 다양한 방식으로 대답할 수 있다. 또한 예술의 정의 자체를 거부할 수도 있고, 연관되는 용어들로 예술을 정의할 수도 있다. 즉, 예술은 사람마다 나름대로 이러이러하다고 생각하는 식으로 말이다. 이것도 아니면, 언어학적인 분석을 통해 정의하려고 할 수도 있겠지만, 오히려 나는 역사적인 진실을 추구하는 개념의 역사를 택할 것이다.

진리란 무엇인가? 철학자들은 여전히 우리가 사물의 본질이나 객관적인 진실을 알 수 있는가라는 물음을 가지고 고색창연한 인식론적인 논쟁을 계속하고 있다. 이러한 논쟁은 결코 해결될 수 없을 것이다. 차라리 형이상학적인 진리보다는 이해에 중점을 두는 편이 나을 것이다. 이해란 외부의 정보를 늘려가는 것이 아니라 인간으로서 각자의 경험 안으로 지식을 동화시키고 통합하는 것이다. 자기자신을 알라. 왜냐하면 자신을 모르면 아무것도 알 수 없으므로. 악마가 개별적으로 우리 자신의 경험 안으로 통합될 때, 비로소 우리는 악마를 이해할 수 있고 궁극적으로 맞서 이길 수 있는 것이다.

우리가 살아가면서 얻을 수 있는 확실성은 동어 반복 이상의 수준을 넘을 수 없다. 다양한 시각과 사유구조를 바탕으로 지식을 통합해서 이해하고 나서야 비로소 지식을 얻을 수 있다. 각각의 사유구조나 진리체계는 세계를 이해하고 통합할 수 있는 일종의 도구이며, 모든 진리체계는 불확실하기 때문에 비판받고 수정되고 폐기될 수도 있다. 현실은 다양하게 지각될 수 있으므로 진리체계도 다양할 수 있다. 이러한 다양성은 세상에 대한 관점을 풍요롭고 폭넓게 만들어준다.

진리에 대한 이러한 입장은 모든 환원주의(지나친 단순화)를 거부한다는 의미이기도 하다. 세상에는 단 하나의 체계만이 아니라 다양한 체계가 있을 수 있다. 단 하나의 진리체계로 모든 현상을 다 인식할 수 없다. 인문학의 경험으로는 다수의 체계가 보편성을 가진 것처럼 주장해왔다. 가장 최근의 과학주의를 포함해서 이러한 모든 주장은 겉으로는 그럴듯해 보이지만 절대적인 체계란 없다. 과학에서는 토머스 쿤(Thomas Kuhn), 스티븐 툴민(Stephen Toulmin), 준 굿필드(June Goodfield) 등이 최근에 보여준 것처럼, 모든 체계는 수시로 발전하고 수정된다.[2] 오늘날에는 과학, 신화, 시, 수학, 역사 등의 진리체계가 존재한다. 이것들은 다양한 현실이며 하위 영역들이다. 이러한 것들 가운데 어느 한 분야에 스스로를 가두어버린다면, 혼란스러울 정도로 복잡하고 아름다울 정도로 다채로운 현실을 외면하게 되는 셈이다.[3] 어떤 진리체계가 "가장 좋은가?"라고 묻는다면, 가장 열려 있어서 모든 견해를 포괄할 수 있는 체계라고 답할 것이다. 이것 이외에 진정한 정답은 없다. 내가 채택한 접근방식은 유효한 진리체계 가운데 하나, 즉

연금술의 남녀추니, 독일, 15세기. 근대의 심리학자들과 신화작가들은 고대 연금술의 이념 속에서 깊고도 미묘한 정신의 이해를 본다. 이 연금술 삽화는 대립물의 통일, 정신적 통합을 의미한다. 이 남녀추니 삽화는 시작과 끝이 동일함을 상징하는 오우로보로스 위에 서 있다(독일 국립 박물관, 뉘른베르크).

역사적인 방법을 통해 악을 이해하려는 시도이다.

수많은 진리체계가 존재하는 것처럼 그 각각에 적합한 수많은 방법론들이 있다. 방법론이란 진리체계 내에서 사태를 이해하는 수단이다. 예를 들면, 역사를 이해하는 다양하고도 수많은 방법론들이 존재한다. 일반적으로 어떤 방법론들은 다른 방법론들보다 더 나을 수도 있고, 어떤 방법론이 특정한 문제를 해결하는 데 다른 것보다 분명히 더 효과적일 수도 있다.

역사는 다음과 같은 특징을 갖는다. 첫째, 역사는 개인이나 사건이 갖는 개별적인 사실의 의미나, 개인이나 사건을 있는(있었던) 그대로를 이해하려고 노력한다. 역사는 집단이나 시대의 추이에 관한 연구를 배제하지 않지만(실제로는 이러한 연구 결과를 끌어들여 이용한다), 항상 역사 연구의 목표는 개체를 이해하는 것이다. 역사가 취하는 이러한 방식은 선험적이고 종교적이기까지 한다. 이러한 방법을 통해서 우리는 마치 희망과 두려움, 사유와 감정을 가진 살아 숨쉬는 존재로서, 현재의 개인들을 만나듯이 과거에 살았던 개인들을 만난다. 그리고 그들 자신들에게 선택의 폭은 열려 있다. 역사는 과거의 행적을 마치 영원히 변하지 않는 건물에 사용된 마른 벽돌 한 조각처럼 다루지는 않는다. 개개인이 복잡하고 분명하지 않은 생각과 감정을 가지고 있음을 역사는 인정한다. 그리고 역사는 한 개인이 어떤 식으로 하나를 선택하고 나머지 다른 하나는 버리든지 그 개인의 입장에서 공감하려고 한다. 역사는 항상 살아 있는 정신에 관심을 둔다. 둘째, 역사는 정적인 체계가 아니라 동적인 체계를 만들어낸다. 역사는 시간을 경과하면서 변화하는 것들을 다룬다. 그러므로 사회과학자들과는 반대로, 이야기 (narrative)는 역사가들에게는 필수적이고 적절한 수단이다. 역사가들은 항상 A로부터 B를 통해 조건 C가 생겨난다고 설명한다.[4] 셋째, 역사는 인간의 조건, 그리고 역사가들 자신에게 중요하게 여겨지는 문제를 던지는 인간적인 학문이다. 역사는 단순한 유희 그 이상이고 역사가의 삶 자체가 되기도 한다. 무엇보다도 역사는 사유와 감정, 의식과 무의식, 과거와 현재, 원칙과 사고방식을 통합하고자 한다. 역사적으로 "이해한다는 것은 사실을 단순히 재구성하는 뜻이 아니라 사태를 통합한다는 뜻이다. ……이해를 하게 되면 과거의 모습을 바꾸게 된다. 다시 말하면, 해석자는 진정으로 뭔가를 배우게 되면 완고하게 똑같은 모습으로 머물러 있지 않는다. ……(그러므로) 현상을 이해하게 되면 과거는 진정한 설득력을 가질 수 있다."[5] 넷째, 역사는 반어적 (ironic)이다. 역사는 관찰자가 갖는 견해의 스펙트럼을 넓혀주고, 현재에 과거의 사유를 통합할 수 있게 하면서 관찰자와 그가 살고 있는 문화 사이의 간격을 유지한다. 다섯째, 역사는 도덕적이다. 역사는 타인에 대한 의무감을 그들이 죽을 때까지 사라지지 않는다고 인정하다. 베트남, 다카우, 심지어 아슈르바니팔 2세에게 희생당한 사람들에게, 비록 1만 킬로미터 밖의 수천 년 전의 일이지만 결코 사라지지 않는 의

무감을 우리는 갖는다.

이러한 내용들이 내가 이해하는 역사적 사유의 일반적인 특징들이다. 이러한 맥락 안에서 방법론을 선택할 수 있다. 내가 채택한 접근 방식은 개념의 역사라고 불릴 수 있다. 나는 이러한 방법을 통해 일관되게 악마를 이해할 수 있으리라 믿는다. 더 나아가, 역사는 신화, 신학, 문학, 예술을 감싸 안아 통합하면서 그 모두를 초월한다는 점에서 여타의 수많은 방법론들보다 월등한 가치를 갖는다. 역사는 "어떤 개념에 주목하는데, 그 개념은 장구한 시간 동안에 전개되고 스스로를 구현하면서 필연적인 발전 단계들을 차례로 거친다."[6]

최근에 종교사는 비역사적인 접근방식이 주도하고 있다. 종교사는 비교종교나 유형학, 융의 원형(archetype), 현상학, 구조주의라는 관점에서 이해된다. 기능주의나 더 나아가 지식사회학에서 최근 역사학을 점유하고 있는 비역사적인 관념에 대한 대안을 제시하기 시작했다. 내가 이 책에서 제안한 개념의 역사는 관념사의 전통뿐만 아니라 유형학이나 사회학에서 끌어온 통찰들을 이용한다.[7] 그러나 개념의 역사는 그러한 모든 분과들로부터 독립적이고 성격도 다르다. 개념의 역사는 이중의 목적을 갖는다. 개념이 발전하는 과정을 이해하는 것, 그리고 개념 자체를 이해(또는 정의)하는 것이다. 이 방법론에서 개념은 그 자체만으로도 현실적이고 중요하다고 전제한다. 에픽테토스(Epictetus)가 진술했듯이, 사람의 정신을 혼란스럽게 만드는 것은 사건들이 아니라 사건에 대한 사람들의 판단이다. 이 방법론은 전통적인 관념의 역사와 유사하지만 두 가지 면에서 다르다. 첫째, 만하임이 지식이란 항상 특정한 입장을 근거로 해서 주장된다고 한 진술의 진실성을 인정하면서, 개념의 역사는 사회적 역사를 근거로 한다. 개념은 사회적 조건에 의해 결정된 편향적인 노선에 따라 발전한다. 둘째, 더 중요한 것은 '고급한' 사유의 연구와 '저급한' 사유의 연구를 통합하려 하고, 신학과 철학을 신화 및 예술과 통합하려 하며, 무의식의 산물과 의식의 산물을 통합하려는 시도다. 예를 들면, 개념의 역사로 13세기 프랑스에서 주장되었던 악마의 관념을 일반화할 때, 신학자들의 말만을 근거로 한다거나 유행하는 전설만을 따른다던가 하지 않는다. 오히려 그런 여러 가지 자료들 사이의 차이를 인정하면서 모두를 함께 취합한다. 그러므로 개념은 사회적·문화적으로 더 광범위하게 기반되었다는 점에서, 이성보다 더 심층에 있는 심리적 수준을 포함한다는 점에서 관념과는 다르다.[8]

개념이란 무엇인가? 개념은 형이상학적이고 객관적이며 실체적인 플라톤적인 이데아는 아니다. 악마라는 개념에 상응해서 객관적으로 실재하는 존재는 있을 수도 있고 없을 수도 있다. 설령 있다고 해도 그에 대한 지식을 얻을 수 없다. 누군가가 악마를 직접 보았다고 해도—루터가 구석에 숨어 있는 악마를 본 것처럼—본 사람은 그 모습을 자기 식으로 이해한 다음에 자신이 처한 심리적·사회적 환경에 따라 다른 모습으로 옮긴다. 나는 악마를 형이상학적으로 진술할 의도가 없으며, 인간의 지각 능력을 초월해서 악마가 '실제로' 존재할 수도 있다고 주장할 의도도 없다. 나는 간단하고 깔끔하게 처리하기 위해 악마가 변화하고 발전한다고 말할 것이다. 늘 내가 의미하는 바는 영원의 종(specie eternitatis)에 속한 악마가 아니라 인간의 정신을 통해 지각되는 악마다.

나는 악마가 실재한다고 주장하지만, 그렇다고 해서 그러한 존재를 형이상학적인 실재라고 판단하고 싶지는 않다. "실재는 주어진 사실이 아니라 구성되는 것이다. ……만일 인간이 자신들이 처한 상황을 실재한다고 규정하면, 그러한 상황은 결과적으로 실재하게 된다."[9] 어느 순간에 나는 악마라는 존재는 악마라고 하는 개념이라고 말할 것이다. 그렇다고 해서 악마가 개념에 불과하다고 주장하는 것은 아니다. 악마는 (개념)일 수도 아닐 수도 있다. 우리가 알 수 있는 유일한 실재는 그러한 현상—정신적 구성물—이 있다는 것이고, 그러한 지식은 확실하다는 것이다. 악마는 실재하는 현상이다. 그러므로 악마는 실재한다.

하나의 개념은 지금껏 무엇이라고 생각되어온 것이다. 예술이란 지금껏 무엇이라고 생각되어온 바로 그것이다. 민주주의 또한 무엇이라고 여겨져온 바로 그것이다. 악마도 지금껏 역사적으로 무엇이라고 정의되어 내려진 것과 같다. 그러나 개념이 그렇게 생각되어온 것일 뿐이라면, 일관성도 없고 혼란스러우며 이해하는 데 도움이 되지도 않는다. 따라서 이런 식의 정의는 재검토되어야 한다. 개념은 어떤 사태를 일정하게 바라보는 관점의 전통으로 이루어진다. 일반적인 인식으로부터 나오지도 않고 일반적인 인식을 제공하지도 못하면서, 대중적으로 인정도 받지 못하는 괴팍한 입장은 아무런 의미가 없다. 만일 고양이를 날개 달린 후피 동물로 묘사한다면, 그런 생각은 고양이를 이해하는 데 도움이 되지 않는다. 오직 충분히 대중적으로 인정받은 관념들만이, 그런 관념이 제기된 시대나 아니면 나중에라도 의미를 갖는다. 비록 의미가 수없이 변형되면서 많은 논쟁과 대립을 초래하겠지만, 이러한 관념들은 개략적으로나마 계속 논의될 수 있는 전통을 형성한다. 악마는 그러한 개념이고, 악마라는 개념은 악마에 대해 인간이 가져왔던 전통적인 관점으로 이루어진 것이다.

여전히 개념에 대한 근본적인 의문이 남는다. 개념은 어떻게 묘사되고 어떻게 형성되는가? 매우 구체적이어서 쉽게 정의되는 개념부터 아주 추상적이어서 좀처럼 쉽게 정의되지 않는 개념에 이르기까지, 다양한 편차를 가진 개념들이 존재한다. 이러한 편차에 따라 고양이, 파나마, 악마, 민주주의 등을 배치할 수 있다. 이성적인 사람들이라면 고양이는 대체로 동의할 수 있는 구체적인 개념이다. 파나마는 추상적인 개념이지만, 어느 정도 명확해서 동의할 수 있다. 악마라는 개념은 부분적으로는 구체적이고 또 어느 정도는 추상적이다. 악마에 대한 견해는 다 달라서 이러한 개념은 역사적으로 정의하기는 어렵지만 불가능하지는 않다. 민주주의는 엄청난 불일치를 보이는 추상적인 개념이다. 이는 매우 분명치 않은 개념이다. 나는 개인적으로 민주주의라는 개념을 정의할 수 있을지 회의적이다.

 개념의 역사에 따르면, 악마는 존재한다('악마'라는 개념이 존재한다). '고양이'는 존재한다('고양이'라는 개념이 존재한다). 그러나 '고양이'는 어느 정도 일정한 방식으로 존재하지만, 악마는 그렇지 않다. 대다수의 사람들이 고양이를 직접적으로 알고 있고, 이성을 가진 대다수 사람들은 고양이가 뭐라는 것에 대해 매우 근접한 일치를 보여왔다. 악마를 안다는 것은 대체로 잉크병을 들고 있는 루터를 아는 것보다도 훨씬 우회적인 방법을 통해야 한다. 이성적으로 판단하는 사람들 사이에서 악마에 대한 정의가 근접하게 의견일치를 본 적이 없다. 그러므로 악마보다는 고양이가 더 많은 진리체계를 통해 접근할 수 있고, 악마를 들춰내는 방법보다는 고양이를 들춰내는 방법이 더 많다. 예를 들어, 과학을 통해 고양이를 연구할 수는 있지만 악마는 그럴 수 없다.

 악마처럼 어려운 개념을 연구하는 데는 역사적으로 특정한 주안점이 있게 마련이다. 고양이에 대한 정의는 여러 가지 방법을 통해 더욱 만족스럽게 결정될 수 있다. 그러나 악마를 정의하는 연구에는 별달리 좋은 방법이 없다. 개념의 역사를 통해 신학, 철학, 신화, 예술, 문학, 그리고 유행하는 악마의 전설을 통합하는 것이다. 개념의 역사는

디오니소스의 두상, 헬레니즘 시대 원작의 로마 시대 모작. 신의 양면성을 단순히 잔인함과 사랑의 결합으로만 볼 수 없다. 여기 이 신은 남성성과 여성성을 모두 가지고 있어서 남성과 여성의 모습에서 가장 아름다운 것을 결합시키고 있다(대영 박물관).

다양한 시각을 활용한다. 개념의 역사라는 방법을 통해 밝혀진 악마에 관한 진실은 개념의 역사라는 방법론적인 한계 내에서만 유효한 것이 아니라 그 한계를 뛰어넘는다. 개념의 역사를 통해 구성된 악마에 관한 진실은 악마를 이해하는 데 가장 이상적인 접근방식이다. 우리는 악마 자체뿐만 아니라 인간이 악마를 이해하는 방식도 알 수 있다. 그렇다고 해서 공포가 사라지는 것은 아니다. "악마가 자신의 형상을 드러내고 있을 때가 인간의 마음속에서 날뛸 때보다는 덜 섬뜩하다."[10]

지금까지의 주장을 요약하면 다음과 같다. ①악마는 객관적으로 정의되지 않는다. ②악마는 역사적으로 정의될 수 있다. ③악마에 대한 역사적 정의는 그 자체로 실존적인 악의 정의와 관련해서 얻어질 수 있다. ④악마란 사회 속에서 악으로 이해되는 인격화된 무엇이다. ⑤악마라는 개념은 이러한 인격화를 이해하는 전통으로 이루어진다.

그렇다면 개념은 어떻게 형성되는가? 악마라는 개념은 어떻게 생겨난 것인가? 살아가면서 개개인들은 내적으로든 외적으로든 강력하고도 파괴적인 힘과 맞닥뜨리게 된다. 그 사람은 그러한 힘을 자신의 정신으로 감각하고 언급한다. 이 과정을 지각이라고 한다. 사람들마다 유전적으로 결정된 구조를 가진 매우 특화된 뇌를 물려받는다. 뇌는 그러한 구조를 정신에 전달하고, 정신은 뇌에서 기인한다. 이러한 보편적이고 상속된 패턴은 무의식의 구조를 구축한다. 비록 개인적인 경험이나 사회적인 환경에 의해 수정되기도 하지만, 이 구조는 모든 사람 모든 민족이 공유하는 것이다. 그러므로 지각은 다른 사람에게도 인지될 수 있는 상징으로 표현된다.

융과 레비-스트로스의 연구는 의식적인 현실의 저변에 깔린 무의식의 구조를 밝히려는 노력으로 이루어진다.[11] 융은 이 구조를 '원형'이라고 불렀다. 초기 연구에서 그는 이미지와 연관해서 원형을 생각해 냈고, 후기에는 구조와 관련지어 좀더 깊이 있게 원형을 연구했다. 융은 원형이 가지고 있는 내용에 더 많은 관심을 보였고, 반면에 레비-스트로스는 원형을 이루고 있는 형식에 더 많은 관심을 가졌다. 이 책에서 나는 구조보다는 내용에 관심이 있으므로 구조주의적 입장보다는 심리학적인 입장에 더 가깝다고 할 수 있다.[12]

개념을 구성하는 기본적인 단위는 개별적인 사건(e)에 대한 개별적인 지각(P)이다. 이러한 지각은 외적인 사건과 정신의 저변에 있는 구조(s), 이 두 가지 요소에서 기인한다. 당신이 내 얼굴을 때린다(외적인 사건), 그리고 그 타격(타격에 대한 반응)에 대한 나의 지각이 내 정신의 구조에 의해 결정된다. s+e=P.

한 개인은 살면서 수없이 악을 지각하게 된다. 그 각각의 경험은 이전에 축적된 지각들(Pn)에 의해 부분적으로 형성된 새로운 P를 하나하나 추가하면서 사건과 구조가 이전과 같이 상호작용을 일으키면서 생겨난다. 각각의 새로운 지각은 이미 가지고 있는 축적된 지각을 수정하거나 강화한다. 정신 속에 일반적인 악의 형식(F)을 만들어내기 위해 한 개인의 지각은 여러 해 동안 결합되어 하나의 집합이나 저장소가 된다. Pn→F. 사람은 이러한 일반적인 개념을 자신이 가지고 있는 심리학적인 지식이나 자신이 몸담고 있는 사회 환경에서 받아들일 수 있는 용어들—신화, 시, 그림, 도덕 신학, 사회적인 용어 등—로 형식화한다.

악에 대한 지각은 종종 악에 어떤 패턴이나 통일성이 있다는 생각을 초래하기도 하면서, 악의 인격화라는 생각도 나오게 되는 것이다. 현대와 같은 경험적인 사회 안에서 악이 완전하게 인격화되는 경우는 거의 없다. 악은 외부로부터, 의식을 가지고 있는 정신의 바깥에서 오는 것으로 느껴지기 때문에 대부분의 사회에서 그렇다는 것이다. 개인의 정신 속에서 자생적으로 악이 인격화되는 경우는 대체로 모호해지는데, 그러한 인격화가 더욱 명확하게 되는 과정은 바로 지각된 내용과 형식을 다른 사람들과 의견을 나누는 동안에 이루어진다.

자신이 가지고 있는 형식과 지각된 내용을 다른 사람들과 소통하는 가운데 상호작용이 발생해서 점차로 형식들이 자리를 잡아 공통적으로 일치하는 부분(C)이 생긴다. Fn→C.

이 과정은 기계적이거나 그렇게 간단하지는 않다. 새롭게 얻어지는 개별적인 지각은 배열을 새롭게 하면서 끊임없이 발생한다. $s+e=P$라는 과정은 늘 진행된다. 그래서 새로운 지각이 계속해서 들어오고, 새롭거나 수정된 형식이 만들어지는 것이다. 더 나아가 개인들간의 의

견 교환을 통해 계속해서 서로의 의견을 수정하게 되면, 그에 따라 점차 새로운 배열(Cn)이 등장한다. 만일 어느 때고 s+e=P라는 근본적인 과정이 멈추면, 그래서 새로운 지각이 발생하지 않으면, 개념은 중지되어 사라지고, 인간의 상황에 적합한 실질적인 의미를 갖지 못할 것이다. 1세기에서 19세기까지 심지어 20세기 초까지 개별적 지각(인식)의 준거틀이었다가 현실적인 사유로부터 멀어진 '제국(Empire)' 이라는 개념처럼 의미는 쇠퇴하게 마련이다(역사가들은 '제국' 이라는 개념의 의미를 끊임없이 논의할 것이다. 그러나 그 용어는 실생활에서 이차적인 의미로만 사용될 뿐이다).

오랜 시간이 경과하면 형식의 배열(Cn)은 하나의 전통(T)이 된다. Cn→T. 그러나 모든 배열이 전통의 일부가 되는 것은 아니다. 하나의 배열이 구체화되려면 원형을 가져야 하고 확대되고 수정되더라도 기존의 전통을 부정해서는 안 된다. 전통은 점차적으로 특이하고 괴상한 것들을 배제하면서 범위를 넓혀간다. 배열이 기본적인 지각에 들어맞는 한 본질적으로 유효하다. 그러나 그 배열이 전통의 테두리를 넘어가면 고립되어 잊혀진다. 하나의 전통은 시간에 따라 변화하고 발전하고 확장된다. 전통은 이해를 넓히는 방향으로 진행되지만 그 전통의 한계는 일관성 있게 제한된다.

전통을 너무 편협하게 해석해서는 안 된다. 전통의 경계선상에 있는 요소들은, 마치 모노피스교와 네스토리아교가 기독교적인 교의가 발전하도록 자극했던 것처럼 전통이 발전하도록 자극한다. 예컨대, 성령 개념은 역사적으로 전통적인 표현들뿐만 아니라 신비주의적이고 이교도적인 생소한 표현들도 받아들여야 했다. 그러나 일관된 전통을 유지하기 위해 반드시 배제되어야만 하는 입장들도 있다. 사람들은 '기독교 신앙'은 교리와 상관없는 도덕적인 행위로 정의된다고 믿고 싶을 수도 있다. 그러나 이러한 정의가 받아들여지려면 기독교라는 개념이 무의미해질 정도로 전통의 경계가 확장되어야 한다. 한 낱말의 의미가 사라지는 것은 심각한 문제다. 사탄은 스스로에게 진리를 파괴하는 과업이 주어졌다고 믿고 있었다(「요한복음」 8:44).

개념의 전통은 다음과 같은 특징을 갖는다. ①그것은 원형을 유지한다. 악마의 전통은 기본적으로 악을 개개인들이 겪는 고통으로 충실히 인식하고 있다. ②전통은 시대에 맞게 발전한다. 원형을 유지하면서도, 종종 놀라울 정도로 다양하고 풍부한 구조를 만들어내면서 전통은 복잡해진다. ③처음에 전통은 폭넓게 다양한 생각들을 끌어안으면서 경계를 늘려나간다. ④그러다가 전통의 경계가 제한되면서 하나의 중심이 나타나기 시작한다. 신약 이전 시대에 악마라는 개념에는 신화적이고 신학적이며 도상학적인 표현들이 풍부하게 드러났다. 그러다가 이후에 이성주의적 신학의 망치와 끌로 그러한 전통을 잘라내고 다듬어낸다. 그 개념은 여전히 살아서 하나의 중심으로 다가가고 있다. ⑤궁극적으로 중심은 다음 두 가지 방식 가운데 어느 하나로 귀결된다. ⓐ전통은 전체적으로 현재 통용되고 있는 인식에 적절하게 대응하지 못한다. 이렇게 되면 이 전통은 '제국'이라는 개념처럼 사라졌다고 말할 수 있다. 또는 ⓑ전통은 '주권'이나 '서사시'라는 개념처럼 현재의 논의의 중심에 통합되어 여론을 형성할 수도 있다.

그렇다면 이러한 '전통'에 따라 하나의 개념은 어떻게 해야 가장 잘 이해될 수 있을까? 나는 개념이 기원의 관점에서보다는 전통이 움직이는 방향을 통해서 더 잘 이해된다고 제안한다. 기독교 신앙을 예로 들어보자. 나는 기독교 신앙의 진실이 그 기원을 찾아봐야 가장 잘 밝혀질 수 있다고 믿지 않는다. 그보다는 오히려 전통을 따라가며 그 개념의 발전 과정을 살펴봐야 한다고 생각한다. 이러한 접근방식은 오랫동안 기독교와 여타 종교의 지식을 지배해왔던 가설, 즉 말―또는 관념―의 진정한 의미는 최초의 상태에 담겨 있다는 유전학적 오류를 나타내는 가설과는 상반된 것이다. 루이 뒤프레(Louis Dupreé)는 다음과 같이 서술하고 있다. "19세기 생물학, 사회학, 그리고 철학에서 대단히 유행했던 진화론적인 생각은 종교 연구에도 이상한 부작용을 낳았다. 수십 년 동안 아무런 의문도 없이 종교가 가진 진리는 그 기원을 통해서만 알 수 있다고 전제되었다. 따라서 어떤 개념 정의를 살펴보려면 그 시원을 파헤쳐보는 방식을 택했다. 예컨대 '역사적으로 실존했던 예수에 대한 탐구.'"[13] 이보다는 기독교 신앙, 헌법 또는 악마 등은 시간을 경과하면서 각각의 개념이 거쳐온 방향을 통해서, 즉 역사적 발전 과정을 통해 가장 잘 이해된다.

아직 중심에 이르지 못하고 여전히 진행 중인 전통을 연구할 때 그 중심이 결국 무엇이 될지 알 수도 없고 가정해서도 안 된다. 여기에서 그 중심에 따라 진행 중인 전통을 정의할 수는 없다. 오히려 그러한 전통은 현재의 발전 상태를 통해 정의되어야 한다. 어떤 사람들은 그러한 중심이 결국 어떻게 될지를 상상하면서 즐거워할 수도 있지만, 그의 상상 속에 있는 어떠한 확신도 제대로 된 것이 아니다. 예를 들면, 기독교 전통 속에서 악마는 다음을 포함해서 수많은 가능성 가운데 하나일 뿐이다. ①악마는 자신의 현실을 망각한 존재여서, 즉 인격화된 악을 스스로 지각할 수 없게 되었다. ②악마가 선한 신으로부터 분리되면서 절대적 이원론을 야기하게 되었다. ③악마는 통합 과정에서 (개성화된) 선한 신과 다시 재결합될 수 있다.

그러므로 악마의 개념은 전통적으로 지각된 악마의 모습에 따라 정의된다. 악마의 전통은 무수히 많은데, 유대교나 힌두교 등이 그 예가 될 수 있다. 역사적인 방법론은 A로부터 B를 통해 C까지의 동향을 설명해야 하기 때문에, 동시에 다수의 전통이 발전하는 과정을 추적하기는 불가능하다. 사회 상호간의 접촉이 불충분한 상태에서 역사적인 방법론은 그러한 설명을 제공해줄 수 없다. 악의 인격화라는 문제는 주로 유대교의 사유에서 발전되어왔기 때문에, 이 책도 서양의 전통에 국한되며, 동양의 관념은 아주 간략하게 비교할 목적으로만 다룬다.[14]

단순히 개념의 사회적 기능 때문이 아니라 개념 그 자체만으로도 중요하다고 개념의 역사는 강조한다. 이 방법론은 개념이 형성될 때 사회적 환경의 중요성을 인정하지만, 주안점은 사회가 아니라 개념 그 자체에 있다. 개념의 역사는 합리적으로 만들어지는 개념뿐만 아니라 신화적으로 형성되는 개념에도 관심을 갖는다는 점에서 관념의 역사와는 다르다. 신화의 가치는 최근에서야 융, 엘리아데, 레비-스트로스 등에 의해 무의식의 발견으로 인해 다시 확인되었다. 1900년 프로이트의 『꿈의 해석』이 출간되면서 신화와 꿈을 통해 무의식으로 표출된 사유를 이해할 수 있게 되었다. 융의 원형이론과 레비-스트로스의 무의식을 전제하는 구조이론은 지속적이고 변화하지 않는 무의식의 본성을 명시적으로 주장한다. 레비-스트로스에 의하면, 신화와 정신 사이에는 상동구조가 존재한다. 무의식이 개별적인 꿈이나 신화 속에서 표출되는 특정한 방식은 다를 수 있다. 그러나 신화나 꿈을 이해하면, 그것들이 가지고 있는 내적인 의미(융)나 구조(레비-스트로스)를 통찰할 수 있다. 일단 이해하고 나면, 우리는 과거의 문명이나 지나간 개념에 대한 유산을 갖게 된다. 어떠한 역사도 지나간 것은 아니다. 모든 역사는 현재를 살고 있고 (현재와) '관련' 되어 있다는 데는 의심의 여지가 없다.

신화는 의식에 의해 다듬어지고 수정된 무의식의 산물이다. 무의식이 표출하는 모든 것을 의식이 다 알 수는 없기 때문에, 대부분의 인간 경험은 이성적이라기보다는 신화적이다. 레비-스트로스가 말한 것처럼, 대부분의 인간 사유는 논리적이 아니라 유비적이다. 그러므로 유비를 통해 사유할 때 인간의 문화를 가장 잘 이해할 수 있다. 헨리 프랑크포트(Henri Frankfort)는 다음과 같이 밝히고 있다. "신화란 상상력의 산물이지만 단순한 환상은 아니다. 진정한 신화는 전설, 무용담, 우화, 동화와 구별된다는 점이 중요하다. 진정한 신화는 강력한 권위를 가지고 말한다. 신화는 '당신'……의 비밀을 누설한다. 신화는 추상적인 사유를 가리려고 신중하게 고른 외투에 불과하다."[15] 리처드 우즈는 악마에 관해 다음과 같이 주장한다. "신화는 인간 존재가 가진 진실의 본성을 상징적으로 나타낸다. 그러므로 비록 액면 그대로 보면 글자 그대로 봐도 또는 과학적으로도 신화들이 사실은 아니지만, 인간 의식의 더 깊은 수준에서 더욱 심오한 진실을 표현한다. 나는 악마를 다룬 신화도 이런 경우라고 믿고 있다."[16]

신화가 이성의 범주를 뛰어넘는다는 사실은 악마를 이해하는 데 상당한 의미를 갖는다. 이성적 사유에서 보면 선과 악은 서로 배타적으로 나타난다. "반면에 신화는 어둠 속에서 빛을, 악에서 선을, 무질서에서 질서를 보면서, 그리고 더 높은 수준의 통일을 추구하면서 하나에서 나온 이 두 측면을 통합하려 한다. 신화는 사태를 전체적으로 이해하려 한다."[17] 신화 연구를 역사적으로 비판하면서 우리는 상징적 사고방식을 인식론적 사고방식으로 변환하게 되고, 그 변환 과정 속에

구스타브 모로, 〈제우스와 세멜레〉, 1870년경. 사랑하는 제우스와 하나가 되고자 희구하는 인간 세멜레는 제우스의 위대함 때문에 살해당한다. 이 그림은 신성의 양면성을 보여주는 신화를 빼어나게 묘사하고 있다. 신의 영광은 인간에게는 죽음이 된다(구스타브 모로 박물관, 파리).

본래부터 있던 모든 문제들도 함께 제기된다는 점을 인정하는 한, 이성적인 사변보다도 신화가 궁극적으로 악마의 개념이 형성되는 데 더 많은 자료들을 제공할 것이다.

거의 모든 신화에서 공통적으로 나타나는 것은 대립된 성질들의 통일, 신성의 양면성이다. 하나님은 빛과 어둠, 선과 악으로 이해된다. 신성을 드러내는 신들은 대립물의 통일체이고, 그 각각의 신이나 여신은 본질적으로 양의적이거나 대립되는 본성을 지닌 이중체로 짝을 이루어 양면성을 나타낸다. 신화에서는 악의 원리를 선의 원리와 대립되는 측면, 신의 그림자로 이해한다.

개념의 역사를 통해 제시될 수 있는 것은 ①가장 적절한 악마의 정의이고, ②인간의 심리를 밝히는 방식으로 악마의 개념을 내부로부터 포착하며, ③사유가 발전하는 과정을 예시하고, ④신학과 철학을 신화와 예술, 시 등과 통합해주고, ⑤역사적 지식사회학, 유형학, 내면 심리학, 현상학, 그리고 전통적인 관념사를 연결해주며, ⑥고통의 문제를 인간의 입장에서 파악하게 해준다.

추상적 논쟁은 이러한 논의에 발목을 잡는다. 추상은 역사를 통해 진리를 발견하는 데 필수적이다. 그러나 악마를 인식하는 문제는 온전한 생명체로 살아서 우리의 관심을 요구하는 사람들, 그 개개인들의 정신에서 비롯된다. 내가 알렉산드로스의 정복 전쟁을 죽어가는 병사들의 고통과 목마름으로 이해하지 않는다면, 종교재판을 이교도의 찢겨진 몸을 통해 파악하지 않는다면, 그 사건들을 나 자신이 당하는 고통이라고 느끼지 않는다면, 다시 말해 자비심을 갖지 않는다면 악에 대한 나의 생각은 공허한 것이다. 아무리 복잡하게 나타나더라도 모든 악의 문제는 본질적으로 이반 카라마조프가 묘사한, 어둠 속에서 자신의 고통을 신에게 호소한 어린 소녀의 문제로 남는다. 호손의 소설 속 목사가 말한 것처럼, "내 주변을 둘러보면, 오, 주여! 모든 얼굴에 검은 베일이 드리워져 있나이다."

3
동서양의 악마

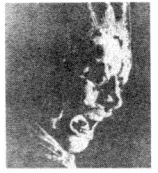

보거나 들으면서 존재자를 더럽힌다.
−키케로,『필리피카(*Philippicae*)』, ii 63

동양 문화권에서 악이 인격화되는 양상을 살펴보면, 서양에서 형성된 개념들을 살펴보는 데 필요한 관점을 얻게 된다. 다양하고 폭넓게 구분되는 문화권에서 악이 유사한 형식으로 나타난다는 사실은 보편적인 인간 사유구조 때문일 수도 있고, 아니면 아직 알려지지 않은 문화 전파 과정의 산물일 수도 있다. 어느 경우든 우리에게 상당히 깊은 인상을 준다. 우주는 인간에게 때로는 자비롭고 때로는 무자비하기 때문에, 그리고 인간의 본성 역시 그 자체로 분열되어 있기 때문에, 신의 원리라는 관념을 수용하는 대부분의 사회에서도 그 원리가 양면성을 갖는다고 여긴다. 신은 두 얼굴을 가지고 있고 서로 대립되는 성질들이 통합되어 있다. 신이 가진 이중적인 본성은 이성적인 언어를 통해서는 신학으로 표현될 수 있고, 서사(敍事)를 통해서는 신화로 표현될 수 있다. 일신교에서 생각하는 신은 두 개의 대립되는 경향이 하나로 구현된 것이라 볼 수 있다. 신의 본성이 여러 신들을 통해 표출되는 다신교에서는 개별적인 신성 역시 '가슴속에 두 개의 영혼'을 가지고 있다고 여긴다(괴테는 "두 개의 영혼이 내 가슴에 깃들여 있다"고 했다). 선하게 여겨지는 신들도 있고 악하게 여겨지는 신들도 있다. 힌두교에서 신의 양면성은 명확하게 드러난다. 브라만들은 "모든 사람을 창조할 수도 파괴할 수도 있다"고 여겨졌다. 그는 "해로움과 자비로움, 부드러움과 잔인함, 완전한 다르마(dharma) 또는 아다르마(adharma), 진실과 거짓"을 창조한다.[1]

초기 힌두교 경전에서는 아무런 설명도 없이 악을 그냥 주어진 것으로 소개하고 있지만, 후기의 경전에서는 악의 기원을 다양하게 설명하고 있다. 브라만들이 악의 기원을 설명하는 과정에서도 신이 가지고 있는 근원적인 양면성이 나타난다. "신들과 악마들은 모두 진실을 말하기도 하고 모두 거짓을 말하기도 했다. 신들은 거짓을 버리고 악마는 진실을 버렸다."[2] 이러한 존재들은 신이 가지고 있는 모든 양상들을 가지므로 신은 선과 악 모두의 원인이 된다. 때로 이 세상의 악의 원인으로 악령들을 비난하기도 하고, 때로는 인간의 실수와 무지가 죄의 원인이라고도 한다. 그러나 그 모든 것은 신이 가지고 있는 양태이고 신은 모든 것을 의미하므로, 궁극적으로 모든 책임은 신에게 있다. "악은 신이 가지고 있는 필수적인 구성 요소이며 신에게서 기인한다."[3)]

왜 신은 악을 저지르고 악이 행해지도록 부추기거나 악이 행해지도록 내버려두는가? 어떤 식의 답이든 이 문제는 이 세상에 신의 섭리를 합리화하는 신정론(神正論)이 된다. 본질적으로 신정론은 만족스럽지 못하다. 뜨겁고 목마른 날에는 "사람에게 신의 섭리를 정당화할 수 있는 밀턴의 말보다 한 잔의 맥주가 더 낫다." 신정론은 신학적일 수도 신화적일 수도 있다. 신화적으로 이론화된 신정론은 신이 가지고 있는 악한 양태를 인격화하고, 그에 따라 신들이나 여타 존재들을 악마에 필적할 수 있게 만든다.

신화 속에 나오는 어떤 내용이 전적으로 악으로 여겨지는 경우는 거의 없다. 왜냐하면 신화는 무의식과 매우 밀접하게 연결되어 있고, 무의식 자체가 양의적이기 때문이다. 무의식에서 나온 내용은 기본적으로 자아에 대한 인식이고, 이 자아는 선이면서 동시에 악으로 나타난다. 오직 합리적이고 지적인 의식을 통해서만 선과 악의 본래적인 양면성이 양극화되어 대립하는 절대자로 나눠진다.[4)] 신화는 복잡하고 양의적이다. "어떠한 상징도 그것이 의미하는 전체적인 본질을 다 포함할 수는 없지만, 상징의 숫자가 증가하면 혼란스럽기보다는 오히려 더 명확해질 것이다. ……수많은 신화적인 개념들이 단 하나의 실체를 위해 존재할 수도 있다."[5)]

신에게서 선과 악이라는 대립되는 성질이 동시에 존재하는 사태

케트살코아틀, 멕시코, 900~1250. 자비롭고 숭배를 받는 생명과 예술의 신이 또한 죽음의 신이다. 이 두 조각상은 신성의 두 가지 측면을 보여준다(브루클린 박물관).

는 필연적이라고 인식되었다. 선과 악처럼 모든 것들이 신에서 나온다는 생각이 기본적인 전제다. 그러나 사람들이 신이 선하다고 생각하고 악이 신에게서 기인하지 않기를 원하는 한, 사람들은 신성 안에 대립되는 힘이 들어 있다고 주장한다. 이러한 대립은 점차 구체화되어 짝이 형성된다.[6] 신의 본성은 여전히 악의 원천이지만, 이제 선한 본성과 악한 본성으로 (문자 그대로든 비유적으로든) 짝을 이루게 된다. 선한 본성은 하나님과 관계되고, 악한 본성은 신의 적이 된다. 이러한 짝을 '이중체'라고 한다.

대립되는 성질이 공존한다는 관념은 하늘에서 벌어지는 전쟁으로 표현되곤 한다. 젊은 세대의 신들에게 자리를 빼앗긴 일군의 신들은 악으로 규정된다. 기독교인은 그리스와 로마의 신들, 티탄을 악령으로 바꾼 올림피아의 신들, 거인들을 정복한 게르만의 신들을 악마라고 생각했다. 초기 인도-이란 종교에는 두 부류의 신, 아수라(인도 asuras, 이란 ahuras)와 데바(devas 혹은 daevas)가 있었다.[7] 이란에서 다에바스(daevas)를 물리친 아후라(ahuras), 그중에서도 아후라의 지도자는 최고의 신(High God)인 아후라 마즈다로 빛의 신이 되었고, 악령의 지위를 부여받은 다에바스는 아리만의 부하, 어둠의 신이 되었다. 인도에서는 데바가 아수라를 물리친다. 어떤 면에서 인도에서 벌어진 일들은 이란과는 정반대의 결과를 낳았다. 그러나 좀더 깊이 생각해보면 매우 비슷한 과정으로 진행되었다. 일군의 신들이 다른 신들에게 정복당하면 대체로 악령의 지위로 떨어지고 만다.

안데스 지방의 코기 인디언의 입장에서 보면 "선은 악이 살아 있으므로 존재하고, 악이 사라지면 선도 똑같이 존재하지 않는다. 코기인은 이 모든 것을 유루카(Yúluka), 즉 초월적인 합일의 상태로 끌어들이려 한다."[8] 서양의 종교에서 신과 악마는 거의 절대적인 대립 개념

아수라 숨바, 자이푸르, 18세기. 데바에게 정복당한 아수라들은 악마의 형상이 된다. 숨바와 그의 무리들은 뿔이나 동물의 귀, 흉측한 얼굴을 가지고 있다. 삼지창을 들고 있는 것도 있다.

으로 이어져 내려왔다. 그러나 여러 사회에서 나타나는 신화에서는 신과 악마가 상당히 밀접하게 배치된다. 신과 악마는 영원히 함께 공존하거나 형제관계이거나 또는 더욱 가까운 관계를 맺어 신들이 악마를 낳기도 하고 신의 본성에 따라 악마를 만들어내기도 한다.

두 개의 대립물 사이의 투쟁은 전통적인 신들이 가지고 있는 이중성으로 표현될 수 있다. 칼리(Kali), 시바(Shiva), 두르가(Durga)와 같은 인도의 위대한 신들은 자비와 악의, 창조 본능과 파괴 본능을 동시에 드러낸다.

　신이 가진 두 얼굴은 신화 속에서 밀접하게 연관되지만 적의를 가진 신들로도 표현된다. 이중체는 대립하지만, 더 깊은 단계로 내려가면 항상 같은 존재다. "번민하는 의식의 내부에서, 이렇게 대립하고 있는 쌍둥이는 끊임없이 투쟁한다"라고 『지킬 박사와 하이드 씨』에서 스티븐슨은 말한다. 그것들은 하나의 인격에서 선과 악으로 표출된 것이다. 위네바고족의 생각에 따르면, 태양에게는 순종적인 플레시(Flesh)와 반항적인 스텀프(Stump)라는 쌍둥이가 있다. 이로쿼이족에 따르면, 지구의 딸은 쌍둥이 아들을 낳았는데 그 아이들은 자궁 속에서부터 싸웠다고 한다. 한 아이는 정상적으로 태어났는데, 다른 아이는 엄마를 죽이고 겨드랑이에서 태어났다. 동생의 이름은 플린트(Flint)였는데, 그는 형이 만들어놓은 일들을 끊임없이 망쳐놓았다.[9] 형이 동물들을 만들자 플린트는 형을 따라하다가 실패하니까 화가 나서 형이 만들어놓은 동물들을 죽인다. 플린트는 형이 인간들끼리 편하고 조화롭게 소통하기를 바라자 그 소망을 좌절시키기 위해 절벽과 산들을 만들었다.[10] 이러한 이중체는 통합과 중용, 그리고 조화를 추구하는 신의 자아가 가진 대립되는 부분들을 의미하거나 대립과 통일이라는 우주의 원리(음과 양)를 의미할 수도 있다.

　대립물들의 통일은 성적으로도 표출되기도 한다. 남녀추니(androgyne) 또는 신성한 합(syzygy)—한 몸에 남녀가 붙어 있는 것—

은 완전함의 상징이다. 수염 난 아프로디테, 최초의 자웅동체, 아름다운 디오니소스, 여음상(女陰像, 요니)과 남근상(男根像, 링가)이 결합되어 있는 시바, 마야의 오메테오틀(Ometeotl), 주인과 안주인, 빛과 그림자. 여기서 말하는 남녀추니란 대립되는 성이 합치된 것이다. 그러나 항상 그렇듯이 대립물들이 한 쌍으로 나누어지고 분할되고 양극화되면, 그 결과를 다툼의 산물인 듯 간주한다. 그래서 신화 속에서는 남녀의 본성, 즉 음과 양은 늘 싸움을 벌이고 있는데, 여성의 원리가 남성과 대립되면 열등한 것 심지어는 악으로 나타나기도 한다.[11] 여자의 입장에서 보면, 여성성은 긍정적인 성격을 가졌다고 할 수 있다. 여자는 앳된 처녀가 될 수도 아이를 양육하는 어머니도 될 수 있다. 또한 여자는 매춘부, 노파, 마녀, 무덤의 하품 하는 입, 무덤이 되었던 자궁 등이 될 수 있다. 멕시코에서 가장 잔인한 신은 여성이다. 죄악의 여신이며 배설물의 탐식자 틀라졸테오틀(Tlazolteotl), 또는 얼굴의 반은 빨갛고 반은 검은 시우아코아틀(Ciuacoatl), 이들은 울부짖으며 비참함과 전쟁을 예언하면서 어둠을 통과한다. 칼리는 양육하기도 하고 죽이기도 한다. 아르테미스는 처음에는, 처녀, 풍요의 여신이었다가 마녀가 된 경우다. 사나운 뱀의 여신 치코메코아틀(Chicomecoatl)도 인간에게 음식과 꽃을 준다. 달의 신부 코아틀리쿠에(Coatlicue)는 사랑스러움과 끔찍함, 부드러움과 잔인함, 서풍과 허리케인, 사랑과 죽음이라는 양면성을 갖는다. 그러나 비록 사악한 여자 악마와 마녀들이 많지만, 악의

시바와 그의 가족, 인도, 1790. 〈풀밭 위의 식사〉라는 이 희한한 그림에서 자비로운 시바와 그의 배우자 파르바티, 그녀의 무릎 위에 있는 스칸다, 그리고 코끼리처럼 생긴 가네샤는 인간의 살을 먹고는 희생자들의 머리를 실로 꿴다. 신의 원리는 사랑과 잔인함이다. 신은 주었다가 빼앗아간다(빅토리아 앨버트 박물관).

원리가 여성으로 나타나는 경우는 매우 드물다. 악마는 좀처럼 배우자를 얻지 못하는데, 그 이유는 여성은 열등하다고 생각되어서 신이 가진 두 가지 대립되는 원리 가운데 어떤 본성도 구현할 수 없기 때문이다.

지하세계, 지하 신들의 영역은 주로 악의 원리와 연관되어 있다. 한편으로 지하세계는 비옥함을 상징한다. 이는 부분적으로 자궁과 연관되었기 때문이고, 더 큰 이유는 곡식이나 봄에 피는 푸른 풀들이 뚫고 나오는 땅 아래에 지하세계가 있기 때문이다. 또한 지하세계에서는 금, 은, 기타 유용한 광물들이 산출되기도 한다. 그러나 다른 한편 지하세계는 무덤이나 묘와 관련되어 있다.[12] 죽은 영혼들이 어둠과 그림자의 땅에서 방황하는 곳이 바로 그곳이다. 로마 사람들처럼 멕시코인에게 지하세계란 벌을 받는 곳이 아니라 휴식을 취하는 곳이다. 지하세계의 왕(플루토)은 생산의 신이기도 하고 죽음의 신이기도 한데, 이를 통해 사탄이 악과 죽음의 왕일 뿐만 아니라 생산과 성에 관련이 있다는 서양의 전통을 설명할 수 있다. 마녀들의 난잡한 파티나 악마에게 난 뿔에서도 이런 특징이 드러난다.

죽음 자체는 양의적이다. 인도에서 가장 사악한 아수라 가운데 하나는 인드라(Indra)의 강력한 적인 나무치(Namuci)다. 거짓과 악, 증오의 신, 이 역시 죽음과 어둠의 신이기도 한데, 이 신의 이름은 '절대로 봐주지 않는 자' 라는 뜻이다. 하지만 사도 바울이 말한 것처럼 사람이

칼리, 인도, 18세기. 파괴와 생명의 신 칼리는 그녀의 배우자 시바의 몸 위에서 춤을 추고 동물들에게 축복과 음식을 내려준다(빅토리아 앨버트 박물관).

죽지 않으면 살 수도 없다. 죽음은 부활의 선행 조건이며 새로운 삶으로 들어가는 통로다. 그래서 지하세계는 적어도 죽어가다가 다시 살아나는 오시리스나 페르세포네 같은 신들이 잠시 머무르는 곳이다. 부활을 인정하지 않는 종교에서는 죽음을 통해 이 세계를 초월해서 천국 같은 더 넓고 높은 현실로 들어간다고 생각한다. 우랄알타이족과 많은 아프리카 사람들 사이에 죽음은 위로 올라가는 것, 언덕 위나 나무 위 또는 사다리 위로 올라가는 것이며, 하늘의 신이 사는 영원한 영광의 나라로 들어가는 여행이다. 그러므로 죽음의 신이라고 해서 반드시 두려운 존재는 아니다. 죽음의 신은 두렵기도 하지만 자비로울 수도 있다. 죽음의 신은 환영과 고통의 세계로부터 새로운 세상과 삶으로 우리를 이끌어줄 수 있다.

원리적으로 지하세계의 왕은 자비롭거나 적어도 무관심할 수는 있지만, 지옥의 고통과 연결되어 있기 때문에 대체적으로 악의를 나타낸다. 결국 지하세계와 악마는 역사적으로도 연관되어 있다.[13] 벌겋게 타오르는 지옥 불, 그리고 불이나 작열하는 태양이 땅을 태워 나타나는 붉은 기운 따위의 붉은색은 근대에 개념화된 악마의 속성인 악과 연관되었던 것 같다.

검은색과 어둠은 거의 항상 악과 연관되고, 하얀색과 밝음은 선과 연관된다. 이런 현상은 아프리카 흑인들에게도 나타나는데(물론 모잠비크에서처럼 악마를 무중구 마야(Muzungu Maya), 즉 '사악한 백인'이라고 부르는 경우도 있다), 그 결과 검은색에 대한 부정적인 인식은 인종주의 때문에 생겨났다기보다는 오히려 인종주의의 원인이 되었다. 시바가 검은색일 때 그 색은 시바의 본성 가운데 악한 측면을 나타낸다. 그래서 파괴자 칼리의 색깔도 대체로 검은색이다. 빈번하게 악마는 빨간색과 연관되지만, 검은색이야말로 악마의 가장 일반적인 색이다.[14]

검은색은 상당히 광범위하게 부정적으로 나타나고 공포를 불러일으킨다. 기본적으로 검은색은 밤을 나타내는 색이다. 밤에는 적들이 사람들을 놀라게 할 수 있고, 유령이나 이름도 형체도 없는 존재가 느닷없이 공격할 수 있다. 우주 진화론적으로 검은색은 혼돈을 뜻하고, 개체 발생적으로 검은색은 죽음과 무덤, 양면성을 가진 내면을 나타낸다. 얼굴의 창백함이 죽음이나 악에 연관―중세에 나오는 이교도나 악마들은 주로 창백한 얼굴을 갖는다―되기도 하지만, 검은색은 유럽, 아프리카, 티베트, 시베리아 등 여러 곳에서 악을 의미한다. 미국 아이들에게 행해진 최근의 연구에 따르면, 그 아이들은 인종적인 태도와 상관없이 검은색에 대한 편견을 가지고 있는 것으로 나타났다.[15] 종종 일몰 때 나타나는 어둠 때문에 검은색은 서쪽 방향과 연관되기도 한다. 존재론적으로 검은색은 비존재, 즉 진공을 뜻하고, 육체적으로는 눈먼 상태를 암시하며, 심리학적으로는 꿈에 나타나는 무서운 부분이나 무의식을 의미한다. 검은색은 정서적인 우울, 지적인 우둔함, 종교적인 절망, 도덕적인 죄의식과 관련되어 있다. 또한 더러움, 독, 역병

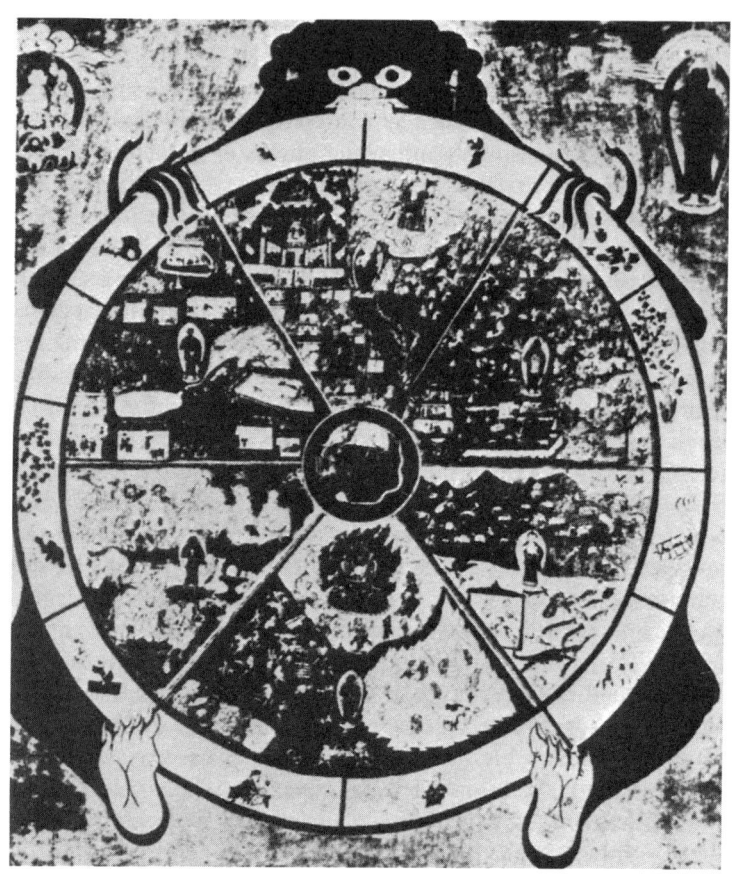

생성의 바퀴, 티베트, 18세기. 시간은 창조하고 파괴한다. 생명의 순환은 이빨로 바퀴를 먹어치우는 검고 발톱이 달린 괴물에게 붙잡힌다.

과도 연관되어 있다. 고대 멕시코에서 검은색은 흑요석으로 된 전쟁 무기와 연관되었다. 지난 십 년간 대도시의 시장으로 입후보했던 어떤 인사는 검은색이라는 말을 긍정적으로 사용하는 것이 얼마나 어려운 일인지 알게 되었다고 한다. 엄청나게 모인 흑인 유권자에게 연설하면서, 그는 흑인들에게 자신의 피부는 하얗지만 자신의 심장은 흑인만큼이나 검다는 점을 확신시켜야 했다. 과감하게 검은색을 옹호하는 순간, 인류는 인간의 정신 속에 가장 오랫동안 과도하게 편향되었던 하나의 상징과 맞붙어 싸우는 셈이다.

지하세계처럼 혼돈이라는 상징은 악마와 양의적으로 관련된다. 그리스어 chaein, 즉 '하품하다', '입을 크게 벌리다'라는 말에서 온 혼돈(chaos)은 거의 모든 신화에 등장한다. 혼돈이란 형태도 없고, 불안정하며, 분화되지도 않은 채 이 세상이 시작하는(또는 시작하기도 전에) 최초의 상태를 말한다. 혼돈은 대지가 솟아오를 태초의 물과 동일시되기도 한다. 『리그베다』에는 다음과 같이 나와 있다. "태초에 어둠으로 둘러싸인 어둠만이 있었다. 이 모든 것은 빛이 없는 물질일 뿐이다." 그리고 「창세기」에는 다음과 같이 나와 있다. "대지는 형체도 공간도 없었고, 어둠이 심연의 표면 위로 움직였다." 이렇게 입을 벌리고 있는 혼돈은 마치 연금술사의 뒤섞여 있는 덩어리처럼 어떤 면에서는 좋은 의미도 담고 있다. 혼돈은 창조성이 잠재되어 있고 에너지가 묶여 있는 상태로, 이런 상태가 없이는 아무것도 존재할 수 없다. 그러나 다른 한편 혼돈은 나쁜 의미를 담고 있다. 신들이나 인간이 존재하려면 반드시 뛰어넘어야만 하는 상태다. 그래서 혼돈은 반드시 극복되어야만 하는 괴물, 리바이어던 또는 티아마트로 인식될 수도 있다. 멕시코의 나와틀(Nahuatl)은 무정형의 물 속을 헤엄쳐 다니면서 수많은 입을 가지고 있는 태초의 혼돈, 그녀(여성이라는 점에 주의하라)는 닥치는 대로 모든 것을 집어삼킨다고 말했다. 그녀가 케트살코아틀(Quetzalcoatl)과 테스카틀리포카(Tezcatlipoca)라는 신에게 정복당해 두 부분으로 찢겨지면서 세상이 구분될 수 있었다. 그러나 그녀는 자신의 권능을 잃어버려 매우 애통해하며 인간의 심장을 먹기 위해 인간 제물을 요구하면서 세상을 돌아다녔다. 일단 그 괴물이 사라지자 질서가 나타날 수 있었다.[16]

마지막 때가 되면 질서는 다시 혼돈으로 되돌아간다. 이번에 나타난 혼돈은 세상의 파괴를 의미한다는 점에서 나쁜 것이지만, 태초의 힘과 창조력으로 회귀되어 재현된다는 의미에서는 좋은 것이다. 시바가 기쁨과 슬픔을 표현하는 탄다바 춤을 출 때, 그 행위를 통해 미혹된 세계(마야)를 제거하고 세상과 브라만을 일치시킨다. 많은 종교 의식과 교의들은 창조적인 힘을 표출시키거나 그 힘을 다시 얻기 위해 혼돈을 재현하고자 한다. 이것이 로마의 농신(農神) 잔치 또는 중세의 광대 축제와 같은 주신제 및 축제가 갖는 근본적인 의미다. 처음과 마지막 때에는 혼돈이 지배한다.[17] 시간은 모든 것을 창조하기도 하지만 모든 것을 파괴하기도(탐식하기도) 한다. 시간은 죽음처럼 낫을 부여받은 노인이다. 격노한 칼리가(kala, 즉 '시간'의 여성형이 Kali다) 바로 시간이다. 티베트에서는 덧없음이라는 개념이 인격화되면, 인생의 수레바퀴를 끌어안고 게걸스럽게 먹어치우는 시커먼 괴물로 묘사된다.

혼돈은 종종 뱀이나 용으로 표현된다. 보루네오의 다야크족은, 이 세상은 꼬리를 물고 있는 물뱀이 만드는 원 안에 갇혀 있다고 믿는다. 태초의 뱀은 음과 양의 움직임처럼 끝없는 원 안에서 스스로를 쫓는 오우로보로스처럼 대립물이 합치된 것이다. 뱀은 치료해주거나 도움을 줄 수도 있고 해를 줄 수도 있다. "뱀이라는 상징은 다소 혼란스럽다. 그러나 뱀에 관한 모든 상징들이 지향하는 중심 사상은 똑같다. 즉, 뱀은 계속해서 다시 태어나므로 불멸한다는 것이다. 뱀은 달이 지닌 힘을 가지고 있으므로 달과 마찬가지로 생산력, 지식(예언능력), 심지어 불멸성까지도 줄 수 있다."[18] 신들은 뱀을 자신들의 상징물로 삼아 초승달 모양으로 된 뱀을 지니고 있고, 달 모양을 하고 있는 뱀은 밤, 죽음, 월경, 다산성(남근 숭배적인 측면이 뱀의 다산성에 추가되기도 한다)과 연관된다. 악마와 뱀이 동일시되면 악마는 다시 질서와 생명을 사로잡고 있는 괴물과 연관되어 이 속박에서 풀려나려면 살해되어야만 된다.

서양의 전통에서 일반적으로 뿔은 악마를 연상시키지만, 기본적으로 긍정적인 성격도 가지고 있다. 대체로 뿔은 다산성을 의미한다. 뿔은 초승달과 결부되는데, 달은 기본적으로 성장이라는 관념을 의미하며, 월경과 연관되어 다산성을 의미한다.[19] 뿔은 남근 숭배적인 뱀과 엄청난 생식능력을 지닌 수소—이들은 찌는 듯한 여름이 되면 절정기

오우로보로스, 다호메 왕국 게주 왕의 궁, 19세기. 자신의 꼬리를 먹고 있는 이 태초의 뱀은 대부분의 다양한 문화에 공통적으로 나타나는 양면성의 신화적 모티프다. 이 뱀은 수컷이자 암컷이며, 시작이자 끝이며, 알파와 오메가, 빛과 어둠, 선과 악이다. 이것은 코스모스와 우주의 분리, 그리고 이러한 질들의 대립이 나타나기 이전의 미분화된 혼돈스런 상태대(롬므 박물관, 파리).

를 맞아 흥분한 채로 기다리고 있는 무리들에게 다가간다—와도 연관된다.[20] 시바는 수소와 남근상의 모습으로 나타날 수도 있다. 신을 나타내기에 가장 적당한 동물인 수소는 시바의 상징인 삼지창과 혼합된다. 비슈누(Vishnu)와 크리슈나(Krishna) 신도 수소로 묘사되고, 포세이돈은 수소의 뿔이나 삼지창과 연관된다(오늘날에도 할로윈의 악령들이 뿔이나 '갈퀴'를 가지고 있는 것을 보게 되는데, 이는 고대로부터 기원한 것이다). 뿔을 가루로 만들어서 최음제로 사용한다고 알려졌고, 생식능력이 흘러나오는 부러진 뿔은 코누코피아, 즉 풍요의 뿔을 의미한다. 수사슴이나 다른 야생동물들의 뿔도 사냥감이 충분하게 공급된다는 것을 의미한다. 뿔은 또한 태양 광선과 결부되어 순수한 힘의 상징이기도 하다. 산에서 내려온 후 모세는 케렌(qeren)을 갖게 되었는데, 그것은 뿔 또는 그의 이마에서 뿜어나오는 강력한 광선을 의미한다. 뿔 모양으로 된 모자—예컨대 중세의 왕관이나 미트라, 또는 주교관 등—는 그것을 쓴 사람의 권위를 나타낸다. 뿔 모양의 표지들은 손으로 만들어졌고, 벽이나 문에 부착되어 안전과 보호를 도모했다(전통적으로 사용되었던 말편자와 비교해보라).

그러므로 악마의 뿔은 기본적으로 악마의 권능을 나타내기도 하지만, 특히 부정적인 성격도 함께 가지고 있다. 달은 뿔처럼 생겼다. 그러나 달은 다산성뿐만 아니라 밤, 어둠, 죽음, 지하세계를 의미하기도 한다. 동물의 뿔을 보면 사람들은 어떤 짐승들의 위험성을 떠올리기도 하고, 여러 신화에 나오는 무섭고 호전적인 동물들(예컨대, 게걸스럽게 먹어치우는 미노타우로스), 혹은 동물들이 가지고 있는 원초적이고 불가사의하며 무서운 낯선 성질을 떠올린다. 뿔로 만든 가루는 해독제나 최음제가 되기도 하지만 독이 될 수도 있고, 뿔을 달고 있다는 것은

춤추는 마법사, 구석기 시대. 이 고대의 그림은 인간-동물 또는 동물처럼 옷을 입은 사람을 그린 것인데, 풍부한 사냥감을 확보하도록 도와주려는 의도를 가진 것 같다. 사냥과 연관되는 뿔, 남근과 달의 이미지를 통해서 농업과 연관되는데 공통적으로 잠재성과 다산성을 나타내는 상징이었다(S. G. F. 브랜던 여사 소장).

다산성보다는 오히려 불륜을 의미하기도 한다(뿔에 대한 상징을 이런 식으로 해석하는 것은 르네상스나 그 이후의 서구에만 국한된다). 여러 신화 속에서 뿔은 악마에게도 나타날 뿐만 아니라 영(靈)들(대체로 적대적인 영들)에게도 나타난다. 악마의 뿔은 악마의 권능뿐만 아니라 악마가 죽음과 지하세계, 그리고 무절제하고 파괴적인 성욕과 연관되어 있음을 의미한다.[21]

악의 원리와 더불어 추상적인 악이 아니라 구체적인 악을 인격화한 사소한 악령들이 대부분의 사회에서 발견된다. 지독한 더위나 추위, 황폐함, 질병이나 폭풍 등으로 나타나는 이러한 영들은 때로는 유령이나 신으로, 때로는 파괴적인 본성을 드러내는 자연의 힘으로 여겨진다. 좀처럼 명확하게 구분되지는 않지만 이 영들은 거칠고 파괴적이며, 그리스인들이 신화에 등장하는 판의 이름을 따서 '패닉(Panic)'이라고 부르는 예기치 못할 공포를 불러오는 이상하고도 타락한 성질을 가지고 있다. 이 영들은 병을 일으켜 사람들의 육체를 사로잡고 정신 이상을 일으켜 정신을 지배한다. 악령들은 잠자는 사람을 유혹하는 남자 몽마(夢魔)나 여자 마녀로 나타난다. 대체로 이것들의 모습은 추하고 주로 기형으로 나타난다. 이들의 기형적인 외양은 자신들의 비뚤어진 행동이 밖으로 보일 수 있게 드러난 것이다. 이 악령들은 대부분 사람들을 직접적으로 잔인하게 공격한다. 비서구적 문화에 나타나는 영들은 기독교적인 전통에서 도덕적 유혹자로 낙인찍었던 그런 역할은 거의 하지 않는다. 아룬타(Arunta) 사이에서 "악령들은 우연히 떠돌아다니는 특정한 한 사람을 사로잡은 다음, 그에게서 감각을 빼앗아 미친 사람처럼 여기저기 뛰어다니고 낮에도 밤에도 쉴 수 없게 만든다."[22] 힌두교에서 락샤사스(rakshasas)는 사람에게도 신에게도 적이 된다. 일본에서는 자연세계와 초자연적 세계가 서로 밀접하게 뒤얽혀 있고, 사람들, 동물, 식물 심지어 무생물체도 영혼을 갖는다고 생각한다. 이러한 영들은 특히 엄청난 힘과 추악한 외양을 가진 오니처럼, 대체로 적의를 가지고 있었다. 일반적으로 오니는 뿔이 달렸고, 눈은 주로 세 개였으며, 남자나 여자로도 될 수 있었다.

동서양에 나타나는 악령들의 특이한 역할은 지옥에서 저주받은 영혼들을 괴롭히면서 신의 정의를 위해 복무하는 것이다. 일본에서는 엠마-오(Emma-O)를 섬기는 이만 사천의 악령 종복들이 신의 심판대 앞으로 불행한 영혼들을 끌어내는 일을 맡는다. 서양에서처럼 빈번하게 이러한 존재들은 기괴한 형체를 가지고 있으며, 무서운 도구들을 사용해서 고문을 했다. 서양에서처럼 중국과 일본에서도 이 악령들의 지위가 신에게 고용되어 봉사하는 자들인지 아니면 신에게 잡혀 수감된 자들인지, 저주를 받아 자신들도 고통을 당하고 있는지, 아니면 다른 존재에게 고통을 주기만 하는지가 항상 분명한 것은 아니다.

몇몇 문화적으로 세련된 사회에서 악한 영으로 나오는 유혹자는 악이 인격화된 것이라고 할 수 있다. 불교의 신화에 나오는 마라(Mara,

염소 혹은 양, 우르, 기원전 3000년. 이 고대 메소포타미아의 금 조각상은 악마의 도상학에서 중요하게 되었던 짐승의 재앙, 신비로움, 그리고 힘을 보여준다(대영 박물관).

'죽음' 또는 '목마름')—마라는 맹목, 음울함, 죽음, 그리고 어둠이라는 속성을 지니고 있고, 그의 딸들이 욕망, 불안, 쾌락이다—는 부처를 꾀어 미덕으로 여겨졌던 세습적인 인도인의 삶으로 돌아오게 해서 부처가 깨달음으로 가는 길을 방해하려 한다. 그러나 유일하고도 참된 선이란 이 세상을 초월하는 데 있다는 것을 깨달은 부처는 마라의 유혹을 물리치고 쫓아버렸다.[23] 톨텍 사람들(10세기경 중앙 멕시코에서 번성했던 인디언)은 많은 악령들이 인간-신 케트살코아틀을 술과 여러 가지 미끼로 꾀어 의무의 길로부터 나오도록 유혹했다고 믿었다. 신의 은총으로부터의 태초의 타락에 관한 신화는 세계 도처에서 발견된다. 그러나 대체로 이런 식으로 유혹자의 역할 때문에 타락한다기보다는 오히려 인간이나 신들의 어리석음 때문에 타락하는 것이다.[24]

무질서의 영, 경계의 적인 트릭스터(Trickster. 속임수나 장난질을 하면서 질서를 흐트러뜨리는 신화적인 존재)의 묘한 형상은 신성과 연관되어 있지만, 그 역할에 대해 정의된 것이 거의 없어서 그를 악의 원리와 동일시할 수는 없다. 그는 관능적이고 어린아이 같으며 바보 같기도 하다. 때로는 추하고 잔인하지만, 또한 낙천적이고 익살맞기도 하다. 때때로 트릭스터가 신들을 거역하고 인간을 돕기 위해서는 창조적인 시도가 필요하다. 마치 프로메테우스가 신에게서 불을 훔쳤을 때처럼. 트릭스터의 근본적인 성격은 질서를 뒤집는 것이다. 혼돈 신화와 같이 질서를 뒤집음으로써 기존의 가치를 파괴하는 것은 물론이고 창조적

불교의 지옥, 16세기. 지하세계의 신이자 판관인 엠마-오는 고문 도구로 무장한 가지각색의 악령들에게 고문을 당하는 저주받은 자들을 관장하는 관료다.

인 에너지가 나오기도 한다.[25]

이집트, 메소포타미아, 가나안 문명은 그리스나 히브리 문화의 뒤를 곧바로 잇는다. 그리고 적어도 유대교의 악마 개념에 간접적인 영향을 주었다. 이집트의 신들은 모두 유일신이 현시된 것이다. 이집트의 다신론적 일원론은 때로는 드러나기도 하고 때로는 감춰지기도 한다. 유일신과 여러 신들은 모두 양의적이다. 선과 악, 해로움과 이익, 이 모든 것은 단 하나의 신적인 원리로부터 나온다. 이집트의 종교는 절대 이원론적이지 않고, 악의 원리도 없다. 이집트적인 의미에서 질서란 대립물들이 일치되어 안정된 것이며, 신의 질서와 조화가 드러난 것이다. 신은 우주를 원했고 그래서 우주를 창조했다. 그러나 이 우주는 단순한 창조물이 아니라 신의 모습이 현현된 것이다.

우주는 단순한 하나의 사물이 아니라 살아 움직이는 것이고, 신성과 더불어 고동치는 것이다. 이 모든 것들이 신의 권위를 드러내는 이 세상에 악의 원리라는 것이 따로 존재할 수는 없다. 악의 원리는 신성한 계열의 일부로, 살아 있는 우주의 일부로만 존재할 수 있다. 죽음, 질병, 거짓, 사기 등 이 모든 것은 자연적인 질서가 파괴된 상태이며 따라서 악이다. 그러나 좀더 넓게 생각해보면 그런 것들은, 도교에서 말하는 것처럼 질서와 무질서를 모두 초월해서 포함하는 질서의 일부분이다. 신은 "나는 모든 인간을 그의 동료들처럼 만들었다"고 말한다. "나는 인간들이 악을 저지르도록 명하지 않았다. 그러나 내가 말한 것

세트와 호루스와 함께 있는 세티 아이(Seti I), 이집트, 19대 왕조. 그 이름이 암시하듯, 세티 아이는 세트에게 특별히 헌신하기 위해 왕조를 하나 건립했다. 여기서 세트는 하늘의 신이자 불구대천의 적 호루스와 협력해서 파라오에게 앙크(ankh)의 흐름으로 상징되는 생명을 쏟아붓는다.

을 거스르려는 악이 바로 그들의 마음속에 있었다."[26] 악이란 질서정연하고 조화로운 우주의 섭리, 마아트(ma' at, 질서)를 개인이 거스르는 것이다. 이집트 신화에서 타락에 대해 암시하고 있는 것은 단 하나뿐이다. 태양신 레(Re)가 이 세상을 적절하게 창조했는데, 인간들이 악을 도모하자 레는 인간들을 응징하지 않을 수 없었다.[27] 악이란 고립된 개인적인 행위이며, 개인은 이 땅에서의 자신의 삶에 대해 저승에서 설명해야 할 의무를 갖는다. 저승의 위치나 본성은 확실하지는 않지만 대체로 지하세계에 속하는 것으로 이해된다. 검은색, 자칼의 머리가 달린 신 안푸(Anpu, Anubis)는 죽은 사람의 영혼의 무게를 저울에 단다. 정당하게 살았다고 밝혀진 것들은 비록 유령 같은 존재일지라도 영원히 살게 되지만, 마아트를 위반한 정당하지 못한 삶은 고통을 받고 나서 악령들의 입에 던져지거나 레의 불로 태워진다. 레의 불은 이 세상에 처음으로 생명을 주었지만, 황폐한 사막에서 그랬던 것처럼 부당한 것들을 시들게 하고 불태운다.[28] 죽은 자의 영혼들에 고통을 주는 '악령들'은 사실 영이나 신을 의미하는 것이지, 완전한 악은 아니다.

모든 이집트의 신들은 온 우주로 현시된 것이고, 그래서 이중적 의미를 가지고 있다. 심지어 자비로운 오리시스도 초기 신화에서는 레의 적으로 나온다. 그리고 대체로 세트(Seth) 같은 파괴 본성을 가진 신도 자신을 숭배하는 자들에게는 도움을 줄 수 있다. 파라오 자신도 도덕적으로 여러 모습으로 나누어진다. "저 자비로운 신, 1년 동안의 역병 때문에 세크메트(Sekhmet)를 두려워한 것처럼 수백 년에 걸쳐 그를 두려워했노라. ……그는 끝없이 싸우고 자비를 베풀지 않는다. ……그는 우아함의 주인이며 부드러움이 넘치고 사랑으로 정복한다."[29] 어느 신도 본질적인 악으로 구현되지는 않았지만, 단 한 명의 신, 세트에게는 파괴적이고 조화를 이루지 못하는 요소가 다른 신들보다는 확실히 많았다.

하늘 신 호르(Hor) 또는 호루스(Horus, '얼굴', '하늘')의 적대자인 세트에 관한 신화는 피라미드의 문헌만큼이나 오래된 것이다. 두 신

사이의 적대감은 시간이 지남에 따라 더 커졌고, 마침내 헬레니즘기에 이르러 세트는 거의 완전하게 악이 되었다. 몇몇 학자들은 이 신화의 기원을 정치적으로 해석한다. 즉, 호루스는 하이집트 북쪽을 대표하는 신이고, 세트는 상이집트 남쪽을 대표하는 신이라는 것이다. 다른 학자들은 세트와 호루스(또는 신화 속의 오시리스)가 각기 대립되는 환경을 대표하는 신이었다고 주장한다. 세트는 건조한 사막을, 오시리스는 검은 땅과 비옥한 나일 지방을 대표한다는 것이다. 이집트는 검은색이 악을 의미하는 색이 아니라 부채꼴로 펼쳐진 충적평야에 생명을 주는 다산을 상징하는 색이라고 믿는 몇 안 되는 문화권 가운데 하나. 빨간색은 악의 색, 사막을 태우는 적대적인 색깔이었다. 세트가 사막과 연관되어 있기 때문에 그를 나타내는 색은 거의 대부분 빨간색이었고, 머리카락이 빨갛거나 혈색이 불그레한 사람들은 그 자체만으로도 특이하게 여겨졌다. 플루타르코스와 헤로도토스는 이집트인이 머리가 빨간 사람들을 제물로 바쳤다고 진술한다.[30] 대체로 세트는 붉은 기운을 띠고 있는 동물로 묘사된다. 어느 누구도 세트가 무슨 종에 속하는지를 확인해줄 수 없었고, 그래서 그저 세트 같은 동물이라고 불렀다.

호루스와 세트의 투쟁이 어떠한 정치적·지리적 기반을 가지고 있다고 해도 "종교사학자에게는 겉으로 드러난 행위는 숨겨진 배경을 반영하는 것일 뿐이다."[31] 이들의 싸움을 심리학적으로 해석해보는 것은 매우 가치 있는 것이다. 이들의 싸움은 원래 하나였다가 분리되어

호루스-세트 신, 이집트. 호루스와 세트는 한 몸으로 되어 있어서 신성한 원리의 두 가지 측면을 상징한다. 이 두 신의 추종자들은 서로 적대시했지만, 어떤 곳에서는 세트와 호루스는 하나의 신으로 함께 숭배되었다.

나눠진 부분들이 다시 결합하려고 분투하는 것으로 이해될 수 있다. 세트와 늙은 호루스는 형제였다. 다른 판본에 따르면, 세트와 오시리스가 형제이고, 오시리스와 이시스 사이의 아들, 어린 호루스가 세트의 조카로 나온다. 신화에서 친족 신들은 거의 항상 같은 존재의 쌍둥이로 여겨진다. 그래서 세트는 한 부분은 신적인 성격을 가지며 나머지 다른 한 부분은 호루스 형제들이나 오시리스로 다양하게 표출된다. 세트와 호루스는 초기 왕조에서는 함께 숭배되었고, 때로는 그들의 이중적인 본성은 두 개의 머리가 달린 신의 모습으로 나타났다. 호루스가 자기의 역할을 바꾸면, 그에 따라 세트는 악에 맞서 높은 신들을 보호하고 사악한 뱀 아페프(Apep)의 공격으로부터 레를 구할 책임을 진다.

그러나 세트/호루스라는 이중체가 쌍둥이로 태어나자 서로 다투게 되었다. 마아트를 위반했을 때 이러한 부조화가 악으로 드러났고 반드시 해결되어야만 했다. 태양신 호루스와 죽어서 승천하는 자들을 구해주는 신 오시리스는 대중에게 매우 인기가 있어 모든 '선'을 대표하게 된다. 세트가 자신의 '선한' 이중체와 싸운다는 것은 스스로 어느 정도 '악'이 되어야 한다는 의미다. 그래서 세트는 호루스/오시리스와 서로 단합해서 조화를 찾으려고 하지 않고 오히려 적대시하여 없애버리려 하는 등 오히려 그 반대로 행동하기 시작한다. 세트는 오시리스를 속여 함정에 빠뜨린 다음 그를 묶어 나일 강에 버렸다. 그러나 오시리스의 부인/누이가 그를 구해서 부활하게 된다. 오시리스는 죽어야만 살 수 있었고 부활을 통해서 인류에게 희망을 줄 수 있었다. 그러므로 세트가 오시리스를 죽인 것은 필연적인 행동이었지만, 나중에 가룟 유다의 경우처럼 그러한 행동이 그에게 미덕으로 돌아가지는 않았다.

오시리스가 죽자 이시스는 아들을 가졌는데, 이 어린 아이 호루스는 성적인 접촉 없이 수태되었거나 아니면 죽어 있는 동안에 오시리스에 의해 수태된 것이다. 어린 호루스는 이제 세트의 적—즉, 호루스/세트라는 신성한 쌍둥이의 다른 '선한' 나머지 절반—이 된다. 성공하지는 못했지만 세트는 호루스가 아이였을 때 죽이려고 시도했고, 호루스가 성장하자 많은 무리들을 불러모아 그의 오랜 숙적과 싸움을 벌였다. 마침내 이 둘은 서로에게 상처를 주면서 사투를 벌여야 했다. 호루스는 세트를 거세해서 세트의 권능을 빼앗아버린다. 그러나 반대로 세트도 호루스에게 큰 상처를 입힌다. 검은 돼지의 모습을 하고는 호루스의 눈을 뽑아 묻어버린다.[32]

두 신 모두 피비린내나는 싸움으로 인해 고통을 받는다. 두 신은 주요한 신체기관을 잃게 되는데, 이는 그들의 싸움은 신들의 실수였다는 뜻이다. 정작 필요했던 것은 두 부분으로 나누어진 신성한 본성 사이의 다툼이 아니라 서로 화합하고 중용을 지키고 결합하려는 노력이었다. 세트가 호루스와 비역질을 해서라도 결합하려는 시도는 잘못된 노력—힘으로 마아트를 위반하면서까지 결합하려는 노력—이었기 때

이시스. 이집트, 19대 왕조. 권능과 다산의 상징인 뿔과 달을 가지고 있는 이시스는 추종자들이 행진할 때 쓰던 시스트럼(옛 이집트의 악기)을 들고 있다. 뿔은 가장 일반적인 악마의 상징이 되었다(로서 누드 소장).

3. 동서양의 악마_97

문에 실패한 것이다. 평화로운 중용의 길을 통해서만, 신의 본성을 완전한 하나로 다시 만들어주는 대립된 성질들의 일치를 통해서만, 호루스/세트의 실체는 복원될 수 있다. 불행히도 이 신화는 화해를 이야기하지는 않는다.

호루스와 세트의 대립은 일련의 대립들—하늘과 땅의 대립, 다산성과 불모의 대립, 삶과 죽음의 대립, 지상과 지하세계의 대립—로 인식되었다. 그러나 적어도 원래의 신화가 바뀌는 마지막 때까지는 순수 선과 순수 악의 대립만이 있었다. 세트는 트릭스터와 악마의 자리 그 어딘가에 위치한다.

이집트 신화에 나오는 뱀은 자비로울 수도 있지만, 뱀신 아페프는 레에게도 인간에게도 적이었다. 여신 하토르(Hathor)도 양면성을 갖는다. 그녀는 기쁨의 여신, 레의 부인, 늙은 호루스의 사랑스런 어머니이자 간호사이고, 신성한 소의 모습으로 우유를 주고 세상을 보호한다. 나중에 하토르는 어린 호루스의 어머니 이시스와 연관된다. 이시스와 하토르는 다산의 여신이고, 그 상징으로 머리에 초승달 모양을 하고 있다. 그러나 하토르는 세크메트, 즉 '강한 자'의 모습을 취하기도 한다. 이 사자의 머리를 한 여신은 레의 불타는 눈을 가졌고, 인간의 사악함에 대해 신을 대신해 복수한다. 레는 인간을 행복하고 선하며 창조자와 화합하도록 만들었다. 그러나 인간은 레에 반역하고 음모를 꾸몄다가 무서워서 도망치고 말았다. 그리고 폐하 레께서 말씀하셨다.

하토르, 이집트, 26대 왕조의 조각상 모작, 기원전 572~525. 자비로운 어머니 여신 세크메트는 권능의 뿔을 지니며 턱 밑에 파라오 사메티쿠스를 보호하고 있다. 하지만 이 여신은 분노한 사자-여신 세크메트로도 나타났다.

"보라, 그들은 자신들이 저지른 짓 때문에 두려워하며 사막으로 도망쳤다." 그러자 조신들이 레에게 말했다. "그대의 눈을 보내소서. 그러면 그대를 위해 인간들을 해치울 것입니다. 하토르의 모습으로 내려가게 하소서." 그때 이 여신이 사막으로 가 인간들을 처치했다. 하토르/세크메트는 인간을 맹렬하게 공격해서 죽인 다음 기뻐 날뛰었다. 세크메트는 전쟁, 싸움, 잔인함의 여신이 되었다. 그녀가 레에게 말했다. "당신의 생명으로 나는 인간을 지배하게 되었고, 이 일은 내게 진심으로 기쁨을 줍니다." 세크메트의 피에 대한 욕망은 너무 커져서 레를 불안하게 만들었다. 그래서 모든 인간들의 마지막 자취까지도 없어지는 것을 막기 위해 레는 책략을 써야 했다. 레는 하인들을 시켜 오는 길에 7,000병의 술을 혼합한 빨간 염료를 가져오게 했다. 그 빨간 술을 세크메트가 지나가는 길에 쏟아부었다. 세크메트는 피로 착각하고는 모두 마셔 취했고, 그래서 그녀의 행동을 막을 수 있었다. 여기서 이 이야기는 인간의 원죄와 그에 대한 응징에 관한 것이다. 하토르/세크메트는 신이 가진 복수의 본능을 나타낸다.[33]

서양에서 악마의 개념이 형성되는데 이집트 문명보다는 메소포타미아나 시리아 문명이 직접적으로 더 많은 도움을 주었다. 바빌로니아와 아시리아 문명을 곧바로 계승한 수메르 문명은 히브리와 가나안 사람들에게 직접적인 영향을 미쳤다. 한편 가나안 문명은 미케네와 고대 그리스 문화에 선행하는 이스라엘 문명과 미노아 시대의 크레타 문명에 영향을 주었다. 북서쪽의 셈(시리아) 문화가 대체로 그리스와 유대 문명에도 스며들었을 수도 있다. 이 문화들이 어느 정도까지 섞여들었는지는 아직까지 명확하지 않다. 하지만 수메르-아카드 종교와 아시리아-바빌로니아 종교 사이의 연속성으로 미루어보면 이 문화들을 함께 논의할 수 있을 정도다. "아카드인들의 신화(바빌로니아인들과 아시리아인들의 신화)는 주로 수메르인의 원형에서 유래한다.[34]

메소포타미아의 종교적 사유는 이집트와는 다른데 그 가운데 가장 두드러진 차이는 공포에 대한 생각이다. 우주(질서)는 항상 예고도

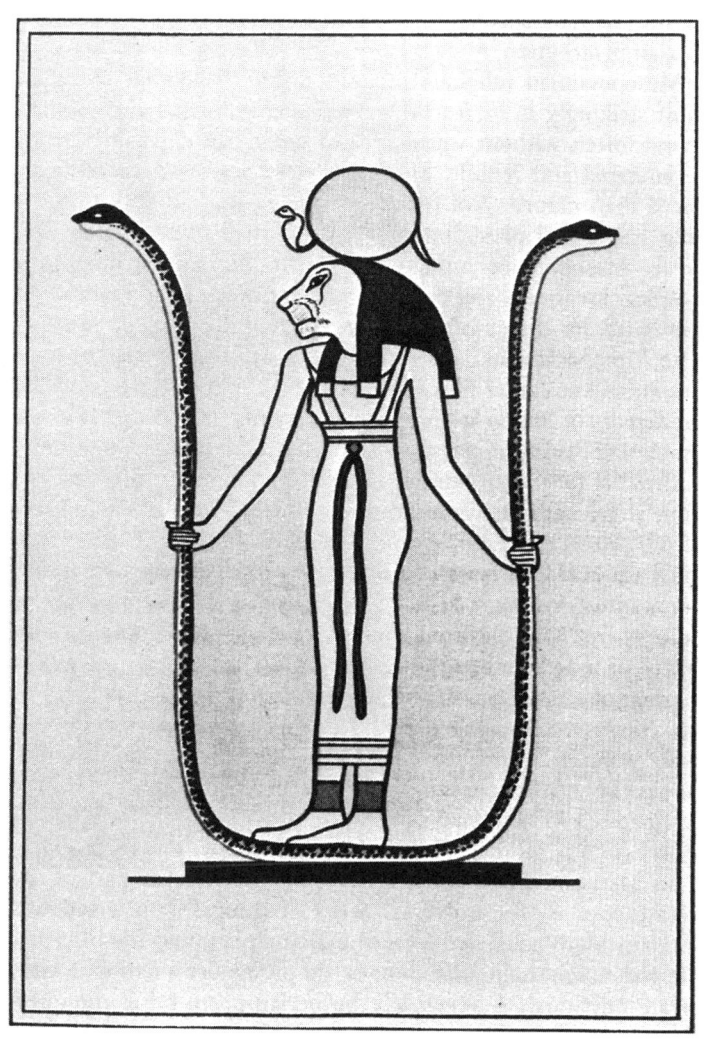

세크메트, 이집트. 자비로운 하토르의 파괴적인 성격을 나타내는 사자 머리의 여신 하토르는 인간들의 죗값을 치르게 하기 위해 레가 보냈다. 제 정신을 잃은 세크메트는 레가 그녀의 광기를 견제하기 전까지 거의 모든 인류를 죽였다.

없이 산산이 흩어지고 있고, 그래서 끊임없이 질서가 재생되고 재건되어야 했다. 인간 사회는 자연보다 훨씬 더 무질서했다. 왕이 변하지 않는 우주를 관장하는 신이었다고 생각한 것이 메소포타미아에서만 그랬던 것은 아니다. 메소포타미아는 멸망이나 재정착, 또는 노예 생활에 대한 위협이 있는 전쟁에 대해 끊임없는 공포심을 유발하면서 인종이 섞이는 이주, 침략, 정복전쟁 등에 관심이 많았다. 메소포타미아 사람들, 특히 아시리아 사람들은 혹독한 환경에서 자신들도 사나워졌고 가장 위협적인 방식으로 끊임없이 전쟁을 수행함으로써 삶에 공포를 더해갔다. 제국주의 정책을 추구하면서, 아슈르바니팔 2세(기원전 883~859)는 자신에게 저항하는 모든 도시뿐만 아니라 그렇지 않았던 많은 도시들도 태우고 약탈했다. 그는 사람들의 손과 발을 자르고 죽은 사람 혹은 죽어가는 사람들을 산처럼 쌓아 태양 아래서 부패해 썩게 했다. 물론 이런 잔인한 행위―주로 사악한 행위는 정책일 수도 있다―에 이유가 없는 것은 아니었다. 아슈르바니팔의 입장에서 자신이 명령해서 만든 시체 더미는 의심할 여지없이 다른 도시의 저항을 막는 구실을 했다고 생각했다. 그래서 수라(Surah)의 아람이라는 도시는 저항하지 않고 이 정복자가 요구하는 대로 문을 열어주었다. 그 도시민들은 관대한 보답을 받았다. 아슈르바니팔은 그 도시를 완전히 불태웠지만 사람들은 죽이지 않고 노예로 데려갔다. 그는 아람을 통치하던 관리들의 다리를 자르도록 명령했고, 영주를 니느웨로 데려가 그곳에

신, 아수르-나시르-팔의 부조, 아시리아, 기원전 9세기. 아시리아 인들이 사용했던 초자연적인 힘의 상징인 날개는 유대-기독교의 천사와 타락 천사 도상으로 전해졌다(대영 박물관).

서 산 채로 껍질을 벗겼다.

　메소포타미아에서는 자연이나 사회가 신이 만든 우주의 일부가 아니라 사물의 보편적인 질서의 일부라고 생각했다. 이 세계는 근본적으로 신의 계획과는 동떨어져 있었고, 뜻을 헤아릴 수 없는 신은 한 국가나 도시 또는 한 개인을 도와줄 수도 있고 버릴 수도 있고 아니면 그저 무시할 수도 있었다. 아주 초기의 수메르 시(詩)에서는 신정론에 대한 의문을 제기하는 구절이 나온다. 그 시에서 고통을 받는 사람들은 신을 올바르게 섬겨왔지만 적들이 승리하는 것만을 목도했을 뿐이라고 불평한다. 신은 모든 것들을 다시 되돌려놓음으로써 화답한다. 이후에 「욥기」와 상당히 유사한 바빌로니아의 판본은 수난자와 그의 친구 사이의 대화로 되어 있다. 수난자는 왜 신을 숭배하는 자는 고통을 당하고 신을 멸시하는 자는 번성하는지 묻는다. 그 수난자의 친구는 그에게 스스로의 운명에 따르고 기운을 내라고 타일렀다. 그러나 수난자는 어디에서고 신들이 악령들의 길을 막는 것처럼 보이지 않는다고 대답한다. 그는 묻는다. "내가 신께 복종한다고 무슨 덕을 볼 것인가?" 욥처럼 수난자는 만족스러운 답을 얻지 못한다.[35]

　바빌로니아의 창조 서사시 〈에누마 엘리시(Enuma elish)〉에는 신이 타락하는 이야기와 최초로 신들 사이에 벌어지는 이간질이 표현되어 있다. 여기에는 다른 많은 종교에서도 발견되는 늙은 신과 젊은 신이 벌이는 싸움과 유사한 이야기도 들어 있다. 여기서 모티브는 혼돈에 대한 질서의 승리가 긴밀하고 밀접하게 섞여 들어간다. 최초의 부부 압수(Apsu)와 티아마트(Tiamat)는 아무것도 없는 태초의 심연 속에서 행복하게 살고 있었다. 그런데 그들이 낳은 어린 신들이 문제를 일으키기 시작했다.

> 형제 신들이 모두 모였다.
> 그들은 티아마트를 괴롭히고 그의 주변에서 소란을 피웠다.
> 실로, 티아마트의 기분을 상하게 했다.
> 하늘의 거처에서 그들이 기뻐 날뛸 때까지,
> 압수는 그들이 피우는 소란을 줄일 수 없었다.
> 그리고 티아마트는 그 녀석들의 짓거리에 할 말을 잃었다.
> (압수가 말했다): "녀석들의 짓거리가 내게는 매우 불쾌하오.
> 낮에도 편치 않고 밤에도 쉴 수 없소.……"
> 압수의 얼굴에 희색이 돌았다.
> 신들과 자식들에게 악행을 저지르기로 계획했기 때문에.[36]

태고의 물, 또는 혼돈의 여신 티아마트는 마지못해 자신의 생식능력을 제한해야 했다. 그러나 압수는 자기 부인이 잠을 못 이루는 것보다는 아들이자 신하인 뭄무(Mummu)의 충고에 더 관심을 기울여 어린 신들을 죽일 계획을 꾸민다. 어린 신들은 이 계략을 알아내고는 에아

(Ea)를 시켜 압수를 죽이고 뭄무를 가두게 했다. 에아는 자신의 임무를 수행하고는 압수의 몸 위에다 평화로운 집을 지었다. 그 집에 다른 신들을 초대하고 거기서 아들, 바빌론의 신 마르둑(Marduk)을 낳았다. 여기까지 어린 신들은 제한적이나마 승리를 거두었고 질서(평화로운 집)를 짓기 시작했다. 그러나 물질적인 우주가 다 만들어진 것도 아니고, 성난 티아마트를 굴복시킨 것도 아니었다.[37]

이때 티아마트는 자식에게 복수할 계획을 세운다. 그녀는 신이 아닌 아이들을 낳는다(이는 신에 대항하는 그리스의 티탄 같은 괴물들에 대한 또 다른 암시다). 이 괴물들 가운데 장남은 킹구(Kingu)이고, 티아마트는 무서운 성격과 외모를 가진 엄청난 수의 괴물들—전갈 모양을 한 사람들, 켄타우로스, 기타 끔찍한 동물들—을 킹구의 명령에 따르도록 만들었다. 에아는 새롭게 도전하는 무리들에게 적수가 되지 못했다. 그래서 어린 신들 가운데 하나인 아누(Anu)가 티아마트에게 공격하지 말 것을 설득해보았으나 실패로 돌아갔다. 이제 그의 아들(이전에 에아의 아들) 바빌론의 마르둑이 신의 지도자로 선출되었다. 아누가 외교적 협상을 도모하는 곳에서 마르둑은 폭력을 휘둘러 화염, 폭풍, 번개 등으로 조상들을 공격했다. 티아마트는 입을 벌려 그를 삼켜버린다(게걸스러운 여성, 혼돈은 질서를 집어 삼켜서 강제로 태초의 자궁으로 되돌리려 함으로써 질서의 원리를 파괴하려 한다). 그러나 마르둑은 티아마트의 입에서 배까지 강한 바람을 날린 다음 부풀게 해서 고통을 주었다. 티아마트가 무력해지자 그는 화살을 쏘아 그녀를 죽인다. 물은 질서가 생긴 다음부터는 생명을 주는 물질이 되었지만, 그것은 티아마트, 즉 반드시 극복되어야만 하는 혼돈이기도 하다.[38]

큰 어려움 없이 킹구와 그의 주인을 처리한 후에 마르둑은 티아마트를 둘로 갈라놓았다. 마르둑은 티아마트를 두 부분으로 나누어(즉, 마르둑은 질서(우주)를 구분한다) 반쪽은 하늘에 두고, 자신과 다른 신들을 위한 궁전을 지었다. 이제 마르둑은 우주를 조직하고 질서를 창조함으로써 물질세계를 다 만들고 나자 인간을 창조하는 데로 관심을 돌렸다. 그는 단 하나의 목적, 즉 그 자신과 다른 신을 위해 봉사하도록 인간을 창조한다. 그러므로 인간의 가장 중요한 책무는 신을 위해 희생하고 신전에서 일하는 것이다(사제가 아니라면 어느 누가 〈에누마 엘리시〉를 만들 수 있었겠는가). 이상한 것은 마르둑이 킹구의 피로부터 인간을 만들었다는 것이다. 암시된 바는 없지만, 이는 암암리에 인간의 타락한 본성이 악마 같은 왕자, 티아마트 아들의 혈통으로부터 유래한다는 것을 의미할 수도 있다.

바빌로니아의 지하 신들은 모호한 특성을 나타낸다. '어둠의 여왕' 에레슈키갈(Ereshkigal)은 용 쿠르(Kur)에 의해 강제로 지하세계로 끌려온 하늘의 여신이었는데, 쿠르의 부인으로 즉위하게 되었다. 그녀는 원래 태양신이었던 엔릴(Enlil)의 아들 네르갈(Nergal)과 왕위를 나누어 가졌다. 네르갈은 열과 번개 같은 무기를 써서 지하세계로 밀고

들어가 에레슈키갈을 죽이겠다고 위협했다. 에레슈키갈은 그와 결혼하기로 동의해야만 살아남을 수 있었다. 이 어둠의 신들은 파괴, 역병, 전쟁, 그리고 죽음의 신이었지만, 그들이 하는 역할(네르갈은 치료의 신이기도 하다)로 보나, 한때 하늘의 신이었지만 현재는 지하 신의 상태로 떨어져버린 태생으로 보나 아직은 모호한 모습이다. 별의 여신 이슈타르('이난다'라고도 한다)는 에레슈키갈의 여동생이자 쌍둥이다. 이슈타르가 지옥으로 내려간다는 유명한 신화는 이 관계를 확인해준다. 이슈타르가 지하세계로 내려간 이유는 명확하지 않다. 아마도 그녀는 지하세계를 스스로 지배하고 싶었을 수도 있다. 그녀는 에레슈키갈이 그녀의 만용에 분개해 자신을 죽일까 봐 두려워했다. 그녀는 일곱 개의 문을 통과해야만 했는데, 그 문을 통과할 때마다 악마를 만나게 되어 있었다. 악마는 그녀의 옷을 한 장씩 벗겨 결국 에레슈키갈과 지하세계의 무서운 판관 아눈나키(Anunnaki) 앞에서 완전히 벌거벗고 무릎을 꿇었다. 그들이 죽음의 눈으로 그녀를 뚫어지게 보자 그녀는 시체로 변해 말뚝에 걸렸다.[39] 이슈타르가 죽자 지상의 모든 땅이 불모로 변했다. 엔키의 도움으로 그녀는 되살아났지만, 지하세계의 율법에 따라 그녀를 대신할 희생양을 바치지 않는 한 다시 생명을 얻을 수 없었다. 이슈타르는 다시 지상으로 돌아와 그녀의 남편인 목동 탐무즈(Tammuz, 수메르어로 Dumuzi)가 있는 쿨랍(Kullab)으로 갔다. 그러나 남편은 그녀의 죽음을 슬퍼하기는커녕 그녀가 없는 동안 혼자서 왕위

파주주, 메소포타미아, 기원전 2000년. 음울한 얼굴에다가 뿔, 발톱, 날개를 가진 메소포타미아의 악령 파주주는 혹독한 북풍의 신이었고 파괴적인 신의 권능을 나타냈다(루브르 박물관).

를 즐기고 있었다. 이슈타르가 '죽음의 눈'으로 바라보고는 그를 지하세계의 악령들에게 넘기자, 그는 다시는 지하세계에서 나오지 못했다.[40] 여기서 지옥은 죽음의 장소일 뿐만 아니라 사랑과 다산의 여신을 감금하면서 마름병과 불모를 일으키는 힘을 갖는다.

메소포타미아의 악마에 대한 신앙은 유대교와 기독교가 가지고 있는 악령과 악마에 대한 관념에 지대한 영향을 끼쳤다. 메소포타미아의 악령들은 대체로 신보다는 훨씬 약한 권위와 권능을 가졌으며, 적의를 가진 영들이다. 때로 이 악령들은 티아마트의 자손들로 간주되지만, 더 일반적으로는 최고의 신 아누의 자손으로 생각된다. 무서운 아눈나키는 지옥에서 죽은 자들을 지키는 간수였다. 에팀무(Etimmu)는 불행하게 죽은 자들의 영이었다. 우툭쿠(Utukku)는 사막 같은 곳이나 묘지에서 살았다. 여타 악령들은 역병의 악령, 악몽의 악령, 두통의 악령, 폭풍의 악령(Pazuzu), 모든 인간의 질병을 일으키는 악령이었다. 그 가운데 가장 무서운 악령은 릴리투(Lilitu) 또는 아르다트 릴리(Ardat Lili)—대대로 전해 내려오는 원형으로 성경(「이사야서」 34)에서 인용되는 릴리스(Lilith)—였다. 릴리투는 냉담하고 아이도 못 낳고 남편도 없는 '외로운 처녀'였는데, 밤마다 돌아다니면서 마녀로 둔갑해 남자들을 공격하고는 피를 빨아먹었다. 양손엔 뱀을 들고 개나 돼지를 거느리고 다니는 라바르투(Labartu)는, 아이들이나 엄마들 또는 간호사들을 공격했다. 대체로 악령들은 매우 기괴해서 추한 동물 또는 일부는

릴리투, 수메르, 기원전 2000년. 히브리의 릴리스의 원형인 릴리투는 밤이면 세상을 방황하며 자고 있는 남자들을 유혹하거나 자고 있는 아이를 죽였다. 날개와 발톱을 가진 릴리투는 올빼미와 자칼, 밤의 사악한 사냥꾼들로 둘러싸여 있다(S. G. F. 브랜던 여사 소장).

동물의 형상을 한 보기 흉한 인간으로 나타난다. 악령들로부터 자신을 보호하려면, 부적이나 주문, 액막이 또는 여타의 마술에 의지하거나, 아니면 특히 각자의 수호신을 정성스럽게 숭배해야 한다. "길을 걸을 때 신의 도움을 받지 못한 사람은 악마들이 옷으로 덮어버린다."[41]

가나안이라는 말은 좁은 의미로는 성경에서 인용되는 의미로 쓰이지만, 좀더 넓은 의미로는 현재 시리아, 레바논, 이스라엘 전체 연안에 적용되기도 한다. 가나안의 독특한 문화는 히브리 문화에 상당한 영향을 주었다. 가나안의 최고신은 엘(El)인데, 이 이름은 하늘과 태양의 신이며, 수소로 묘사되는 야훼에서 차용한 것이다. 그의 아들은 하다드(Hadad)와 같다고 여겨지는 천둥과 번개의 신 바알인데, 이 신은 아모리인(고대 가나안인)들이 방황 끝에 가나안에 정착했을 때 농업의 신이 되었다. 그밖의 가나안 신들로는 식물, 특히 곡물의 신 다곤(Dagon), 사막, 전쟁, 역병의 신 레세프(Reshef), 그리고 속성과 역할을 구별할 수 없는 세 여신들—바다의 여신 아세라(Asherah), 아스타르테(Astarte), 그리고 바알의 처녀 누이인 아나트—등이 있었다.[42] 가나안 종교의 중심에는 다산을 바라는 제식이 있었는데, 그 제식의 중요한 대상으로는 바알, 아나트, 이들의 적이며 죽음과 불모의 신 모트 등이었다. 수세기 동안 가나안인에 대한 실질적인 지식은 성경에서 유래한 것뿐이었는데, 유대 저자들은 바알을 악으로 인식했다. 그러나 가나안인에게 바알은 구세주이며 생명과 다산의 신이었고, 바알의 상징은 그의 아버지인 최고의 신 엘처럼 수소와 초승달 모양의 뿔이었다.

가나안의 신화에 따르면, 모트(Mot, 히브리어 mot는 '죽음'이라는 뜻이다)가 세상을 약탈하고 있을 때 바알이 그를 대적하러 나왔다. 오랜 싸움 끝에 모트는 바알을 물리친다. 바알은 포악한 적 모트의 노예가 될 것을 약속하면서 굴복하여 능멸을 당한다. 모트는 바알을 죽여 삼킨 다음 지하세계로 보내버린다. 바알은 7년 동안 대지에서 사라져 있었고, 그러는 동안에 곡물들은 시들고 세상은 황폐하게 된다.[43] 죽음이 영원히 지배할 것으로 보이자 이를 막기 위해 사랑과 전쟁의 무서운 처녀신이며 바알의 여동생 아나트가 죽은 오빠를 찾으러 온 세상을 돌아다닌다. 마침내 그녀는 오빠의 시신을 찾아 적당하게 묻어준다. 그런 후 복수를 하기 위해 모트를 찾아 나선다. "죽음아, 너는 곧 죽게 될 것이다." 그녀는 모트를 붙잡아 "칼로 자르고 키로 체질하여 불로 태운다. 그리고 절구로 간 다음에 들판에 뿌렸다."[44] 모트를 죽이자마자 생식력이 번성해서 곡물들이 자라게 되었고, 정말로 죽음의 신을 죽이자 바알이 다시 살아났다. 바알은 지하에서 다시 세상으로 돌아왔고 대지는 꽃을 피우기 시작했다. 그러나 모트도 살아나서 이 두 신은 다시 싸우게 되었다. 이 신화의 어떤 판본은 마침내 화해가 이루어졌다고 쓰고 있으나, 주된 전통은 바알과 모트, 생명과 죽음, 영원한 싸움에 갇히게 된다는 것이다. 이집트의 세트처럼 가나안에서 악의 원리에 가장 근접한 것은 모트다. 그러나 모트가 바알과 함께 끝나지 않는 싸움에

휘말리게 된다는 사실(이야기가 화해로 끝나는 추가적인 증거와 더불어) 때문에 모트와 바알은 쌍둥이가 된다. 모트와 바알, 죽음과 생명은 신이며 신의 활동이고, 우주를 통치하며 조직한다.

아나트와 바알은 쌍둥이이고 이중체이며 대립물의 일치다. 그들은 남매 관계일 뿐만 아니라, 수소인 바알은 암소인 아나트의 배우자이기도 하다. 그리고 그들이 하는 일도 대체로 비슷하다. 바알과 아나트는 각각 모트와 싸우고 (이 신화의 다른 판본에서는) 얌(Yam)이라는 나쁜 용과도 싸운다. 처녀신 아나트의 폭력성이 인간에게 항상 이로운 것만은 아니다. 한 신화에 따르면, 아나트는 알 수 없는 이유로 한 무리의 인간들과 싸운다.

> 그리고 신 아나트는 난폭하게 싸운다.
> 그녀는 두 도시의 아들들을 죽인다.
> 그녀는 해변의 사람들과 싸운다.
> 해 돋는 마을에 사는 사람들을 절멸시킨다.……
> 영웅들의 피가 그녀의 무릎에까지 이르고
> 병사들의 핏덩이가 목에까지 찬다.……[45]

사이러스 고든(Cyrus Gordon)은, 바닷가(서쪽)와 해뜨는 곳(동쪽)에 사는 사람들을 죽인다는 것은 광범위한 살육을 의미한다고 주장한다. 이것이 사실이라면 처녀신 아나트의 포악함은 이집트의 세크메트와 맞먹는 것이다. 또한 이집트, 메소포타미아, 이스라엘 등의 문헌에서 발견되는 모티브는 신이 인간들을 파멸하려고 계획하지만, 자신의 손길을 억눌러 대학살에서 약간의 사람들을 살려준다는 것이다. 아나트의 분노는 신의 파괴적인 권능을 상징한다.

    토착 아나톨리아적 요소, 인도-유럽적 요소, 가나안적이며 메소포타미아적인 요소들이 복잡하게 얽혀 있는 히타이트 종교는 악의 원리가 발전하는 과정과는 상대적으로 연관성이 별로 없었다. 그러나 히타이트의 판본에도 신들 사이의 세대간 갈등이 나와 있다. 하늘의 왕 아랄루(Alalu)는 그의 아들 아누(Anu)—아버지를 '어두운 땅'으로 던져버린다—에게 살해된다. 그리고 이제 아누의 아들 쿠마르비(Kumarbi)가 아버지에게 맞서 봉기한다. 이 엄청난 싸움은 계속되고 그 와중에 쿠마르비는 아버지의 남근을 물어뜯는다(크로노스가 우라노스를 거세한 것과 비교해보라). 하지만 아누는 이에 복수를 한다. 그의 남근은 쿠마르비의 몸속에서 자라나서 여러 신들—폭풍의 신 테슈브(Teshub)를 포함해서—이 되어 쿠마르비를 뚫고 나온다. 테슈브는 히타이트 신화에서 가장 중요한 신이 된다. 어떤 신화에서, 테슈브는 쿠르, 티아마트, 얌, 리바이어던과 다른 신들의 싸움을 생각나게 하는 한 전투에서 일루얀카스(Illuyankas)라는 용과 싸운다. 폭풍의 신에게 살해된 아버지 쿠마르비는 복수를 바라는 마음을 계속 품고 있다가 악한 아들 울리쿰미스(Ullikummis, 폭풍의 신에게 대항한다는 의미에서 악한)를 낳는다. 울리쿰미스는 덩치가 엄청난 거인이었는데, 그의 몸체는 하늘에 닿을 정도였다. 그는 폭풍의 신을 위협하면서 동시에 인간에게도 해로운 짓을 하다가 결국 살해된다. 그러나 다른 이야기, 텔피누(Telpinu) 신화에서는 폭풍의 신이 노하자 그 격노로 인해 모든 들판이 타들어갔고, 마침내 사람과 동물이 죽게 되었다고 나와 있다. 폭풍신의 아버지는 폭풍신의 할아버지에게 가서 물었다. "누가 죄를 지어 씨가 멸종하고 모든 것이 말라버렸나요?" 당연히 그의 아들에게 화가 난 아누는 대답했다. "어느 누구도 죄를 짓지 않았다. 단, 너만이 죄를 지었다!" 쿠마르비와 그의 거대한 아들 울리쿰미스는 히타이트의 모든 신들 가운데 악한 신과 가장 가까운 존재가 되었다. 그러나 그들이 어떤 확실한 방식으로 악의 원리를 나타내거나 인격화되지는 않았다.[46]

　기원전 600년 직전 이란에서 최초로 완전한 이원론적 종교의 기초를 제시한 예언자 조로아스터의 가르침과 함께 개념의 역사에 일대 혁명이 일어났다. 조로아스터의 계시에 따르면 악이란 절대로 신성의 현시가 아니라 오히려 그와는 완전히 별개의 원리에서 기인한다는 것이다. 일원론에서 이원론으로 옮아가면서 조로아스터 역시 다신교에서 일신교로 옮아갔다. 조로아스터가 이원론을 창시했다고 해서, 그에 따른 필연적인 결과로 일신교가 나온 것은 아니다. 왜냐하면 일군의 선한 신들이 어떤 하나의 원리에서 나왔다면, 악한 신들은 그와 다른

아나트, 우가리트, 기원전 약 1400~1200년경. 인자한 다산의 신 바알의 처녀 누이인 아나트는 불모의 신 모트의 공격에 대항하여 그녀의 오빠를 방어했다. 그러나 이집트의 하토르/세크메트가 그렇듯이, 아나트의 분노는 전 인류를 멸망시킬 수도 있는 파괴적인 광란으로 변할 수 있었다(예루살렘 비알리크 인스티튜트 소장).

별개의 원리에서 기인한다고 단정할 수 있기 때문이다. 사실 후기의 조로아스터교인들은 이러한 입장을 취한다. 그러나 비록 조로아스터가 마즈다만을 숭배할 수 있다고 주장하면서 분명히 일신 숭배적이었더라도, 그의 일신론은 불안정해 보인다. 일신론이 수정된 형태의 이원론—기독교적인 전통에서처럼 선한 영보다 열등한 악한 영의 지배를 가정하는—과 양립 불가능한 것은 아니다.[47] 하지만 조로아스터가 말하는 악령은 열등하지만 신의 특성도 상당히 지니고 있었다.

조로아스터가 일신론자였든 아니든 그는 이원론자였다. 이원론적 종교에서는 두 가지 존재 원리를 설정한다. 이 두 개의 원리가 둘 다 신성할 필요도, 똑같이 신적일 필요도, 어떤 면에서 같을 필요도 없다. 그 원리들이 본질적으로 상반되는 것(대체로 상반되지만)일 필요도 없다. 그 원리들은 전적으로 독립적이어야 하며, 대체로 개별적인 기원(또는 기원을 결정할 수 없는)을 갖는다. 그러므로 모든 존재가 하나의 원리(우리가 통상 신이라고 하는 것)로 창조되거나 야기되는 것은 아니고, 다른 원리에서 유래되는 것들도 있다. 각각의 원리는 그 자체로 절대적이지만, 절대적이고 전지전능한 권능을 가지고 있는 것만은 아니다.

이원론적인 종교들은 주르반교·그노시스교·마니교와 같은 이단 때문에 점점 더 약화되었던 극단적이고 절대주의적인 조로아스터교로부터 이원론이 거의 발붙일 수 없었던 기독교, 유대교, 그리고 이슬람교에 이르는 스펙트럼을 형성한다.[48] 이 종교들은 서로 다르지만,

일원론에 대해서는 모두 일정한 거리를 유지하고 있다. 이들 종교에서 전제하는 신이란 무엇에도 의존하지 않고 전능하며 선하다. 그러나 신의 권능은 또 다른 원리나 세력, 공(空)에 의해 어느 정도 제한된다. 조로아스터교나 마니교에서는 이원론이 명확히 드러난다. 유대교나 기독교에는 이원론적인 요소가 있기는 하지만 암암리에 드러나고, 그 대부분도 이란의 영향을 받은 것이다. 기독교의 이원론과 이란의 이원론은 한 가지 결정적인 측면에서 다르다. 이란의 이원론은 두 개의 영적인 원리를 선과 악으로 구분한다. 한편 영 자체는 선하다고 여기는 그리스적인 관념을 빌려온 기독교에서는, 반대로 물질을 악으로 여긴다. 조로아스터가 끌어들인 이원론은 악마의 발달사에서 혁명적인 자취를 남겼다. 그 이유는 악이라는 절대 원리를 전제해서 최초로 명확하게 악마를 악의 원리가 구현된 것—앙그라 마이뉴(Angra Mainyu) 또는 아리만(Ahriman)—으로 규정했기 때문이다.

 이원론에서는 신의 완전한 선을 보존하기 위해서 유일한 신에게서 권능의 일부를 떼어놓는다. 조로아스터의 교리는 전혀 새로운 신정론이었고, 어떤 부분은 여전히 논의의 여지가 있다. 이원론이 과거에 또는 현재에도 일원론보다 더 바람직한 것인지는 두 가지 견해가 있을 수 있다. 그 첫 번째 견해는 신의 유일성, 그에 따르는 우주와 정신의 유일성이 깨진다면, 자연이나 정신이 스스로를 인정하는 것이 더 어려워질 것이다. 마음속에 서로 융합되지 않는 두 개의 호전적인 원리들

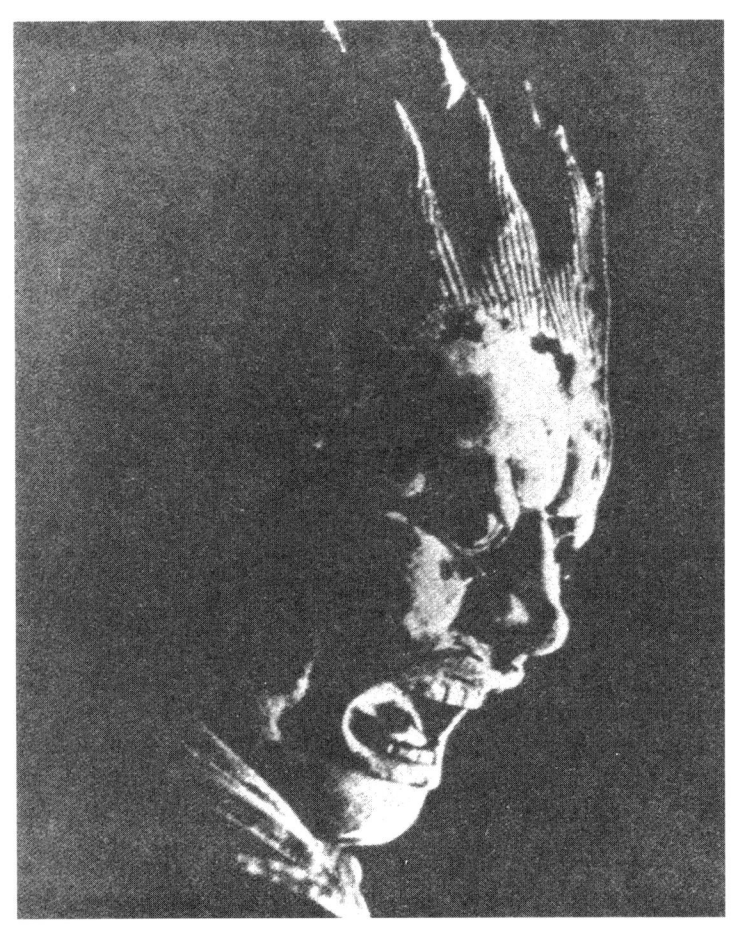

불교의 신 주위에서 신을 보호하는 십이지 상의 하나, 일본, 8세기. 불꽃 형상의 머리와 사나운 표정은 악에 대한 분노를 표현한다. 이와 유사한 머리 모양을 12세기 프랑스 악마에게서 찾아볼 수 있다(일본 나라현 아스카).

이 투쟁하기를 주장하고 악의 원리와 싸움을 요구함으로써 이원론은 건전한 타협이나 의식으로 폭력을 억제하기보다 일방적으로 억누르려 한다. 이로 인해 마음의 그림자가 드리워지고 적대감이 투영되며, 파괴적인 행위가 증가하게 된다. 이원론은 선한 사람들(또는 영들)과 악한 사람들(또는 영들)로 나누어진 세상에 대한 편집증적이고 정신분열적인 경험에서 기인—적어도 강화—할 수도 있다. 두 번째 견해는, 이원론은 모종의 모험을 시도한다. 기독교는 항상 신의 선함과 전능함을 양립시키는 데 어려움을 겪어왔다. 반면에 조로아스터교는 전능함을 희생함으로써 신의 절대적인 선함을 지켜왔다. 게다가 이원론은 우리가 실제로 보고 있는 이 세계, 선한 충동과 악한 충동이 쉽게 구별될 수 없게 섞여 있는 이 세계를 명확하게 설명해주는 것처럼 보인다. 우리를 선으로 부르는 힘뿐만 아니라 악으로 이끄는 힘도 존재한다면, 이 세상의 상당 부분은 이해할 수 있게 될 것이다. 결국 선과 악을 초월하는 일원론적인 종교의 관념은 잘못된 것이고 부도덕한 것이라고 주장하게 된다. 이 세상의 악은 너무나 많고, 너무나 크고, 너무나 사무치도록 직접적이어서 악과 불분명하게 타협할 것이 아니라 악에 맞서 싸울 의지가 필요하다.

하지만 정말로 이원론적인 신론이 의미가 있을까? 이 문제에 대해 쉽게 답할 수는 없다. 어떤 이원론자들(주르반교도들)은 두 개의 원리란 그 자체로도 불완전한 하나의 원형적인 원리에서 나온다고 주장했다. 그러나 정의에 따라 정말로 불완전한 것임에 틀림없다면 원형적인 원리가 어떻게 완전할 수 있는가? 정통 조로아스터교인들은 두 개의 원리가 전적으로 독립되어 있지만, 서로 만나 충돌하다가 선한 원리가 필연적으로 악한 원리를 이긴다고 주장했다. 선한 영이 악한 영을 이기는 것이 확실하다면 왜 시간을 필요로 하는가? 영원히 영적인 힘이 다른 것을 파괴하려 하고 파괴할 수도 있다면 왜 영원히 그를 파멸하지 않는가? 도대체 왜 선한 영은 악한 영의 출현을 인내하는가?

어떤 경우에도 이원론은 절대적이고 과격한 악이 존재한다고 주장한다. 이것은 부분적으로 우리가 세상을 지각하는 대로 반응한 것일 뿐만 아니라, 최초로 악마적인 것을 분명히 인식할 수 있는 존재로 묘사한 것이다.

인도-유럽 민족인 이란인들은 원래 유목민으로 기원전 2000년 후반기에 이란에 도착했다. 점차 농업과 목축업이 유목적인 생활을 대신하게 되었다. 정착민과 유목민들 사이의 전쟁은 조로아스터의 시기에 극에 달했다. 하지만 그의 후견인 고라스미아의 왕 비쉬타스파(Vishtaspa)는 빈번하게 유목민들과 싸움을 벌였다. 이 싸움은 조로아스터가 주장하는 이원론의 배경이 되었고, 조로아스터의 송가인 〈가타(Gatha)〉에 수소가 중요하게 나와 있다는 점, 그리고 조로아스터가 〈가타〉에서 유목민들을 거짓의 민족이라고 언급한 점으로 보아 이 싸움에서 조로아스터는 비쉬타스파의 편에 있었다는 것을 암시한다는 주장도 있다.

고대 이란 역사에 관한 자료들은 단편적이다. 조로아스터교의 위대한 저작 『아베스타(*Avesta*)』의 4분의 3가량이 유실되었다. 자료가 희박해서 이란 학자들 사이의 견해에도 커다란 편차가 생겼다. 그래서 여러 의견들 가운데 가장 신빙성 있는 견해만을 기준으로 삼는다. 조로아스터 이전에 나타난 이란의 종교는 인도의 베다교와 유사했다. 최초의 신들은 마즈다라고도 불리는 하늘의 신(산스크리트어로 디야우스(Dyaus), 그리스어로 제우스(Zeus))에게 지배를 받았다. 마즈다와 미트라는 원래부터 하늘의 신이었다. 드루이(Druj, 거짓)와 아샤(Asha 또는 Asha-rita, 진리와 질서) 사이에 다툼이 있었다. 『아야-리카』는 베다의 올바른 질서에 비견되고 부연해서 설명하고 있지는 않지만, 『리그베다』에서는 진리와 거짓 사이의 투쟁을 암시하고 있다. 진리와 거짓 사이의 투쟁은 조로아스터가 주장하는 이원론의 중요한 근거 가운데 하나다. 예언자는 앙그라 마이뉴, 즉 악의 왕을 거짓이 인격화된 것으로 인식했다. 이집트인들처럼 조로아스터교인들에게 거짓은 악의 본질이었다. 이것은 몇몇 현대 신학자들이 존중하는 입장이다. 루이스(C. S. Lewis)는 거짓은 의미 자체의 구조를 파괴하고, 우주를 이해할 수 없고 애착을 가질 수 없는 것으로 만들기 때문에 거짓이야말로 가장 최악의 죄악이라고 주장했다. "창조물이나 인간이 진리의 존재를 인식할 수 있은 다음에야 비로소 거짓이 가능하다. ……거짓 속에서 영혼은 스스로를 배반한다"라고 마틴 부버(Martin Buber)는 주장했다.[49] 후기 마니교인들은 많은 악령들의 여장군을 드루이라고 여겼다.

조로아스터의 이원론은 아후라와 다에바 사이의 투쟁에 기반하고 있다. 인도에서는 초기의 신 아수라가 데바와의 싸움에서 져 폐위되고, 데바는 '신'이 되어 오랜 숙적 아수라를 악령의 수준으로까지 떨어뜨린다. 그러나 이란에서는 아후라가 데바를 물리치는데, 분명히 조로아스터 자신이 아후라의 승리에 부분적으로 역할을 했다.

조로아스터는 최초의 신학자이면서 종교 체계를 이성적으로 마련한 최초의 개인일 수도 있다. 그는 아마도 성직을 맡은 카스트였을 것이다. 그러나 그는 스스로를 예언자, 그가 성장해왔던 종교적인 가설들에 도전하도록 신으로부터 직접 계시를 받은 사람으로 여겼다. 다른 위대한 지도자들처럼 그의 생각도 상당한 변화를 겪었다. 그러므로 조로아스터 자신의 교의와 그를 추종하는 사람들의 종교인 조로아스터교(마즈다교)를 구별해야 한다.[50]

조로아스터교에는 적어도 네 개의 중요한 갈래가 있다. ①조로아스터 자신의 가르침, ②마즈다교의 가르침, ③주르반교의 가르침과 마즈다교(조로아스터교)의 이교적 분파, ④점차 정통에서 벗어나 결국 헬레니즘기의 미트라교를 낳는 데 도움을 준 마기(Magi)의 가르침이다.

주로 조로아스터가 아후라 가운데 하나인 아후라 마즈다를 신의 위치로 올려놓았기 때문에 다에바는 악령의 지위로 떨어졌다. 하지만 논리적으로 다에바는 신들의 적으로 분류되어야 했다. 조로아스터는 다에바가 자신들의 자유의지와 선택으로 악이 되었다고 설명했다. "두 개의 영 사이에서 부정한 신들(다에바)은 올바른 선택을 하지 못했다. 그들이 숙고하는 동안에 잘못된 생각이 붙어 다녀, 그 결과 그들은 가장 나쁜 정신을 택하고 말았다."[51] 후기 마즈다교에서는 아리만을 다에바의 지도자일 뿐만 아니라 창조자로 만들었다.

조로아스터의 신학 체계에서 신들은 인도나 이집트에서처럼 더 이상 유일자의 현현이 아니다. 유일자는 홀로 지배하고 스스로 자족한다. 유일자로부터 떨어져나가서 자신의 위엄을 잃은 여타 신들은 존재하기는 하지만 신보다 열등한 영들이 되었다. 그들의 본성이 원래 선한 것으로 밝혀지면 천사가 되고 본성이 악하다면 악령이 된다. 그러므로 천사와 악령들은 다신론적 일원론과 극단적인 일신교─유일신 이외의 어떤 존재도 인정하지 않는─사이의 중간 단계를 차지한다. 조로아스터는 다에바가 영향력이 제한되어야 하는 악령들이라고 주장했다. 그런데 그는 이러한 존재들과의 전쟁에서 완전하게 성공을 거두지는 못했다. 왜냐하면 악령들도 그들을 자비롭다고 생각하는 숭배자들을 가지고 있기 때문이다.

조로아스터가 죽은 후 그의 가르침은 오래도록 세습된 성직 카스트인 마기에 의해 수정되었다. 마기는 상당히 많은 과거의 종교를 다

파르티아의 여신, 페르시아, 1~2세기.
이 근동의 다산을 상징하는 신상 머리에는
힘과 생식력을 상징하는 뿔이 나 있다.

시 도입해서 예언자의 일신론을 약화시켰다. 기원전 330년 알렉산드로스의 정복 이후 5세기 동안 조로아스터교의 형세는 좋지 않았다. 그러다 226년 사산 왕조가 건립되면서 상황이 호전되어 두 번째 종교 부흥기가 시작되었다. 사산 시대의 복잡하고도 때로는 혼란스러운 신학론은 팔라비어로 된 책―이 가운데 가장 중요한 것은 『분다히슨(Bundahishn)』과 『덴카르트(Denkart)』다―에서 발견된다. 또한 사산 시대에 주르반교, 마니교, 마즈다교와 같은 이교들이 생겨났다. 사산 왕조와 사제들은 조로아스터교가 사산 왕국의 합법적이고 공식적인 종파가 되었기 때문에 이교도들을 극형에 처해서 활동을 억압했다.[52]

    조로아스터는 두 개의 영적인 원리가 존재한다고 주장했다. 하나는 아후라 마즈다, 즉 선과 빛의 왕이고, 다른 하나는 앙그라 마이뉴('파괴적이고 고통을 주는 영'), 즉 악과 어둠의 왕이다. 아후라 마즈다는 자신의 완전한 자유의지로 선을 택했고, 앙그라 마이뉴는 자신의 자유의지로 악을 택했다. "애초부터 두 개의 영은 자신들의 본성, 선과 악을 선언했다. 생각과 말, 행동에서…… 이 두 영 가운데 악은 가장 나쁜 일을 하기로 선택했다. 그러나 최고의 성령은 변치 않는 하늘에서 스스로 정의와 함께 했다."[53] 이 두 영은 대립물로, 쌍둥이 즉 대립물이 일치된 것이다. 조로아스터의 이중체(쌍둥이)와 이집트인의 이중체 사이의 차이는 대립된 존재가 유일자라는 존재로 현시된다는 점이 아니라, 오히려 그것들은 분리되고 독립된 원리라는 데 있다.

아후라 마즈다, 페르세폴리스, 기원전 5~6세기 후반. 빛의 근원이며 어둠의 제왕인 아리만의 영원한 적수 아후라 마즈다, 즉 오르마즈드가 빛의 상징인 태양과 신의 힘을 상징하는 날개와 함께 표현되어 있다. 힘의 상징으로 날개를 이용하는 것은 악마의 도상에도 도입되었다(안토넬로 페리시노토, 파도바).

또는 거의 독립적이다. 조로아스터의 사상은 이것보다는 좀더 모호—어쩌면 과도적—하다. 위에서 인용된 〈가타〉는 최고의 성령이라고 불리는 존재를 언급한다. 가타는 유일신 아후라 마즈다를 의미하는 듯한데, 이 신은 앙그라 마이뉴라는 악령과 스펜타 마이뉴라는 성령을 쌍둥이로 낳는다. 이것은 대립물이 일치해서 유일자로 귀결된다는 생각을 반영한 것이고, 조로아스터가 죽은 직후에 수정이 가해진다. 스펜타 마이뉴가 아후라 마즈다와 동일시되기 시작했다. 즉, 아들과 아버지가 동일시되어 결국 아후라 마즈다 자신이 앙그라 마이뉴의 쌍둥이 형이 되었다. 이러한 생각—여기서 아후라 마즈다의 부성은 상처를 받고 결국은 잊혀진다—은 전적으로 독립된 두 개의 원리를 남긴다. 이것이 바로 절대적인 이원론이다. 선한 영과 악한 영은 신성한 본성의 일부라는 조로아스터의 원래의 입장은 주르반교의 이교들에 의해 다른 형태로 부활되었다. 요약하자면, 조로아스터 자신은 일원론과 이원론의 중간적인 입장을 취했지만, 결정적으로 조로아스터교가 이원론으로 기울었고, 주르반교는 부분적으로 일원론으로 회귀했다. 이러한 과정에서 악한 영은 선한 영과 대립하지만, 이러한 대립은 정통 조로아스터교에서 가장 뚜렷하게 나타났다.

정통 조로아스터교적인 입장은 팔라비어로 된 책 가운데 하나인 『대(大)분다히슌』에 가장 완전하게 드러난다.[54] 처음에 두 개의 영, 오르마즈드와 아리만이 있었는데 허공이 그들을 갈라놓았다. 오르마즈드는 선하고 밝으며, 비록 허공과 그 반대편에 있는 아리만에 의해 공간적으로는 제약을 받았지만 시간적으로는 제약을 받지 않았다. 아리만을 제거해야만 오르마즈드는 공간적인 제약에서 벗어나 시간적으로 영원할 수 있고 공간적으로도 무한할 수 있었다. 그러나 선한 오르마즈드는 아리만에게 먼저 싸움을 걸지 않았다.

아리만은 어둡고 악하다. 그는 허공과 그 너머에 존재하는 오르마즈드로 인해 공간적인 제약을 받았고, 오르마즈드의 손에 의해 영원히 파멸된다는 분명한 생각 때문에 시간적으로도 제약을 받았다. 그의 비존재를 언급하는 판본들에서 불확실한 그의 존재가 드러난다. 아리만은 "존재하지 않는다" 또는 그는 "과거에도 존재하지 않았고 미래에도 존재하지 않을 것이다" 아니면, 그는 "존재했고, 지금도 존재하지만, 앞으로는 존재하지 않을 것이다". 아리만이 존재하지 않는다는 의미는 오르마즈드가 가지고 있는 절대적인 존재로서의 본질이 아리만에게는 없다는 것을 나타낸다. 오르마즈드와 그의 창조물을 귀찮게 하는 아리만이 존재한다는 것은 의심의 여지가 없지만, 그는 절대적인 존재가 아니라 우연적으로 존재할 뿐이다. 악의 존재에 관한 애매모호함은 간접적으로 기독교에 영향을 주었다. 기독교에서 그러한 애매모호함은 자체적인 신학이 안고 있는 고전적인 질문 가운데 하나가 되었고, 아직도 많은 오해를 불러일으키고 있다.[55] 아리만은 또한 파괴의 정수이며 우리가 정의하는 악의 중심에 완벽하게 놓여 있다. 그는 "파괴자…… 모든 사악함과 죽음으로 충만한 저주스러운 파괴 본능을 가진 영, 거짓말쟁이, 사기꾼이다."[56] 이러한 신론에 따르면, 오르마즈드와 아리만은 자신들의 선택에 의해 선과 악이 되었을 뿐만 아니라, 존재론적으로도 영원히 자신들의 본성에 속박된 것이다. 신은 모든 악의 오명으로부터 자유로웠고 악하지도 않으며 악을 만들어내지도 않는다. 그리고 악을 애써 묵인하지도 않고 끊임없이 악에 대항해서 싸운

오르마즈드와 아리만의 탄생, 루리스탄, 기원전 8세기. 중앙의 거대한 형상이 주르반이며, 그에게서 쌍둥이 아들인 오르마즈드와 아리만, 신성한 본성의 빛과 어둠의 측면이 나오고 있다.

다. 오르마즈드가 취한 첫 번째 행동은 조건을 붙여 무한으로부터 시간을 제거하기 위해 시간을 제한하는 것이었다. 왜냐하면 시간을 통해서만 아리만과 싸워 그를 이길 수 있다는 것을 알기 때문이다.[57] 오르마즈드가 창조한 시간은 1만 2,000년 동안 지속된다(아마도 이 숫자는 12궁도에서 유래한 것 같다).

처음에 오르마즈드는 아리만의 존재를 알고 있었다. 그러나 허공의 반대편에 있었던 아리만은 자신의 사악한 무지로 인해 오르마즈드를 알지 못했다. 첫 번째 3,000년 동안 아리만은 허공 건너편에 한 줄기 빛이 있음을 알게 되었는데, 그 빛을 보자 너무나 탐이 났고 결국 욕심이 생겨 그것을 소유하기로 결심한다. 그때 오르마즈드는 선한 것들을 만들고 있었고, 아리만은 전갈이나 두꺼비 같은 악한 것들을 만들었다. 질투와 욕망으로 인해 아리만은 어둠, 욕망, 무질서와 같은 무기를 사용해서 오르마즈드가 만든 창조물들을 공격했다. 오르마즈드는 자신의 적을 파멸시켜야 한다는 것을 알고 있었지만, 자신의 선한 의도 때문에 싸움을 피하려 했다. 사랑과 자비로운 마음으로 오르마즈드는 아리만이 선한 창조물들을 찬양하기로 동의한다면 아리만에게 평화를 주려고 했다. 그러나 악한 본성에 사로잡힌 아리만은 오르마즈드의 태도가 사악함을 드러낼 뿐이라고 믿고 제안을 거절한다. 오르마즈드는 아리만에게 그의 피할 수 없는 운명을 보여주자, 자신이 멸망할 거라는 끔찍한 계시를 보고 놀란 아리만은 저 바깥세상의 어둠 속—여기서 3,000년 동안 의식도 잃게 되었다—으로 떨어지고 말았다. 그 시기가 지난 후에 아리만은 다시 살아나 3,000년 동안을 전쟁에서 오르마즈드와 비슷하게 균형을 이루면서 맞섰다. 마지막 3,000년은 악이 괴멸되면서 끝난다.

사산 시대의 주르반교도들은 비록 다른 방식으로 표현하지만, 조로아스터와 그의 직계 후계자들보다 더욱 과도기적인 입장으로 회귀했다. 주르반교도에게는 하나의 원형적인 원리, 주르반(Zurvan), 즉 무한한 시간이라는 것이 있다. 주르반은 유일자이며, 모든 것을 의미하며, 자기 안에 선과 악, 남성과 여성, 빛과 어둠, 행복과 불행, 질서와 무질서를 담고 있는 대립물의 일치다. 주르반은 홀로 영원히 사는 존

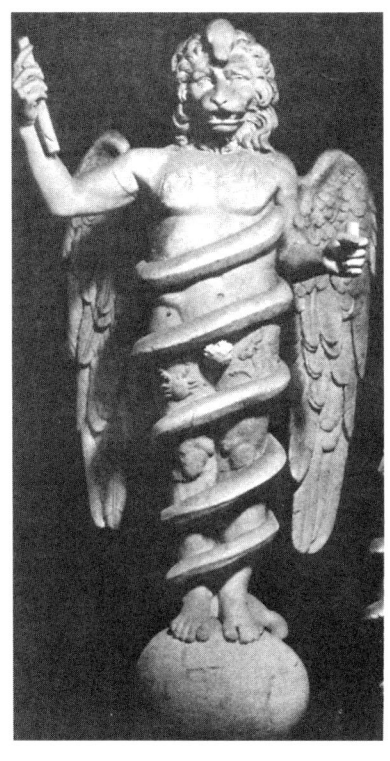

주르반, 그리스 양식으로 복원된 신상. 마즈다주의의 주르반교 이단(The Zervanite heresy of Mazdaism)은 시간의 신 주르반을 빛과 어둠, 오르마즈드와 아리만 모두의 아버지로 여긴다(맨셀 컬렉션, 런던).

재다. 그러나 그는 아들을 원한다. 1,000년 동안 그는 희생 제사를 올리나 아무런 결과도 얻지 못하자(분명히 이는 자신의 창조적 권능을 시험했다는 의미), 자신의 희생 제사에 대한 효험을 의심했다. 1,000년의 마지막 해에 그의 부인(사실 그가 가지고 있는 자웅동체적인 본성의 여성적인 부분)이 두 명의 아들을 낳았는데, 한 명은 그의 사랑과 희망의 산물이었고, 다른 한 명은 의심하는 순간에 나온 결과였다. 주르반이 의구심을 품었다는 것은 신의 입장에서 보면 일종의 타락이었고, 그후로 이전에 그에게 주어졌던 희생과 존경이 그의 희망을 받고 태어난 아들에게 주어졌다.

    주르반의 소망을 안고 태어난 아들 오르마즈드는 따뜻함과 촉촉함, 선의 신, 빛 그리고 생명을 의미하고, 의심을 받고 태어난 아들 아리만은 차가움과 건조함, 어둠의 왕, 악을 의미한다. 주르반은 아리만에게 아무것도 주지 않을 작정이었다. 왜냐하면 그는 자기가 사랑하는 아들에게 이 세상의 지배권을 주려고 했기 때문이다. 그러나 아리만은 자궁 밖으로 자신을 밀치고 나와서는 세상에 대한 지배권을 주장한다. 이 모습에 혐오를 느낀 아버지가 이렇게 소리친다. "나의 아들은 밝고 향기롭다. 그런데 너는 어둡고 악취가 나는구나." 비록 아리만이 멸망하고 오르마즈드가 승리하는 순간이 정해졌지만, 잠시 동안 아리만은 이 세상의 지배권을 얻는다. 문득 야콥과 에사오의 이야기가 떠오르고, 우리는 여기서 또 다른 이중체(쌍둥이)에 관한 이야기를 듣게 된다. 오르마즈드와 아리만은 발생 과정에서 두 개로 나누어진 주르반의 반쪽들이다. 조로아스터교도/주르반교도의 입장과 우리가 보아왔던 여타 종교의 입장 사이의 차이는 다시 한 번 뚜렷해진다. 유일자의 본성 안에 들어 있는 이러한 이중체의 동거를 해결하기 위해서는 신성한(영적인) 전체를 궁극적으로 재구성하는 방법보다는 전면적인 싸움(심리적 억압)을 통해 둘 가운데 하나를 제거하는 방법이 더 나았다. 이러한 해결 방법은 후기 유대교, 기독교, 그리고 이슬람교에서 차용한 방법과 상당히 유사하다. 악마는 이제 동화해야 할 존재가 아니라 전적으로 처단되어야 할 이질적인 세력이 되었다. 우리는 우리 내부에서 악을 인식하려 하지 않고 의식적으로 악을 억압하려 한다. 오히려 우리는 우리 안에 악이 존재한다는 것을 부인하고, 악은 우리의 외부 어디엔가 있다고 주장한다. 그러므로 침범하는 악을 물리치게 되면 다가올 완전함을 추구하게 된다. 이런 주장을 하는 신정론의 장점이 무엇이든 간에 이 이론의 심리학적 난점은 드러나게 마련이다.

어둠 속에 아리만을 가둔 다음에 신은 자기가 생각한 대로 우주(질서)를 창조한다. 조로아스터는 아후라 마즈다가 빛과 어둠, 그리고 볼 수 있거나 혹은 보이지 않는 모든 것을 창조했다고 주장한다. 나중에 마즈다주의자들은 빛과 선한 것을 창조한 것은 오르마즈드의 몫이고, 어둠과 악한 것들이 생겨난 것은 아리만의 탓으로 돌린다. 물질적인 것들 가운데 어떤 것은 아리만에 의해 만들어졌고, 아리만이 세상을 공격하자 원래 선하게 창조되었던 것들의 상당 부분이 타락하게 되었다. 그러나 기본적으로 물질적인 우주는 실재하고(비록 정신보다는 덜 실재하지만), 좋은 것이다. 마즈다주의의 이원론은 후기 마니교의 이원론과는 다른데, 마니교에서는 물질적인 세계와 정신적인 세계를 대립시키고, 물질의 신 아리만, 혹은 기독교에서처럼 '이 세상의 왕'은 결코 존재하지 않는 것으로 여긴다.

아후라 마즈다는 물질적인 세계뿐만 아니라 여섯 개의 아메쉬 스펜타(Amesh spentas, 팔라비어로 amahraspands), 즉 선한 마음, 진실, 순종, 헌신, 청렴, 그리고 불멸을 창조했다. 스펜타 마이뉴와 함께 이러한 영들은 아후라 마즈다 주변에 일곱 개의 평의회를 구성한다.[58] 이 일곱 개의 평의회라는 것이 다신교와 일신교 사이의 중간 단계를 보여주는 예가 된다. 아메쉬 스펜타가 아후라 마즈다에 의해 창조된 것인지 신으로부터 나온 것인지는 확실하지 않지만, 그것들은 신이나 천사로도 간주될 수 있다.

오르마즈드는 우주에 네 개의 생명의 표시를 놓아두어 이제 물질적 세계 안에 생명을 창조한다. 식물, 불, 최초의 수소(혹은 거세한 수소), 이상적인 사람. 이 사람 가요마르트(후기 조로아스터교 창조 신화에 등장하는 최초의 사람으로 인류의 조상)는 빛나고 완전하며, 모든 면에서 완벽한 소우주다. 그리고 오르마즈드는 자신이 한 일에 대해 매우 만족해했다.

그러나 3,000년 동안 바깥의 어둠에 숨어 있던 아리만은 매춘부와 예(Jeh, 방탕하고 육욕을 가진 여성 악령)의 도움으로 잠에서 되살아나 오르마즈드와 그의 창조물에 대한 공격을 다시 시작했다. 그래서 세 번째 3,000년의 시기가 시작되고, 이 시기 동안은 대체로 우주에서의 전쟁을 대등하게 치렀다. 절망에 빠져 있지만, 여전히 엄청난 힘을 소유한 아리만은 바깥 어둠으로부터 뛰쳐나와 하늘을 공격하고 하늘을 갈라 대기를 땅으로 몰아넣었다. 곧장 아래로 내려와 대지에 이르자, 아리만은 땅 한가운데 거대한 구멍을 뚫고 반대편으로 나타나 땅 아래에 있는 태초의 물로 들어갔다. 처음으로 우주(질서)에 폭력과 무질서가 난무하자 어둠은 곧 타락하게 되었다. "대낮에, 아리만은 온 세상을 짓밟아 가장 어두운 밤처럼 세상을 어둡게 만들었다."[59] 아리만은 전갈, 두꺼비, 독사와 같은 모든 역겨운 것들을 창조했고, 추함을 만들었으며, 모든 파괴적인 힘들, 폭풍, 가뭄, 질병, 죽음 등을 풀어놓았다. 그는 아메쉬 스펜타와 충돌하고 공격하는 임무를 맡은 일곱 마왕들로 시작해서 수많은 악령들을 창조했다. 그리고 격분한 그의 파괴적인 힘이 오르마즈드가 만든 보석 같은 창조물에게도 미치어 불, 식물, 최초의 수소, 그리고 가요마르트를 죽이면서 생명을 파괴했다. 아리만이 승리를 거두는 순간이었다. 질서 정연하고 자비로운 우주를 아리만은 무질서하고 유해하게 파괴하고 말았다. 그리고 파괴의 영은 자신이 한 일에 매우 만족했다.

　이제 아리만은 바깥 어둠으로 돌아가 자신의 승리를 만끽할 준비를 한다. 그러나 오르마즈드는 곧 태어날 인간의 영혼 프라바쉬스(Fravashis)를 창조한다. 자신의 자유의지에 따라 숙적과 맞선 오르마즈드를 돕기로 한 프라바쉬스는 아리만이 우주를 떠나지 못하도록 막는다. 그들은 공간과 시간에 아리만을 묶는다. 그렇게 해서 오르마즈드는 자신의 파괴된 세계를 회복할 시간을 얻어서 결국 파괴의 힘을 물리치고 파멸시킨다. 이제 다시 오르마즈드는 부활한다. 거대한 수소의 시체는 메마른 땅에 비료가 되고, 오르마즈드는 비를 일으켜 마른 땅을 적시고 다시 식물들이 자라 세상을 푸르게 만든다. 불이 다시 일어난다. 죽은 가요마르트의 씨앗은 스판다르트마트(Spandartmat, 대지)의 자궁으로 들어가 결합해서, 모든 인류의 조상 마쉬예(Mashye)와 그의 부인 마쉬야네(Mashyane)가 나오게 된다. 이 최초의 부부는 자유의지를 가지고 있고, 처음부터 그들은 오르마즈드를 사랑하고 섬기기로 결정한다. 그러나 아리만은 모든 죄악 가운데 가장 나쁜 것, 악의 정수로 그들을 유혹한다. 아리만은 그들에게 거짓말을 한다. 그들은 그 말을 믿고 따른다. 진실을 버리고 거짓을 택한 마쉬예와 마쉬야네는 오르마즈드가 아니라 아리만이 이 물질세계를 "물, 대지, 식물, 가축, 태양, 달, 별, 그리고…… 풍성한 모든 것들"을 만들었다고 말한다.[60] 이러한 거짓은 또 다른 죄를 불러온다. 이 최초의 부부는 수소를 제물로 바친다. 조로아스터와 그의 추종자들에게 가축들은 최초의 가요마르트와 함께 최초의 수소가 만들어진 광경을 목격한 인도에서처럼 신성한 것이었다. 아리만의 꾐에 빠졌지만 자신들의 자유의지로 죄를 저지른 마쉬예와 마쉬야네는 타락하게 된다. 그 타락의 결과는 기독교에서 그랬던 것처럼 양의적이다. 한편 이 부부는 지식을 얻어 문명을 발전시키는 기술을 이해하게 된다. 그들은 옷 짓는 법, 요리하는 법, 나무나 금속으로 일하는 법들을 배운다. 그러나 그들은 고통을 알게 된다.

지금까지 완벽했던 이 세상에 투쟁, 증오, 질병, 가난, 그리고 죽음이 끼어든다. 마쉬예와 마쉬야네는 더 이상 자신들의 본성에 따라 행동할 수 없게 된다. 오르마즈드는 그들이 자식을 많이 얻어 번성하기를 바랐지만, 그들은 50년 동안 아이를 갖지 못하게 되었고, 마침내 그들은 다시 합쳐져 쌍둥이가 되어 서로를 먹어치운다. 그들의 본성이 철저하게 파괴된 이후에 오르마즈드는 그들에게 다시 자식을 갖도록 해주었다. 그러자 더 많은 아이들이 태어났고, 가장 난폭한 충동을 길들인 부모들은 인류의 조상이 되도록 살아남는다.

그러나 그 타락의 결과는 여전히 우리에게 남아 있다. 인류는 아리만에 의해 불완전해지고 더욱이 최초의 부모가 저지른 변절 때문에 타락한 세상에 살게 된다. 이제 인간은 삼중의 본성을 갖는다. 그 본성은 동물적이고 신적일 뿐만 아니라 악마적이다. 그러나 마쉬예와 마쉬야네의 죄가 결코 우리를 속박하지 못한다. 우리는 자유의지와 자유선택권을 가지고 있다. 최초의 부모가 가진 원죄는 우리 삶의 조건을 왜곡시켰지만, 우리의 의지를 아리만에게 굽히게 하지는 못한다. 그렇다면 우리가 절제하는 삶, 신을 경배하는 삶을 산다면, 그리고 우리가 가는 길에 아리만이 쳐놓은 유혹을 뿌리칠 수 있다면, 우리는 신의 의지에 따를 수 있다. 오르마즈드가 창조했던 세상은 좋은 것이었고, 우리는 그 열매를 즐길 수 있다. 항상 거짓과 싸워야 하는 의무에 따라 마즈다주의자들의 주된 임무는 절제이다.[61]

그러므로 우리가 사는 이 세상은 우리 자신의 타락과 악령들과 함께 더 큰 파괴 본능에 봉사하는 아리만의 악의로 인해 손상된 것이다. 거짓과 파괴를 일삼는 아리만은 스스로 모든 악령들의 우두머리가 된다. 악령들의 일부는 정복당한 데바로 이루어지고 일부는 파괴적 힘이나 죄가 인격화된 것들이다. 일곱 명의 대장 악령들과 일곱 명의 마왕들은 빛의 세력과 맞서 싸우는 아리만을 돕는다. 아이슈마(Aeshma, 분노)가 이끄는 일곱 명의 마왕들은 부당함, 이단이나 배교(背敎), 무정부, 또는 실정, 불화, 억측, 굶주림, 목마름이다. 대부분의 여타 악령들은 이러한 주요 악령들의 지휘 아래에 있고, 그들 가운데 몇몇은 악마라는 개념이 발전하는 데 두드러진 역할을 한다. 기독교와 마찬가지로 이란 사상에서 이 작은 악령들은 악마와는 이론적으로 다르지만 실제로는 그들의 속성이 뒤섞이기도 한다. 바람의 왕 바유(Vayu) 신은 전투의 신이기도 하다. 그는 때때로 전쟁에서 오르마즈드를 지원하기도 하고 아리만을 돕기도 했다. 그러나 전쟁이 일어날 때마다 점차 나쁜 편과 제휴하게 되면서 그의 특성이 더욱 부각되어 죽음의 신 또는 악마가 되었다. 이미 주르반이 가진 원초적인 양면성이 지적된 바가 있지만, 그의 소모적이고 파괴적인 측면을 보자면 악으로 여겨질 수도 있었다. 어깨에서 두 마리의 악한 뱀이 튀어나왔던 자하크(Zahhak, 페르시아 최초로 이란을 정복했다는 아라비아의 왕 마르다스의 아들. 아리만의 꾐에 빠져 새벽 예배를 드리러 가던 아버지를 함정에 빠뜨려 죽이고 왕이 되었다)와 같은 수많은 작은 악령들이 있었다. 자하크는 세 개의 머리를 가지고 있고, 온몸에 도마뱀과 전갈이 들끓는 용으로도 묘사되었다. 주르반교도들은 행성들을 악령으로 생각해왔던 것 같다. 왜냐하면 이 천구(天球)들이 하늘에서 불규칙한 행로를 따르는 것으로 묘사되었고, 모든 불규칙성은 우주의 올바른 질서가 무너진 것으로 인식되었기 때문이다. 아리만이 만들었던 불결한 창조물들—예컨대 쥐, 개구리, 고양이, 뱀—등은 아리만과 그의 악령들과 연관되었다. 악령들은 형체를 바꿀 수 있으며, 아리만은 사자, 뱀, 도마뱀 심지어는 잘생긴 젊은이의 모습을 취할 수 있었다. 한 조로아스터교의 신학자들은 아리만은 적당한 물질적 육신을 한번도 갖지 못했는데, 그 이유는 물질은 선한 신의 창조물이기 때문이라고 주장했다. 그래서 악한 것들은 보기에 적당한 물질적 형태를 골라잡았다. 그들이 수없이 변장을 했다는 데서 거짓말쟁이, 사기꾼이라는 내적 본성을 다시 한 번 보여주는 것이다. 악령들은 불결한 창조물에 깃들이거나 공기 중을 방황하거나 사람의 몸 안에 들어가 사람들을 홀려 병들거나 미치거나 죽게 했다.

어떤 악령들은 주로 여성과 연관된다. 다른 종교에서도 마찬가지로 조로아스터교에서 여성의 본성은 양면성을 갖지만, 긍정적인 모습보다는 부정적인 모습이 더 많이 나타난다. 어떤 텍스트는 인류를 번식시키기 위해 여성을 만든 것에 대해 오르마즈드가 불만을 품었다고 전한다. 오르마즈드의 딸이자 부인인 스판다르마트(Spandarmat)를 선한 대지라고 부르는 것은 위대한 어머니라는 긍정적인 비유이지만 가혹한 어머니라는 부정적인 모습으로 더 자주 나타난다. 원래 거짓에서 추출된 드루이는 팔레비 시대에 악령 무리들을 이끄는 여성 지도자가 된다. 육욕, 속임수, 무질서의 영 아즈(Az)는 『아베스타』에서는 남성으로 나오지만, 마니교나 주르반교에서는 탐욕, 욕망, 허욕, 실수의 여성 악령으로 나온다. 위대한 매춘부 '예'는 방탕하고 육욕을 가진 여성 악령이다. 그러나 그녀는 그 이상이다. 그녀는 아리만의 주요한 조력자 가운데 하나이며, 처음부터 우주(질서)를 파괴하는 데 아리만을 도운 세력이었고, 오르마즈드가 나타난 이후에 의식을 잃은 상태에서 아리만이 빠질 영원한 파멸로부터 아리만을 되살리는 역할을 한다. 어떤 신화에서는 예를 아리만의 부인으로 소개한다. 악마와 성적인 접촉을 가진 후 그녀는 완벽한 사람 가요마르트를 유혹한다. 조로아스터교에서 여성은 양육하는 어머니보다는 사악한 유혹자로서 더 많이 나온다. 어둠의 왕도 완고한 남성이었지만 빛의 신도 마찬가지였다. 단지 다른 존재보다 존재론적으로 우월하다는 이유로 이 두 가지 원리에 남성성이 정해진 것 같다.

    조로아스터교의 종말론은 기독교처럼 두 가지 유형을 취하는데, 하나는 개인적인 것이고 다른 하나는 우주적인 것이다. 개개인의 죽음은 작은 종말로서 인간 존재라고 하는 소우주의 사멸을 의미한다. 죽게 되면 영혼은 친바트(Chinvat) 다리에 이르는데, 거기에서 공정하지만 무시무시한 세 판관—미흐르(Mihr), 스로스(Srosh), 라슈누(Rashnu)—에게 판결을 받는다. 영혼의 선행은 악행과 견주어 비교되는데, 그때 자신들의 행동을 견주는 저울에 부정한 짓을 하려고 악령들이 몰려든다. 판관들이 판정을 확정하여 재판이 끝나면 영혼은 친바트 다리를 계속 가도록 허락된다. 만일 선행이 평균을 넘으면 영혼은 선한 자신의 영혼이 인격화된 아름다운 처녀(베아트리체)를 만나 그녀가 이끄는 대로 다리를 건너 낙원으로 가게 된다. 만일 악행이 선행을 압도하면 다리가 아래로 뒤집히며 면도날처럼 날카로운 모서리가 나와 그의 발을 찌르기 때문에 그 영혼은 어쩔 수 없이 심연으로 떨어지고 마는데, 거기서 비자레슈(Vizaresh), 바유, 그리고 여러 무서운 악령들이 그 영혼을 지옥으로 끌고 데려간다.[62] 기독교에서처럼 신이나 판관이 우리를 지옥으로 데려가지 않고 판정에 따라 그 부하들이 데려가려 하며, 어둠의 영도 우리를 강제로 지옥으로 데려가려 하지 않는다. 그 다리가 아래로 뒤집혀 우리를 지옥으로 날려버린다면, 우리가 자유의지로 빛을 거부하고 어둠을 택했기 때문이다.

지옥은 대지의 중간에, 아리만이 하늘로부터 뛰어들어 흔들리는 대지에 터널을 뚫었을 때 생긴 구멍에 위치한다. 지옥에는 적대적인 악령들이 출몰하는데, 그들은 저주받은 영혼의 유일한 동반자이며 영혼을 갉아먹고 삼키고 창으로 찌르면서 괴롭힌다. 또한 저주받은 영혼은 반드시 지독한 더위와 살을 에는 듯한 추위, 더러움과 악취를 겪어

친바트 다리, 인도, 16세기. 조로아스터교의 판관들을 보여주고 있다. 선한 영혼은 다리를 지나 낙원으로 들어가지만, 선행이 부족한 영혼은 아래쪽 심연으로 떨어진다(파리 국립 도서관).

야 하며, 가장 역겹고 부패한 음식을 먹어야만 한다. 또 다른 지옥에서는 저지른 죄와 고문이 연계되는데, 간음한 여인은 해충이 내장을 파먹는 동안 가슴으로 매달려 있어야 했다. 어떤 사람의 삶이 명확하게 선하지도 그렇다고 전적으로 악하지도 않으면, 지옥의 고통은 면할 수 있지만 낙원의 기쁨도 맛볼 수 없다. 이런 사람들은 나머지 등재된 시간을 하메스타간(Hamestagan, 연옥)에서 보낼 수 있는 혜택을 누린다. 거기에서 사람들은 극도의 더위와 추위에 시달리며 지루하고도 덧없는 삶을 겪는다. 하메스타간은 기독교의 연옥과 비교되어왔다. 하메스타간도 조로아스터교의 지옥도 영원하지 않다. 마침내 시간이 다하면 모든 영혼들은 구원을 받는다. 조로아스터교에서 아리만에 대한 오르마즈드의 궁극적 승리는 필연적으로 모든 우주가 복원됨을 암시하며, 그래서 신이 영혼들을 지옥에 있도록 놔두는 것은 논리에 맞지 않았다. 프라슈카르트(Frashkart)에서 저주받은 영혼을 포함해서 이 세계, 모든 창조물이 위대하게 부활해서 지복을 누리게 된다.

 프라슈카르트는 최후의 이상적인 상태, 위대한 종말, 또는 대우주의 '마지막 것들'이다. 3,000년간의 전쟁을 마친 후 오르마즈드는 모든 면에서 아리만을 눌렀다. 그리고 다가올 패배를 감지한 악의 세력들은 파괴적인 권능을 서로에게로 돌려 내부적으로 분열되어 파멸을 맞게 된다. 임박한 자신들의 운명을 알고 난 후 격분한 악의 세력들이 이전보다 더욱 기를 쓰게 되자, 온 우주는 전쟁과 전쟁에 관한 소문,

엄청난 전투, 역병이나 여러 재앙들로 혼란을 겪는다. 하늘에 있는 태양과 달은 희미해지고 별들이 하늘에서 떨어진다. 그러나 마침내 악마와 그 부하들은 기력을 소진한다. 오르마즈드가 마지막 공격을 가하자 아리만은 철저하게 몰락한다. 오르마즈드가 아리만을 이겼는지 여부 또는 오르마즈드가 아리만을 영원히 힘없는 죄수로 만들었는지 아닌지에 대해서는 정통적인 견해가 달랐다. 주르반교도들은, 악의 세력이 서로에게 등을 돌려 생긴 파괴적인 증오심을 이용해서 오르마즈드가 악령 아즈에게 악의 왕을 먹어치우게 한 다음 모든 악의 자취를 없애기 위해 아즈를 죽였다고 주장한다. 어느 경우에서든 악과 악의 위협은 영원히 제거되어 이제 오르마즈드는 무한하고 영원하며 전능하게 된다.

 이 세상은 악의 종말과 함께 영원히 끝나는 것은 아니다. 오히려 가요마르트와 위대한 수소 시대에 누렸던 완벽한 세상이 복원되었다. 더욱이 단순한 황금시대가 재건된 것이 아니라, 이제는 아리만이 빛나는 새 세계를 망쳐놓을 어떠한 가능성도 없어졌기 때문에 세상은 더욱 좋아졌다. 더 나은 재생. 소쉬얀스(Soshyans)라고 불리는 '구세주'—마지막 날 즈음 조로아스터의 씨로 잉태한 처녀에게서 태어난 자비로운 세 존재 가운데 가장 나중의 존재—가 나타나 부패한 육신들을 재생하고 거기다 영혼을 덧붙여서 지옥을 없앨 것이다. 짧은 수난기가 끝난 후에 모든 영혼은 영원한 지복을 누리게 되었다. 그래서 기원도 시작도 없었지만 악의 원리는 종말을 고하고, 마침내 우주와 개인이라고 하는 소우주에도 모든 소망이 이루어지게 된다.

조로아스터와 그 추종자들이 가지고 있던 급진적인 생각들은 악마의 개념에 혁명을 불러왔다. 그러나 헬레니즘기의 종교적인 혼란으로 말미암아 이란의 종교 사상이 그리스인과 유대인이 사는 지중해의 동쪽 세계에 어느 정도 영향을 미쳤는지 정확하게 가늠하기 어렵다. 주르반교와 마니교는 모두 조로아스터교의 이단이었거나 적어도 그곳에 깊은 뿌리를 두고 있다. 그러나 로마 제국에서 기독교와 필적하면서 상당한 인기를 누렸던 미트라교는 상당히 달랐다. 원래 미트라는 인도-이란의 태양신이었다. 일원론을 지향하려는 노력 때문에 조로아스터는 아후라 미트라를 무시했다고 말할 수 있을 정도로 아후라 마즈다의 권능만을 강조했는데, 이 예언자가 아후라 미트라에 대해 어떤 생각을 가지고 있었는지는 알 수 없다. 조로아스터의 추종자들은 미트라의 권위를 복원해서 마즈다와 동일시하고, 빛의 신이 현시한 것처럼 그를 숭배했다. 그러나 조로아스터의 개혁적인 생각을 경험하지 못한 기존의 데바 숭배자들은 여전히 계속해서 미트라를 숭배했고, 나중에 몇몇 마기도 이런 방향으로 이끌려갔다. 헬레니즘적인 미트라교는 마즈다교보다는 오히려 이러한 전통에서 직접적으로 유래한다. 따라서 미트라교는 이란적인 맥락보다 헬레니즘적인 맥락에서 더 잘 이해된다. 이것은 미트라 신의 행동을 모방하는 타우로볼리움(taurobolium,

황소 희생제), 즉 수소를 제물로 바치는 미트라교의 중요한 의식에서 더욱 명확하게 제시된다. 특히 조로아스터는 가축의 신성함을 존중했고, 가축을 제물로 삼는 것에 대해 비난했다. 그리고 후기 조로아스터교의 전통에서는 가요마르트와 함께 위대한 수소가 태초의 우주에서 최초의 창조물들 가운데 하나였다고 주장했다. 마쇼이가 저지른 원죄 가운데 하나는 소를 제물로 바친 것이고 이 세상에 대한 분노가 폭발했을 때, 위대한 소를 죽인 것은 바로 아리만이었다. 조로아스터교도의 입장에서 소를 희생하는 것은, 아리만의 행위를 따라하는 짓으로 신에 대한 심각한 모독이었다. 그러므로 비록 같은 이란의 환경에서 유래했더라도, 어떻게 미트라교가 마즈다교에서 직접 발생할 수 있었는지에 대해서 이해하기란 어려운 일이다.

마즈다교가 유대 사상과 기독교 사상에 영향을 준 것은 부인할 수 없지만, 어느 정도인지는 확실하지 않다. 그러나 조로아스터교의 신학이 사산 시대―사산 시대는 예수 탄생 후 200년이 지나서 시작되었다―에 가장 번성했음은 확실하다. 물론 마즈다교가 이미 수세기 전부터 유행하고 있었지만, 기독교도에게 알려질 정도로 널리 확립되기는 어려웠다. 악, 지옥, 그리고 부활 등에서 이란적인 개념과 유대-기독교의 개념이 매우 유사한 것은 상당한 정도로 문화적인 전파가 있었음을 의미한다. 이란의 사상이 에세네파―특히 「공동체의 규칙(Manual of Discipline)」에―와 그노시스파―이알다바오스(Ialdabaoth)라는 신과 아리만의 유사함이 인상적이다―에 영향을 주었다는 것은 부인할 수 없는 듯하다. 이란의 종교에서 정립된 악마의 개념은 더욱 모호한 일원론적인 영역으로부터 선과 악이 날카롭게 대립되는 이원론적인 구분으로 급박하게 옮겨간다.

4
고전 세계에서의 악

악은 어디에서 오는가?

엄밀한 철학적인 입장에서 악의 기원과 본질에 대해 최초로 의문을 제기한 사람은 그리스인이었다. 그리스인과 그들의 조상, 미케네인, 미노아인, 그리고 펠라스기인 등은 전승되어온 민속, 신화, 전설의 보고(寶庫)를 가지고 있었다. 고대 근동과 이란이 그리스의 전통에 어느 정도 영향을 주었는지 역사학자나 고고학자들이 지금도 조사하고 있지만, 연구를 진행하면 할수록 그 영향력이 매우 강했던 것으로 드러나고 있다. 미노아 시대의 크레타에서 사용된 가장 최초의 문어(文語)인 선형문자 A는 셈어였는데, 나중에 그리스어의 선형문자 B로 대체된 것 같다. 호메로스와 히브리의 엘로히스트(Elohist. 구약성서의 처음 여섯 편에서 신을 야훼라는 말 대신에 엘로힘이라고 부른 저자 또는 편자들) 사이에는 형식적인 유사성이 분명히 있고, 미노아 시대에 이집트와 크레타 사이의 무역이 번성했다는 사실은 오랫동안 알려졌던 것이다.[1] 기원전 2200년에서 1400년 사이에 강력했던 미노아 시대 크레타의 영향력은 아카이아 사람들(그리스인)이 침공하던 시기에 끝이 났고, 미노아 시대의 문화는 본토로 이식되어 기원전 1600년에서 1100년까지 번성했던 미케네 문명에서 많은 변화를 겪었다. 이 문명들과 기원전 1300년경 그리스의 침략자들이 들어오기 전에 본토에 살고 있었던 펠라스기인의 문화는 트로이 전쟁(기원전 1200~1180) 당시에 이미 성립되었던 그리스와 그리스 이전 문명의 배경을 이룬다. 그러므로 그리스인의 신화와 전설 중 일부는 자신의 것이고 또 다른 일부는 그들의 조상이나 고대 근동 이외의 문화에서 유래된 것이다. 이란의 이원론의 영향은 기원전 6세기 정도에 그리스에서도 감지되었다.

이집트나 메소포타미아에서처럼 그리스의 신들은 하나의 신이 양면성을 가지고 나타났다. 신들이 지니고 있는 명백하게 모순되는 윤리적·존재론적인 특성들 때문에 혼란스럽기는 하지만, 대립된 성질들이 합일된 모습으로 나타났을 때만큼은 아니다. 호메로스에게서 테오스(theos)와 다이몬(daimōn)은 거의 구분되지 않았고, 둘의 성격도 모호했다. 또한 신들과 악령들이 악의적이고 파괴적인 요소를 가지고 있더라도, 하나의 단일한 악의 원리란 없었다. 유일신—개별적인 신들은 유일신의 현현이다—으로부터 선과 악이 모두 유래된 것으로 보았다.

그러므로 신들 전체를 보았을 때는 물론이고, 개별적으로 각각 신이나 여신은 선과 악의 특성을 함께 소유한다. 이러한 윤리적 양면성은 다른 데서 분명히 드러난다. 거의 대부분 신들은 천상의 성격과 지하세계의 성격을 나타낸다. 주로 지하세계에 사는 존재가 악의 개념과 일치된다. 이렇게 모든 신들이 양면성을 갖는 이유는, 고전 시기에 알려진 각 신들이 여러 지역의 제의에서 유래한 수많은 다양한 요소들과 합쳐졌기 때문이다. 이러한 지역적인 제의 가운데 미노아 시대까지 거슬러 올라갈 만큼 오래된 것들도 있고, 근동의 기원에서 유래된 것들도 있다.

신들의 왕은 제우스 파테르(Zeus Patēr)였는데, 인도에서는 드야우스피트르(Dyauspitr)이고, 로마에서는 주피터(Jupiter)였으며, 고대 인도-유럽어로 '하늘의 아버지'라는 뜻이다. 그러나 하늘의 아버지로서 제우스는 부드러운 빛과 단비는 물론이고, 번개・우박・폭풍을 동반한 바람도 가져올 수 있었는데, 여기에서 그의 이름 마이마크테스(Maimaktēs)—분노한 것—가 유래했다. 몇몇 지역, 특히 고대 크레타—여기에서는 제우스 쿠로스(Zeus Kuros)라고 불렸다—에서 신들의 왕이 가진 특성은 결정적으로 지하세계에 사는 신들과 같았다. 고전기의 의식에 제우스를 영구히 천상의 신성으로 고정시킨 것은 호메로스의 문헌뿐이다. 제우스의 아내 헤라는 원래 아르고스에서 온 미케아의 여신이었는데, 그 섬을 그리스가 침공하는 동안에 그리스 종교에 동화되었다. 제우스의 아내로서 헤라는 작물들을 키우는 따뜻한 날씨와 파괴적인 폭풍 모두를 가져올 수 있는 하늘의 여신이 되었다. 또한 헤라는 지하세계에 사는 여신이었고, 다산과 해산의 여신으로 태초에 대지의 신 가이아 또는 게(Ge)와 동일시되었다. 최초로 다산을 상징하는 여신은 티폰(Typhon)이나 레르나의 히드라(Hydra)처럼 여러 개의 머리가 달린 뱀과 같은 괴물이었다. 신들의 왕과 여왕이 가진 윤리적인 양면성은 그들의 성적인 양면성에도 반영되었다. 어떤 의미에서 아르테미스와 아폴론, 페르세포네와 플루톤처럼 헤라는 제우스의 여성적인 본성을 드러냈기 때문이다.

이 최고의 신이 낳은 몇몇 자손들은 무서운 본성을 가지고 태어났다. 아들 헤파이스토스는 화산 폭발의 신이었는데, 동굴과 산의 영과 결합된다. 또 다른 아들 아레스는 폭풍, 잔인함, 억제되지 않은 싸움의 신이었고 미친 살인자였다. 하지만 그는 호전적인 용기를 숭상하는 전사들에게 숭배되었고, 그의 야만적인 본성은 사랑의 신 아프로디테와의 일로 다소 누그러진 듯했다. 마치 사랑이라는 감정처럼 아프로디테는 자신의 힘을 누그러뜨리거나 격노하면서 점잖아질 수도 있고 광분할 수도 있었다.

그리스인이 차용한 또 다른 미케네의 여신 아테나는 자비로운 모습을 더 자주 보여주었다. 그녀는 고요한 하늘을 관장했는데, 이와 유비적으로 예술과 지혜도 관장했다. 하지만 그녀가 관장하는 하늘도 어둠을 가지고 있어서 그로부터 구름이나 번개를 가져왔고, 이런 것들은 인간에게는 전쟁을 의미했다. 아테나는 고전 시대에 전쟁의 여신으로 가장 빈번하게 묘사되었지만, 아레스가 선호했던 무자비한 학살과는 대조적으로 통제되고 제한적인 전쟁이었다. 그녀는 성적으로도 모호했는데 사실 거의 자웅동체였다. 그녀는 팔라스 아테나라고도 했는데, 팔라스(pallas)는 의미상으로 파르테노스(parthenos, 처녀)에 가까웠고, 그녀의 조각상은 마치 발칸의 경기자처럼 전쟁터로 진군하는 모습으로 묘사되곤 한다. 바다의 신 포세이돈은 하늘의 신에 포함되었지만, 바다는 어둡고, 무서우며 지하세계에 속하는 것이다. 물을 매개로 해서 포세이돈 역시 다산성과 연관된다. 바다가 반짝이며 고요할 때도 있지만 흐릿하고 차갑고 난폭한 바람에 의해 거칠어질 때도 있는 것처럼, 이런 바다를 통치하는 포세이돈은 성격도 분명히 양면적이다. 모든 하늘에 사는 신들 가운데 지하세계와 가장 가까웠던 신은 헤르메스였다. 신화 속에서 그는 천궁의 전달자로서 온 하늘을 날아다녔다. 그러나 그의 제식은 지하세계적이었고, 그가 좋아하는 상징은 남근상이었으며, 헤르메스 사이코포모스(영혼의 안내자)로서 죽은 자들을 지하세계로 이끌고 가는 신이었다. 아폴론으로부터 태양의 가축을 훔쳤던 못된 장난에서 알 수 있듯이, 헤르메스는 트릭스터의 원시적인 특성을 가지고 있었다. 중세의 전통에서 악마는 다리에서 날개가 나오는 것으로 묘사되었는데, 이는 신들의 전령사로서 자신의 지위를 상징하려고 다리에 날개를 달았던 헤르메스 사이코포모스에서 유래한 것이다.

헤르메스의 아들 판(Pan)은 털이 많고 염소처럼 생겼으며, 뿔을 달고 발굽이 갈라지는 고창증도 앓고 있었다. 그의 아버지처럼 남근을 숭배하는 신성을 지닌 판은 창조적이기도 하지만 파괴적일 수도 있는 성적인 욕망을 상징했다. 판이 가지고 있는 악마에 대한 도상학적인 영향은 엄청나다. 전통적으로 판의 이미지와 사탄의 이미지가 결합할 수 있도록 만든 것은 무엇일까? 중세의 전통에서는 털이 많은 악마나 악마의 뿔 또는 갈라진 발등에 대해 자주 언급된다. 악마는 동물의 모습 가운데 염소의 모습으로 가장 흔하게 묘사되었다.[2] 이러한 유사성이 나타나는 이유는 근원적으로 악마가 지하세계의 다산을 관장하는 신들—기독교인은 이들을 여타 이교도의 신들과 함께 악마로 배척했으며, 이 지하세계의 신들은 야생성과 성적인 광란에 연관되어 있기 때문에 특히 두려움의 대상이 되었다—과 관련되어 있기 때문이다. 이성을 불안하게 하고 무절제를 초래하는 성적인 열정은 합리적인 그리스인이나 금욕적인 기독교인에게는 낯설었고, 성적으로 은유되는 신은 쉽게 악의 원리와 동일시되었다. 성과 지하세계, 그리고 죽음이 연관성을 가지고 통합되었다.

대체로 지하세계의 통치자로 인식되었던 신 하데스는 어둡고 무서운 죽은 영혼의 왕국을 관장했고, 곡식이나 동물, 그리고 인간에게 죽음을 가져다주었다. 그의 또 다른 이름은 부(富)의 신 플루톤(하데스)

판, 헨리 2세 설교대의 콥트 상아 조각 부분, 아헨, 6세기. 판과 악마의 도상이 결합되어 있다. 즉, 갈라진 발굽, 염소 다리, 뿔, 짐승의 귀, 음침한 얼굴과 염소 수염 등이다. 오직 판의 피리만이 이 형상이 사탄이 아닌 판이라는 것을 알려줄 뿐이다.

이었는데, 그는 죽은 사람의 육신과 영혼을 먹어치우기도 하지만 봄에는 어린 곡식들을 나게 해서 새로운 생명을 약속하기도 했다. 하데스의 양면성은 그의 배우자인 우아한 봄의 여인 페르세포네—잔인한 남편이 그녀를 지상에서 강탈했다—에게서도 나타났다. 봄이 되면 지하세계의 감옥에서 나와 지상을 푸르게 한 것이 바로 그녀였지만, 무서운 복수의 여신 에리니스(Erinyes, 퓨리라고도 한다)가 무자비하게 복수하도록 만든 것도 그녀였다. 그러므로 지하세계의 신들은, 다른 곳에서도 그렇지만 그리스에서도 희망과 동시에 두려움을 가져다주는 존재였다.

아르테미스와 아폴론은 제우스와 레다의 쌍둥이 자식이었다. 신 중에 가장 아름다웠던 아폴론은 태양, 순수, 이성, 예술과 연관되었다. 그러나 그 역시도 질병이나 파괴적인 자연의 힘, 그리고 갑작스런 죽음을 가져왔다. 그의 이름의 기원조차도 논란거리가 된다. 아이스킬로스, 에우리피데스, 플라톤 등은 그 이름이 아폴루미(apollumi)—'파괴하다'—에서 유래한다고 주장했다. 아폴론의 여동생 아르테미스의 이름도 그 기원이 당혹스럽기는 마찬가지다. 그녀의 이름은 아르테미스(artemes)—'순수한', '안전한'—에서 또는 아르타모스(artamos)—'도살자', '파괴자'—에서 유래된 것인데, 그녀의 성격도 이처럼 이중적이다. 천상의 여신 가운데 가장 순결하고 순수한 그녀는 에페소스에서는 가슴에 무수한 유방이 있는 아르테미스로 나타나기도 했는데, 키벨레(Cybele), 마(Ma), 그리고 신들의 위대한 어머니 등과 밀접하게 연관된 다산성의 여신으로 나타기도 한다. 달의 여신으로서 아르테미스는 여성의 월경과 달이 커가는 모습과 연관되어 다산성을 의미했으며, 루시나(Lucina)—로마에서는 디아나(Diana)—로서 해산을 관장하기도 했다. 아르테미스는 야생동물들의 보호자이자 사냥꾼이었다. 궁수인 그녀는 동물과 사람을 죽일 수도 있었고, 화가 나면 아크테온(Acteon)에게 했던 것처럼 사냥개를 시켜 사람을 갈기갈기 찢게 할 수도 있었다. 그리고 타르타로스의 딸이자 스킬라의 어머니인 헤카테(Hecate)와 아르테미스가 동일시되었을 때, 그녀의 어두운 면이 가장 극명하게 드러났다. 지하세계, 지하세계의 의식, 그리고 마술의 여신 헤카테는 지하세계·땅·하늘에 대한 자신의 권능을 상징하는 세 개의 얼굴을 가지고 있었다. 헤카테가 가진 세 가지 권능은 포세이돈이 바다·땅·하늘에 행사했던 세 가지 지배권에 필적한다. 이러한 지배권을 상징하는 포세이돈의 삼지창은 근대의 '갈퀴'로 바뀌어 악마의 도상이 된다.

그리스 종교가 문학적인 전통에 의해 지나치게 정형화되거나 다듬어지지 않은 생생한 종교였던 한에서, 각각의 신들은 신성이 가지고 있는 온화한 면과 파괴적인 면을 모두 드러내는 것처럼 보인다. 이러한 신의 양면성은 고전기에 그리스 문학, 신화, 철학을 통해 나타난다. 호메로스의 작품에서는 선과 악이 분명하게 구별되지도 않았고 그중 어느 것도 명확하게 실체화되지는 않았다.[3] 신의 뜻이 무엇인지는 알

왼쪽: 사냥의 여신 아르테미스, 그리스, 기원전 4세기(맨셀 컬렉션, 런던).
오른쪽: 에페소스의 아르테미스, 에페소스, 기원전 또는 기원후 1세기(알리나리 발리오니 소장, 피렌체).
태양의 신 아폴론의 여동생, 쾌활한 사냥의 여신이며 야생 동물의 보호자인 아르테미스는 또한 다산의 신이기도 한데, 이는 달을 지배하는 힘에서 나온 상징이다. 아르테미스의 다산성을 숭배하는 극단적인 예로, 에페소스에서는 가슴에 많은 유방이 달려 있는 흑인상을 숭배했다. 이 아르테미스는 올림푸스의 우아한 여신이라기보다는 중동에서 숭배되던 다산의 신과 유사하다.

수 없다. 인간과 신을 초월해서 각각의 신과 사람들에게 각각 적절한 능력을 부여하는 모이라(Moira, 개인의 숙명)라고 하는 멀리 떨어져 있는 비인격적인 힘이 존재한다. 모이라는 인격이나 자각적인 의지조차 가지고 있지 않다. 이것은 자연의 섭리가 가지고 있는 진리를 설명하는 간단한 개념인데, 그 진리란 각 사람마다 이 세상에서 펼칠 수 있는 나름대로 부여받은 역할이 있다는 것이다.[4]

그렇다면 모이라는 자연사뿐만 아니라 인간사도 지배하는 전 우주의 질서인 셈이다. 한계·제한·균형은 이러한 질서를 조화롭게 맞추는 것이고, 과잉은 질서를 깨뜨리므로 나쁜 것이다. 테미스(Themis, 질서·법률)는 하늘의 사물들을 질서 있게 만드는 힘이고, 디케(Dikē)는 땅의 사물들을 질서 있게 만드는 힘이다. 신화에서 테미스나 디케는 인간성이 없는 냉혹한 여신으로 나타나기도 하지만, 어느 것도 쉽게 인격화되지는 않는다. 이것들은 대략 이집트의 마아트에 상응한다. 누군가가 지상에서 자신의 적당한 위치를 잊어버린다면 디케를 모독하게 되는 것이고, 그러면 마치 회오리바람이 지나가는 길에 있는 헛간처럼 무자비하고도 철저하게 파멸될 것이다. 신성한 숲(nemos)의 여신 네메시스는 디케를 범한 사람들을 공격한다. 천벌로 인한 두려움은 너무나 컸기 때문에 디케보다도 네메시스가 인격화되는 것이 더욱 설득력 있었다. 네메시스는 악의를 가지고 있다기보다는 적절한 한계 내에서 죄를 벌하는 힘을 가지고 있었다.

헤카테, 로마. 밤과 지하세계의 여신 헤카테는 아르테미스 여신의 어두운 측면이며, 어둠의 마술의 후원자였다. 헤카테의 세 개의 얼굴은 악마의 삼지창과 마찬가지로 지하세계, 땅, 하늘에 대한 권능을 상징한다.

만일 디케를 위반할 경우 네메시스에게 벌을 받도록 되어 있다면, 그 위반에 대한 책임은 누가 져야 하는가? 회오리바람이 지나가는 자리에 있던 헛간이 아무런 책임이 없는 것처럼 사람에게도 책임이 없단 말인가? 호메로스에 따르면, 특히 『일리아스』에서는 상황이 거의 그런 것 같다. 사람들은 적절한 행동 양식에 무지하면 그에 걸맞은 질서를 위반하게 된다. 이러한 무지를 아테(Atē)라고 하는데, 아테는 제우스의 큰딸로 의인화된다. 제우스는 아테를 사람에게 보냈고, 아테(무지) 때문에 사람들이 실수를 저지르면 처벌했다. 『일리아스』에서 아가멤논은 제우스와 모이라, 그리고 에리니스가 자신으로 하여금 아킬레스에게서 전리품을 빼앗도록 시켰다고 주장한다. 『오디세이아』에서는 인간의 책임이 더 강하게 부각되는데, 도덕적으로 긍정적인 역할을 맡은 신들이 악령들과 맞서 싸우는 장면에서 신들은 악이나 악한 생각보다는 선한 생각을 불어넣는 것으로 묘사되고 있다.

그러나 신들의 양면성은 이후의 저작들에서 계속 나타난다. 아이스킬로스는 『아가멤논』에서 신들이 몰아넣는 무지(prōtarchos Atē)를 언급하는데, 이것이 몰아닥치면 사람들을 반드시 파멸에 이르게 된다. 아이스킬로스와 소포클레스의 연극에서는, 불가사의한 신들의 의지가 한 집안을 그 마지막 세대까지 완전히 파멸시키는 장면들이 나온다. 아이스킬로스는 주장하기를, 운명이란 제우스의 의지와 같은 것이며 제우스는 세상만사 모든 것의 원인이 된다고 했다. 그는 『페르시아인』에서 어느 누구도 신의 간계로부터 빠져나올 수 없다고 말한다. 『제주(祭酒)를 붓는 여인들(The Libation Bearers)』에서 아이스킬로스의 관점은 더욱 명확해진다. 오레스테스는 아버지의 원수를 갚다가 에뤼니에스에게 쫓긴다. 그러나 나중에 오레스테스는 아에기스투스와 클리템네스트라에게 아버지의 원수를 갚는 데 성공하지만, 그 영들이 어머니를 대신해서 그를 쫓는다. 이러한 고통이 정당하지 않다고 호소하자 유메니데스는, 만일 그가 풀려나면 정의의 집이 무너질 거라고 대답한다. 신들은 우리에게 빠져나갈 수도 없는 필연적인 행위를 시킨 다음에 우리에게 벌을 준다. 「욥기」의 저자처럼 아이스킬로스는 여기서 가

감 없이 신에 대한 준엄한 경외심을 제시한다. 결국 오레스테스의 불만에는 정당성이 없었다. 왜냐하면 일찍이 그의 어머니가 그에게 자비를 호소했을 때 운명은 어머니의 죽음을 필요로 한다고만 대답했기 때문이다.

　에리스(투쟁), 포보스(공포), 그리고 키도이모스(소란) 따위의 악역들은 호메로스에 의해 의인화되지만 구체적으로 형성된 그들의 모습은 단지 시적인 장치로 보인다. 인간의 책임감은 초기의 그리스 문학이나 신학 속에서 계속 커지고 있었지만, 그렇다고 신들의 책임이 약화되었다고 할 수 없다. 인간이라는 존재가 악행을 저지르면, 인간과 신 모두에게 책임이 있는 것이다. 소포클레스의 『오이디푸스』에서 오이디푸스와 요카스타는 아폴론 때문에 죄를 저지르는데, 그렇다고 해서 그들의 죄가 감해질 수는 없다.

　신정론은 당면한 문제로 보이지만, 돌이켜보면 사람이나 신들이 선행뿐만 아니라 악행도 저지르는 이런 상황에서 이 우주가 어떻게 만들어졌는지 명확히 할 수는 없다.

　악은 무엇으로 이루어지는가? 어떤 의미에서 호메로스가 이 문제에 대해 제시한 해결책은 동어반복에 불과하다. 즉, 악은 신의 존엄성(timē)을 모독하는 데 존재 이유가 있다. 『일리아스』에서 제우스는 위증한 사람들에게 벌을 주는데, 그 이유는 위증이 도덕적으로 잘못이라서가 아니라 제우스 호르키오스, 즉 서약의 신인 자신의 존엄성을 범했기 때문이다. 오이네우스(Oeneus)는 신들에게 황소 100마리를 제물로 바쳤는데, 그만 실수로 아르테미스에게 바치는 것을 잊었다. 그의 실수가 의도적이지는 않았지만, 아르테미스는 야생 수퇘지를 그의 땅으로 보내 자신의 무시당한 존엄성에 대해 복수한다. 오디세우스는 무서운 죽음으로부터 자신과 부하들을 구하기 위해 어쩔 수 없이 키클롭스의 눈을 멀게 하지만, 자기 부하에 대한 공격으로 존엄성에 상처를 입은 포세이돈은 폭풍을 보내 오디세우스의 배를 침몰시킨다. 분명히 신들을 화나게 하는 것은 위험한 일이다. 그러나 어떤 일이 그들을 화나게 하거나 그렇지 않을지를 분명히 구분할 수 없다. 플라톤이 쓴 『에우티프론(*Euthyphron*)』을 보면, 소크라테스는 신들이 인간에게서 무엇을 원하는지에 대해서 서로간에 의견의 일치를 보지 못한 것 같다고 말한다.

호메로스에게도 악이 이런 식으로 개념화되면서 점차로 악이란 사회적 관습에서 나오는 문제라는 생각이 나타난다. 특히 『일리아스』에서 긍정적인 의미의 아가토스(agathos)와 아레테(aretē)라는 말과 부정적인 의미의 카코스(kakos)라는 말은 오로지 귀족 전사 계급의 덕행과 악행에만 해당한다. 예들 들면, 용맹스런 용병술은 아가토스이고 전투에서 비겁함은 카코스다. 『오디세이아』에서, 그리고 헤시오도스와 후기의 고전 작가들에게서 점진적인 변화가 일어난다. 사회가 점점 정착되면서 덕과 악은 특정 계급에만 남아 있지 않고 일반화되며, 무엇이 선이고 무엇이 악인지를 모든 사람에게 적용할 수 있는 기준이 형성된다. 이러한 기준들이 보편화되면서 신들에게도 이 기준이 적용되기 시작했다. 기준들이 보편적이라면 신들도 그 기준을 유지할 책임이 있다고 생각했기 때문이다. 이것이 도덕적인 선과 악, 그리고 정의라는 보편적인 개념의 시작이다.

도덕성과 정의라는 방향으로 개념이 형성된다고 해서 이것이 초기 고전기에 나타나는 유일한 사유의 움직임은 아니었다. 호메로스나 헤시오도스의 작품에서 큰 비중을 차지하지 않았던 타락(pollution)이라는 개념은 아이스킬로스(『테베를 공격하는 일곱 장군(*The seven Against Thebes*)』)나 소포클레스(『콜로누스의 오이디푸스(*Oedipus at Colonus*)』)의 저작에서는 아주 중요해진다. 예를 들면, 『테베를 공격하는 일곱 장군』에서 오이디푸스의 타락은 테베라는 도시의 몰락을 초래한다. 타락이라는 개념의 기원은 추적하기 힘들지만, 고전기 극작가들에게서 악기(惡氣, miasma. 순기(katharia)의 반대)는 살인, 불친절, 불쾌한 질병, 해산, 시체와의 육체적 접촉, 악몽과 같은 도덕적인 악에서부터 도덕적으로 애매한 수많은 행위로 압축될 수 있다. 악기를 없애지 않으면 천벌만큼이나 확실하게 한 인간이 파괴될 수 있다. 진노한 신을 진정시켜서도 도덕적으로 깨끗해져도 악기를 치료할 수 없다. 종교적인 의식을 통한 정화, 특히 돼지 피나 바닷물—바닷물에 들어 있는 소금은 고대 세계에서 사용된 전통적인 악마 퇴치물이었다—을 이용한 의식만

이 효과가 있다.[5]

고전기가 끝나갈 무렵에 그리스의 신정론에 의해 제기된 문제들이 에우리피데스의 작품에서 분명하게 드러났다. 그는 『헤라클레스의 아이들(Heraclidae)』에서, 인간들은 신들이 어떠한 질서도 제시하지 않는 어지러운 우주에 사로잡혀 서로 싸운다. 신들은 선인과 악인을 구별하지 않고 다 똑같이 취급한다. 또한 『헤카베(Hecabe)』에서 헤카베는 법과 정의에 호소해봤지만 수포로 돌아가자 "운명은 어느 누구도 피해가지 않는다"라는 단호한 말을 남긴다. 에우리피데스에게서 선함이란 신의 덕이 아니라 인간의 덕이고, 선함은 악행으로 가득 찬 세상을 올바르게 살아감으로써 이루는 것이다. 그런데 선이 인간이 지닌 덕이라면, 마찬가지로 악은 인간이 저지른 악행에서 나온다. 에우리피데스의 입장에서 보면, 어떠한 악령도 인간을 파멸로 몰지 않는다. 사람들의 악이란 자기자신에게서 비롯된다. 『트로이의 여인들』에서 헬레네는 자신의 죄를 신들에게 전가하려고 무진 애를 썼지만 인간들을 꾀어 전쟁과 학살에 빠뜨린 책임을 면할 수 없었다. 이러한 세상에 대한 우울한 자연주의적 시각은, 아테나의 영광이 명예롭지 못한 최후를 맞을 것이라고 기록했던 투키디데스에게서도 나타난다. 아테나 사람들과, 이들의 침략을 받고는 경솔하게 정의를 들먹이던 밀로스 및 미틸레네 사람들의 냉소적인 논쟁은 이 세상에 적절한 질서는 없다는 것을 알고 있는 역사가들의 완고한 생각을 반영한다. 질서는 이미 인류의 패덕(悖德)—일반적으로 패덕은 오만에서 드러난다—으로 인해 무너졌고, 필연적으로 몰락에 이르게 하는 오만한 자만심에 의해 무너졌다. 비록 아테나인은 성공적으로 상대방을 위협해서 물리칠 수 있었지만, 이렇게 해서 얻은 성공 때문에 시실리를 정복하겠다는 무모한 시도가 나타나 마침내 힘을 잃을 때까지 적절한 한계를 지키지 못하고 더 큰 위반을 저지르게 된다. 투키디데스가 예상했듯이, 후대의 사람들은 제국을 만들려고 했던 아테나인이 결국 스파르타에 의해 노예가 되고 말았다는 사실을 알고 있다. 호메로스에서 에우리피데스, 그리고 투키디데스에 이르기까지 고전기의 모든 그리스적인 사유는 아폴론에게서 기인하고 델피에 그의 서약으로 새겨진 고대의 주제를 반영한다. "지나치면 아무것도 남지 않는다." 그러나 부절제의 영(Spirit of Excess)은 없다. 이러한 인격화는 그 자체로 부절제이며, 균형과 일원론으로부터 이원론적인 경향으로 움직이는 것이며, 신성한 권능 사이의 조화가 아니라 오히려 투쟁을 의미한다.

    이러한 이원론과의 투쟁은 플라톤의 후계자들 사이에서는 흔한 일이며, 호메로스의 작품만큼이나 오래된 헤시오도스의 신화적인 구조 안에 이미 예시되었다. 이 세상에서 벌어지고 있는 고통과 파멸에 대해 헤시오도스는 신화적으로 설명하려 했다. 그의 설명은 시적으로 그려져 있지만 극작가나 철학자의 작품 속에 계속해서 나타나는 그리스 사상의 중요한 요소를 반영한다. 그중에서도 데우칼리온과 홍수에 관한 이야기는 고대 근동의 홍수 이야기와 상당한 유사성을 보인다. 제우스는 아르카디아 왕을 방문하는데, 불행히도 그 왕은 방문자가 정말로 어떤 사람인지 의구심을 품고 있었다. 그는 방문객의 전지전능함을 시험하기 위해 아기의 창자와 다른 고기를 섞은 요리를 대접했다. 음식을 맛본 제우스는 즉각 벌어진 일을 알고는 벌로 온 세상을 휩쓸어버릴 홍수를 내린다. 그때 데우칼리온만이 살아남아 다시 인간의 혈통을 잇기 시작한다. 또 다른 이야기에서는, '악'이란 신이 우주에 심어놓은 엔트로피(무질서도)라고도 할 수 있는 자연발생적인 퇴화(degeneration)의 결과로 나온다. 신은 먼저 금 인종을 만들고, 다음에 은 인종, 그리고 동 인종, 다음에 영웅의 시대, 마지막 시대, 우리가 살고 있는 현 시대, 비탄과 쇠퇴의 시대를 차례로 창조했다. 「다니엘서」에 나오는 인간의 다섯 시대와 비슷한 이야기다. 또 다른 이야기는 지하세계에 갇히게 된 여신 판도라에 관한 것이다. 지상으로 풀려나면서 판도라는 단지를 하나 가져왔고, 그 뚜껑을 열자 온갖 악들이 떼 지어 세상에 출몰하게 되었다.

    판도라의 이야기는 많은 신들의 전쟁 이야기 가운데 일부이고, 이러한 모티브는 인도, 히타이트, 이란의 신화에서도 발견된다. 이런 식의 이야기는 그리스에서는 시인이나 철학자에 의해 여러 형태로 회자되었고, 어떤 한 작가의 작품 속에서 일관성 없이 나타나기도 한다. 개략적으로 이 이야기는 다음과 같은 연관성을 갖는다. 태초의 카오스에서 가이아(땅)가 나왔고, 가이아는 우라노스(하늘) 및 산과 바다를 낳았다. 이어 가이아가 우라노스와 결합해서 여러 신들을 낳았다. 그런데 땅과 하늘은 성적으로 매우 친밀한 관계에 있어 땅이 낳은 아이들은 그들 아버지의 덫에 걸려 땅에 있는 언덕이나 계곡에 갇히게 된다.[6] 필사적으로 애원하는 자식들에게 설득당한 어머니 가이아는 그들을 풀어주려고 결심하고, 작은 낫을 만들어 아들 크로노스에게 준다. 크로노스는 아버지를 거세하고, 그 결과 땅과 하늘의 성적인 결합은 끝이 나서 갈라지게 된다. 이렇게 땅과 하늘이 갈라지면서 카오스는 정말로 끝이 나고 세상이 시작되었다.[7] 잘린 우라노스의 몸에서 나온 핏방울이 황폐해진 땅 위에 떨어졌고, 이 핏방울로부터 12명의 티탄과 티타니스들, 크로노스의 남매들이 태어났다. 이 신들은 인도의 아수라나 이란의 다에바처럼 불명예스러운 그리스의 초기 신들이 되었다. 크로노스는 여신 레아(Rhea)와 관계를 맺었고, 레아는 몇 명의 자식을 낳는다. 그런데 우라노스가 자식들을 가둬둔 것처럼, 시간을 먹어 치우는 크로노스(Kronos 또는 Chronos)는 자신의 자식들을 잡아먹는다. 결국 레아는 제일 사랑하는 막내 제우스를 구하기 위해 계략을 짜내어, 굶주린 아버지에게 아들 대신에 돌을 주어 삼키게 한다. 그리고 제우스는 숨어 있다가 나타나서 아버지를 죽인다. 제우스와 그의 혈족들은 크로노스의 남매들 및 티탄들과 싸움을 벌여 마침내 그들을 물리치고 땅 아래 타르타로스에 그들을 감금한다. 제우스와 그의 혈족들은 인간이 가장 존경할 만한 올림푸스의 신이 되고, 거인과 동일시되는 티탄들은 신들에게 적대적인 사악한 악마들이 된다. 지하세계에 감금되어 점차 악으로 여겨졌던 티탄들은 지하세계의 특성을 얻기 시작한다. 티탄과 결탁하는 또 다른 괴물은 티폰이다. 제우스가 가이아의 자식들을 물리치자 그에 대한 복수로 가이아는 티폰을 낳는다. 티폰은 지하세계에 살면서 격렬한 폭발의 원인이 된다. 허리에서 몸 아래까지는 두 마리의 뱀으로 되어 있고, 어깨에서는 인도의 악마 아수라처럼 수많은 뱀들이 튀어나온다. 티폰은 끔찍한 여자 거인 에키드나(Echidna)와 결혼해서 케르베로스, 키마이라, 스핑크스, 네메아의 사자, 그리고 여러 괴물들을 낳는다. 티폰 역시 제우스와의 끝나지 않을 싸움에 뛰어든다.

비록 티탄들이 하늘의 신들에게는 매우 적대적이지만, 인간에 대한 태도는 전적으로 악의적인 것만은 아니다. 하늘의 신들이 사람들에게 우호적이지 않는 한에서, 인간과 티탄은 제휴할 여지가 있었다. 그래서 그들은 실천에 옮긴다. 아이스킬로스는 『묶인 프로메테우스』에서 이 이야기를 자세히 다룬다. 티탄들을 물리친 후 제우스는 인간들도 멸망시키고 더 좋은 재료(데우칼리온의 이야기 참조)로 다시 만들기로 결심한다. 그런데 티탄 이아페토스의 아들 프로메테우스는 인간에게 그 자체로도 이중성을 띠고 있는 불을 줌으로써 제우스의 허를 찌른다. 그래서 프로메테우스는 제우스로부터 인간을 구원해준 은인이 되기도 하지만, 불(불로 된 무기)을 가져와 악의 원인이 되어 신들과 불화를 일으켜 고난을 자초하게 된다. 그리고 새로운 신들에게는 적이 되고 옛날 신들에게는 마침내 원수를 갚아줘야 할 자가 된다. 프로메테우스에게 계속적으로 주어지는 끔찍한 형벌을 통해 아이스킬로스는 마음속으로 신정론의 문제를 제기했다. 독수리는 바위에 묶인 프로메테우스의 간을 쪼아 먹었고, 그가 도와준 많은 사람들처럼 프로메테우스는 제우스를 폭군이라고 저주했다. 아이스킬로스는 우리에게 프로메테우스에 대한 동정심을 불러일으키게 하고, 우리를 프로메테우스와 동일시하게 했다. 신께서 우리를 불공평하게 다루지 않았던가? 프로메테우스의 이야기는, 밀턴의 작품에서처럼 영웅적인 모습 속에 담겨 있는 악마의 이미지를 형상화하는 데 중요한 역할을 했다.[8]

신들 사이의 싸움을 통해 암시되는 이원론은 오르페우스교의 전통 속에서 분명히 드러났다. 오르페우스교가 일종의 조직화된 종교로 존재했었는지, 오르페우스교와 디오니소스의 숭배 사이에 어떤 관계가 있는지, 그리고 이원론이 어느 정도로 자생적인지 또는 이란의 사상이 어느 정도로 유입되었는지 등은 여전히 풀리지 않은 문제들로 남아 있다. 확실한 것은, 이원론적인 사상과 관습은 기원전 6세기경부터 그리스에서 나타나기 시작했고, 이원론의 전통은 일반적으로 오르페우스교로 알려져 있다는 것이다. 오르페우스교의 중심 신화는 디오니소스와 티탄의 신화였을 것이다.[9] 태초에 모든 것에 빛을 가져다주는

디오니소스, 타나그라상, 보에오티아, 기원전 4세기 초. 남녀추니의 젊은 신 디오니소스를 분명하게 보여주는 테라코타이다. 세계가 부화한 태고의 알을 손에 쥐고 있다(대영 박물관, 런던).

남녀 양성의 파네스가 있었다. 먼저 파네스는 우라노스를 낳고, 우라노스는 제우스의 아버지 크로노스를 낳는다. 티탄들을 물리친 후 제우스는 파네스를 삼켜버리고 자신을 최초의 원리로 삼아 창조의 신이 되어 티탄들을 포함해서 모든 것들을 새롭게 만들었다. 한편 제우스는 디오니소스의 아버지가 된다. 제우스를 증오하는 동시에 어린 디오니소스의 행복을 부러워한 티탄들은 아이에게 다가가, 거울로 아이의 관심을 딴 데로 돌린 다음 사로잡은 후 아이를 찢어서 먹어치운다. 이때 아테나가 아이의 심장을 구해서 제우스에게 가져가자 그가 그 심장을 먹었다. 제우스는 다시 세멜레와 관계를 맺어 또다시 디오니소스를 낳게 한다. 아이가 다시 태어나게 되어 만족한 제우스는 살인자들에게 벼락을 내려 재로 만들어버렸고, 티탄의 재에서 인간들이 나왔다.

이 신화는 전체적으로 이원론적이다. 인간은 정신과 물질이라는 이중의 본성을 지닌다. 인간 본성의 물질적인 부분은 티탄에게서 유래하고 정신적인 부분은 티탄들이 먹어치운 디오니소스에게서 유래한다. 피타고라스와 그 추종자들의 가르침은 이원론적인 전통이 발전하는 데 결정적인 영향을 준다. 피타고라스에 의하면 영혼은 죽지 않지만 육신은 죽는다. 영혼은 죄수처럼 몸(sōma, sēma)에 갇힌다. 지상에서 우리의 임무는 정화 의식을 통해 육신의 감옥으로부터 빠져나오는 것이다. 그런데 이러한 교의에서 발견되는 이원론은 이란의 이원론과는 다르다. 이란의 이원론은, 하나는 빛에서 나오고 다른 하나는 어둠에서 나오는 두 개의 영적인 힘 사이의 투쟁을 상정했다. 오르페우스교의 이원론은 신성한 영혼과 티탄의 몸에 갇혀 있던 악 사이의 투쟁을 가정했다. 오르페우스교에서 물질과 영혼, 몸과 마음의 이원론이 최초로 명확하게 제시되었다. 이것이 기독교, 그노시스파, 그리고 중세의 사상에 미친 영향은 엄청났고, 악마의 역사에서 중요한 요인들 가운데 하나가 되었다. 디오니소스가 선이고 티탄이 악으로 가정되는 한, 정신은 선이고 육체는 악이 된다. 이러한 해석은 헬레니즘 시기 내내 계속되는데, 이란의 이원론에 영향을 받는 동안 물질과 육체는 악한 영의 영역에, 정신은 선한 영의 영역에 속하게 되었다. 이러한 두 가지 이원론—오르페우스교의 이원론과 이란의 이원론—이 합쳐져서 몸과 살은 우주적인 악의 소행이라는 생각이 형성되었고, 이것이 유대교와 기독교의 정신에 스며들게 되었다. 그러나 유대교와 기독교의 다수 의견은 명확하게 이러한 견해를 거부했으며, 그노시즘을 비롯한 각종 이단을 판단하는 가장 완고한 판단의 증거로 삼았다.

　육체는 영혼의 감옥이라는 교의는 오르페우스교도에게 윤회, 즉 영혼의 환생을 믿게 했다. 조심스럽게 정화 의식을 실천하는 동안 성육신을 통해서 영혼은 육체로부터 벗어날 수 있다. 반복되는 이 과정은 완전한 정화가 이루어지면 멈추지만 세속으로 다시 돌아가면 그 과정은 지체된다. 오르페우스교인은 육식을 삼가는데, 고기가 살로 되어 있고 동물은 인간이 다시 환생된 것일 수도 있다고 믿기 때문이다. 피

마이나스, 헨리 2세 설교대의 콥트 상아 조각 부분, 아헨. 디오니소스에 대한 광란적인 숭배는 이후 사탄을 숭배하는 마녀들의 방탕한 축제의 모델이 되었다.

타고라스의 영향으로 그들은 콩류도 먹지 않는데, 콩을 가장 훌륭한 씨앗으로 간주해서 육체의 근원이라고 믿었기 때문이다.

오르페우스교의 정화 의식은 디오니소스의 제사와도 연관되는데, 실제로 이 두 가지는 매우 달랐다. 디오니소스 축제는 어둠과 금지의 상징인 밤에 열리며, 종종 동굴이나 석굴 같은 습기, 다산성, 지하세계의 세력과 연관된 장소에서 열리곤 한다. 숭배자들은 여성들로서, 마이나스(광란한 여자)나 바코스 신의 여신도들 같이 남성 사제에 의해 인도되기도 했다. 신도들은 줄지어 행진하면서 남근을 상징하는 이미지의 횃불이나 기타 성적인 상징을 나타내는 과일을 들거나 흑염소나 염소의 조각상을 선두에 세운다. 다산의 상징 염소는 흑염소의 수컷으로 불리곤 하던 디오니소스를 의미하고, 털이 많고 뿔을 가진 것으로 묘사된다. 이 의식은 특징적으로 술 마시기, 무아경의 춤, 향연, 그리고 동물 잡아 찢기 등으로 구성된다. 가끔 문학 작품에서 마지막 의식(동물 잡아 찢기)이 사람을 제물로 하는 것으로 묘사되기도 했는데, 확인되지는 않았지만 그 이야기가 실제 의식을 그대로 묘사한 것일 수도 있다. 시간이 지나면서 이 의식들은 더욱 난잡해졌고 성적인 방종으로 귀결되었던 것 같다.

오르페우스교의 정화와 디오니소스적인 광란이 어떻게 함께 공존할 수 있었을까? 이 문제는 오르페우스교인뿐만 아니라 그노스주의자들, 카타리파 신자들, 마녀들, 프랑크주의자들, 그리고 여타 집단들과 관련되면서 역사가들에 의해 계속적으로 제기되어왔다.[10] 이에 대한 답은 여러 가지가 있다. 첫째, 오르페우스교의 정화는 도덕적이라기보다는 의식적이다. 둘째, 금욕적인 절제와 광적인 숭배가 공존하는 현상은 종교의 역사에서는 흔한 일이고 심리학적으로 예상할 수 있는 이면의 발현이다. 셋째, 열광적인 무아경은 육체로부터 영혼을 불러오는 방법으로 빈번하게 인정된다. 넷째, 이러한 현상은 모든 인간의 사상, 특히 신에 대한 사상의 저변에 있는 대립물 또는 양면성의 일치가 발현된 것이다. 다른 신들처럼 디오니소스도 양면성을 띠고 있다. 제우스의 아들이며 육체에 대한 영혼의 상징인 디오니소스는 뿔 달린 다산의 신이기도 하다. 후원자인 에우에르게테스(Euergetes) 역시 '인간 살해자(Anthroporraistes)'이며 오메스테스(Omēstēs, 즉 '생살을 먹는 자')이고 검은 양을 타고 다닌다. 무엇보다도 그는 해방자, 즉 모든 제한과 금기로부터 자유로운 위대한 탕아이며 자유인이다. 헬레니즘 시대에 그는 완전한 남녀추니로 묘사되었는데, 대영 박물관에 있는 거대한 두상에서 그 모습을 볼 수 있다. 주신제(酒神祭)는 남녀 두 성이 뒤섞여 하나가 되려는 욕구로 이해될 수 있다. 한편으로 영혼과 육체의 대립은 궁극적으로 악마를 '이 세상의 왕'으로 만들었고, 다른 한편으로 디오니소스적인 주신제는 그노스주의자, 카타리파 신자들, 마녀들에게 귀속된 주신제의 모델이 되었다.

다른 민족들과 마찬가지로 그리스인에게는 심술궂은 본성을 가진 수많은 작은 영들이 있었는데, 이 영들은 악의 원리와는 거리가 멀었다. 그리스의 영들을 다루면서 우리는 예기치 못한 어려움에 부딪힌다. 대체로 '데블(Devil)'과 동의어로서 항상 부정적인 함축을 동반하는 '데몬(demon)'은 그리스어 다이몬(daimōn)에서 유래했는데, 다이몬은 반드시 악한 존재를 의미하지 않는다. 『일리아스』에서 다이몬은 주로 테오스(theos)와 같은 의미로 사용되며, 『오디세이아』에서는 긍정적이기보다는 부정적인 의미로 더 빈번하게 사용되기는 하지만, 호메로스 이후의 다이모니온(daimonion. 『소크라테스의 변명』, 『테아이테토스』 등에서는 소크라테스의 태도 결정에서 대개 금지의 형태로 나타나는 내적인 신의 소리, 마음속으로부터의 경고를 의미한다. '실존의 본질적 계기'로 이해할 수 있다)과 같이 여전히 양의적인 의미를 갖는다. 호메로스 이후 다이몬은 대체로 신보다는 열등한 영적인 존재로 여겨진다. 이 용어가 중립적이거나 적어도 양의적인 의미에서 악이라는 의미로의 변화가 소크라테스—소크라테스를 인도하는 영은 '데몬(demon)'이었다—의 시대까지만 해도 완전하게 일어나지 않았다. 그러다가 이러한 변화는 플라톤의 제자 크세노크라테스(Xenocrates)에 의해 완성되었다. 그는 나쁜 악령들과 선한 신을 구분했고, 모든 악한 것 또는 신들이 가지고 있는 파괴적인 성질을 악령에게 전가했다.[11] 스토아학파와 플루타르코스가 크세노크라테스의 뒤를 이었는데, 플루타르코스는 만일 문학작품 속에서 아폴론이 도시를 파괴하는 것으로 묘사되었다면 그것은 악마가 아폴론의 모습을 하고 나타난 것이 틀림없다고까지 주장했다. 후기 헬레니즘기에 이르러 다이모니온이란 말은 대체로 나쁜 의미를 갖게 되었다.

그리스의 영들은 '데몬스(demons)'라고 불린 것들도 있고 그렇지 않은 것들도 있었지만, 선하기도 하고 악하기도 한 양면성을 띠기도 했다. 그 영들은 자연의 영이기도 하고 죽은 사람의 영일 수도 있었다. 예를 들면, 케레스는 자비로운 영이기도 했지만 대체로 악몽이나 맹목 또는 정신착란을 일으키기도 했다. 케레스는 이를 가는 어금니와 검푸르고 무서운 얼굴을 하고 있었고 죽어가는 사람의 피를 마셨다.[12] 원래 영웅들은 죽은 사람의 영이었는데, 이들의 행위는 남에게 해를 끼칠 수도 있었다. 몇몇 다른 영들도 대체로 해를 끼쳤다. 라미아스는 히브리의 리니스처럼 세상을 떠돌아다니면서 아이들을 죽이고 자고 있는 남자들과 성적인 접촉을 했다.[13] 죽은 사람의 영혼을 채가는 하르피이아는 폭풍우처럼 세상을 휩쓸고 지나가는 날개 달린 여자들이었고, 원래는 바람의 악령들이었다. 고르곤은 지하세계 또는 깊은 바다의 악령들이었다. 고르곤은 셋이었는데, 그중 메두사는 잔혹한 어금니와 뱀으로 된 머리카락을 가지고 있어서 제일 무서웠다. 세이렌들은 고르곤이나 하르피이아와 연관된 바다의 괴물이었다. 히드라는 다섯 개에서 백 개의 머리를 가지고 있는 거대한 뱀이었고, 하데스에게로 가는 입구를 지키는 개 케르베로스는 세 개에서 오십 개의 입을 가지고 있었다. 파시파이와 수소의 아들 미노타우로스는 고대 크레타의 뿔 달린 괴물이었다. 적어도 고전기에 대부분의 사람들은 이런 창조물들을 심각하게 받아들이지 않았다. 죽은 자를 복수하는 분노의 영 에리니에스는, 복수하는 유령 알라스토르—종종 에리니에스는 알라스토르와 동일시되기도 했다—가 했던 것처럼 상당한 공포를 불러일으켰다.[14]

하데스는 실제로 신이라기보다는 일종의 장소로 여겨졌다. 원래 지하세계는 죽은 자들이 창백한 유령이 되어 벌을 받기 위해 간 곳이 아니라 한탄을 늘어놓으려고 머무르던 곳이었는데, 점차 저주받은 자들에게 고통을 주는 곳으로 바뀌었다. 이미 『오디세이아』에서 티튀루스(Tityrus), 탄타루스, 시시포스가 자신들의 잘못으로 이곳에서 고통을 겪었고, 인간은 모두 각자의 죄에 따라 내세에 고통을 당할 운명을 갖는다고 짐작되었다. 신 하데스는 죽은 자들을 심판했고, 에리니스와 다른 무서운 영들은 불로 고문을 가하면서 저주받은 자들의 영혼에 벌을 주었다. 지하세계 하데스는 불의 강 퓌로플레게톤(Pyrophlegethon)으로 둘러싸인 무서운 땅 타르타로스와 동일시되었다. 이런 많은 개념들이 애매모호하게 된 이유는 선과 악의 문제라기보다는 각자가 맡은 역할 때문이다. 영들은 인간들을 유혹해서 죄를 짓게도 하지만 그 죄에 대해 벌을 주기도 한다. 이런 이중적인 역할은 나중에 기독교의 악마에게도 귀속된다.

그리스의 종교, 전설, 신화에서 많은 개념과 상징이 만들어져 악마의 개념이 형성되는 데 영향을 주었다. 그러나 악의 원리가 인격화된 듯한 존재는 아직 어디에도 없었다. 그 이유는 그리스인이 유별나게 악에 대한 사유로부터 자유로워서가 아니라 오히려 그리스의 신정론은 신화학자의 손에서 벗어나 철학자에 의해 다듬어졌기 때문이다. 이성적이고 체계적인 방식으로 '악은 어디로부터 오는가?' 라는 문제를 제기한 사람들은 바로 그리스인이었다. 몇몇 철학자들이 보기엔, 악이란 단지 신의 본성이나 계획에 대한 이해 부족으로 인간이 만들어낸 개념일 뿐이었다. 헤라클레이토스는 말한다. "신에게 모든 것은 아름답고 선하며 옳지만, 한편으로 인간들은 어떤 것은 옳고 어떤 것은 옳지 않다고 생각한다."[15] 물론 엘레아학파에서 일원론은 더욱 명백하게 나타난다. 파르메니데스의 입장에서는 우리가 악이라고 부르는 것을 포함해서 모든 것은 실제로 유일자로부터 구분되지 않은 양상들이다. 이러한 철학자들이 보기에, 그리고 이들을 이어나왔던 소크라테스, 스토아학파, 견유학파, 소피스트가 보기에도 악이란 인간의 실수나 성격의 결함에서 기인한다. 소크라테스는 악의 기원을 부족한 인식(epistēmē), 즉 덕을 추구하고 악을 피하는 방법을 제대로 인식하지 못하는 데서 찾았다. 견유학파는 악이란 세속적인 부와 명예에서 행복을 찾으려는 잘못된 방법에서 기인한다고 생각했다. 소피스트는 악을 나약함 속에서 찾았는데, 이들이 보기에 악은 적절한 한계를 넘어서는 인간의 부족한 균형 감각에서 비롯된다. 한편 피타고라스와 오르페우스주의자는 악을 온 세상에 편재하는 결함에서 찾았다. 자기 한계에 대한 부족한 인식, 무질서, 형상화되지 못한 질료, 이런 모두는 사람의 마음속에서뿐만 아니라 삼라만상 전체에서도, 인간 사회에서뿐만 아니라 대우주에서도 볼 수 있는 것들이다. 그래서 다음의 두 가지 사상이 점차로 형성되면서 일원론에서 벗어나게 되었다. 하나는 이 세상에는 서로 싸우는 두 개의 힘들이 있다고 생각하는 이원론이었다. 또 다른 신념은 비록 신적인 권능만이 유일하게 존재하지만, 그렇다고 그것이 모든 사물이 창조되는 데 관여하거나 일일이 명령을 내리거나 규제하지 않는다는 것이다. 일원론이 신이 가진 권능의 전체성을 주장하고, 악이란 너무나 제한적이어서 신의 본성을 포착할 수 없는 인간 정신이 만들어낸 것이라고 주장하는 데 반해서, 위의 두 입장은 오히려 신의 권능을 제한함으로써 신이 선하다는 것을 주장했다. 늘 일관성을 유지하지 않았어도 이런 생각과 가장 지속적으로 대결했던 사람은 바로 플라톤이었고, 기독교 사상에 엄청난 충격을 주면서 악마의 개념이 발전하는 데 가장 큰 영향을 준 사람도 플라톤이었다.

  플라톤은 악이란 선해지는 방법에 대한 지식이 부족한 개인에게서 나온다는 소크라테스의 견해로부터 시작했다. 소크라테스가 생각하는 지식이란 목수나 제화공이 선반이나 구두 제조 방법을 잘 알고 있는지 여부만큼이나 실용적이다. 그러나 플라톤은 여기서 만족하지 못했다. 이렇게 실용적인 방법으로 알고 있는 선의 본질은 무엇인가?

소피스트 가운데 한 사람이었던 프로타고라스는 선에는 어떠한 본질도 없고, 선과 악은 단지 관습적이고 상대적으로 존재할 뿐이라고 주장했다. 또 다른 소피스트인 트라시마쿠스는 여기서 더 나아가 선과 악을 판단할 수 있는 유일한 수단은 힘과 편의주의라고 주장했다. 이러한 견해에 반대해서 플라톤은 항상 고뇌했고, 비록 자신이 고뇌한 결과에 만족하지 못했지만 말년에 『필레보스(*Philebos*)』에서 절대성을 철회하고 이 세상은 하나의 혼합체라는 생각을 따르게 되었다.

플라톤과 그 추종자들은 다양한 입장의 이원론과 일원론 사이에서 동요했다. 플라톤주의자는 존재하는 모든 것은 단 하나의 원리의 산물이고, 하나의 원리에서 퍼져나온다는 신념에서 일원론적인 경향을 보인다. 그러나 그들의 일원론은 우주 안에 다루기 힘든 요소—하나의 원리가 가장 낮은 차원에서 발산하는 요소와 유일자로부터 전적으로 독립된 요소—를 가정하면서 제한된다. 이렇게 가장 낮은 단계이거나 독립적인 요소는 대체로 물질로 나타난다. 플라톤의 이원론 역시 오르페우스교적인 물질에 대한 불신과 두 가지 대립되는 영이라는 관념(간접적으로 이란으로부터 유래된 것일 수도 있는)이 합쳐진 것이다. 플라톤은 관념적인 세계가 물질적인 세계보다 훨씬 실재적이고 결과적으로 더 우월하다고 주장하면서, 관념적이고 영적인 세계와 물질적인 세계를 대립시킨다. 그후로 서양의 전통에서는 존재가 비존재보다 우월하다는 생각이 거의 언제나 계속되었다.

이런 세계에서 악의 근원은 어디일까? 플라톤은 여러 가지 해답을 제안한다. 그중 하나는 악이란 절대로 실재하는 존재가 아니고, 완벽하지 못함과 결핍에서 나온다는 것이다. 이데아의 세계는 완벽하고 전적으로 실재적이며 선하다. 그러나 현상적인 세계는 이데아의 세계를 적절하게 반영할 수 없고 부족한 만큼 덜 실재적이고 덜 선하며, 결과적으로 더 악하다. 우유를 생산할 수 없는 소는 악이다. 그러나 그 악은 소의 존재에서 기인하는 것이 아니라 그 소의 부족한 생명력과 건강에서 기인하는 것이다. 그 소에게서 문제되는 것은 존재가 아니라 오히려 비존재다. 존재론적으로 악이란 있을 수 없다. 왜냐하면 악은 부족함이나 결함일 뿐이기 때문이다. 아우구스티누스와 아퀴나스가 전적으로 받아들인 이러한 사상은 기독교 철학과 신학에 깊은 영향을 주었다. 그런데 이런 맥락에 따르면 항상 문제가 제기되었다. 존재론적인 악과 도덕적인 악이 혼동을 일으키며, 더욱이 악은 존재하지 않으므로 어떠한 원리도 따르지 않는다는 주장도 제기될 수 있다. 그렇지만 이후의 철학자들은 악마란 존재하지 않거나 존재하더라도 악의 원리가 아니라고 주장해왔다. 오히려 악마는 권능을 가진 천사였는데, 그의 악은 천사와 같은 존재 안에 들어 있는 것이 아니라 완전함의 결핍, 그 엄청난 권능 때문에 과장되어 보이는 결핍에서 기인한다는 주장이었다. 이런 식으로 플라톤의 체계에는 계속되는 문제의 근원이 내재해 있었다. 그러나 플라톤이나 그를 추종했던 철학자들은 존재론적으로 악이 존재하지 않는다고는 했지만, 이 세상에 도덕적인 악도 존재하지 않는다고는 주장하지 않았다. 플라톤은 전쟁, 살인, 착취, 거짓말이 이 세상에 있다는 것을 분명히 알고 있었다. 거짓말이 악인 이유는 그 말 자체 때문이 아니라 그 말 안에 진실이 결핍되어 있기 때문이다. 도덕적인 악은 선의 결핍으로만 존재한다. 마치 스위스 치즈에 나 있는 구멍들이 치즈의 부족한 부분으로 존재하는 것처럼. 플라톤은 존재론적으로 악이 없다고 해서 이 세상에서 도덕적인 악이 없다고는 주장하지 않았지만, 창조자에게서 악에 대한 책임은 없어진다고 했다.

그 자체로 매우 일관성이 없는 플라톤의 신론이 갖는 의미에 대해서 일치된 견해는 없었지만, 수세기 동안 기독교 사상이 이에 근거하여 해석되었다. 플라톤이 궁극적으로 신이 존재한다고 주장했는지 여부는 불확실하며, 만일 존재하더라도 신은 멀리 떨어져 숨어 있다. 또한 창조자 데미우르고스는 신보다 열등한 존재다. 창조자는 영적인 존재이기는 하지만, 숭배의 대상이 아니라 추상적인 원리다. 이 창조자는 불완전하고 악에 의해 더럽혀진 물질세계—창조자 자체를 악으로 분류하기 위해 그노스주의자들이 이용했던 생각—의 원인이다. 플라톤 자신은 창조자의 본질적인 선함을 지키고 싶었다. 창조자가 불완전한 세계, 완전함이 결핍된 형태이기는 하지만, 악이 존재하는 그런 세계를 만들었을까? 이에 대한 답은 창조자가 이 우주의 모든 일을 일으키는 원인은 아니라는 것이다. 창조자는 정연하고 적절한 질서에 대해서만 책임을 진다. 그러나 카오스는 무질서와 무작위, 상궤를 벗어난 움직임으로 존재한다. 카오스는 코스모스 이전에 존재했거나 적어도 둘이 동시에 존재했을 수도 있지만 부적절한 관계에 있었을 것이다. 요약하면, 창조자는 질서 안으로 혼돈스러운 것을 끌어들인 적이 없다는 것이다. 우주 안에 있는 무작위적인 비합리성이 우리가 말하는 악이다. 악은 존재하지만 창조된 것은 아니므로 창조자는 책임질 일이 없다. 가끔 자연 안의 처리할 수 없는 부분은 필연으로 여겨졌고, 때로는 오르페우스교의 영향을 받아 물질로 간주되었다. 플라톤의 입장에서는, 분명히 물질(질료)은 어떤 의미에서건 창조자에게서 나온 것이 아니다. 질료는 절대로 존재하지 않고 존재론적으로 비존재에 속하거나 아니면 존재한다 해도 악이라는 결론에 도달했다. 질료는 영혼에 의해 통제되기를 거부하는 비형상적이고, 한계도 없고, 혼돈스러운 존재의 일부일 수도 있다. 창조자는 질료를 사용해서 세상을 만드는 것이 필요하다는 것을 알았지만, 질료란 항상 자신의 목적에 맞추어 다루기 힘든 것으로 드러났다. 예를 들어, 뼈는 몸을 지탱하기 위해 단단하게 만들어져야 하는데, 오히려 단단하게 만들어진 뼈는 쉽게 부서지거나 부러지게 되어 있다. 이것도 아니라면, 결국 악은 질료 자체에서 기인하지 않고 질료와 영혼이 혼합되어 생기는 것일 수도 있다. 질료에 빠진 영혼이 거기에 걸려들어 나올 수 없게 되면 자신의 인식 능력을 잃게 되어 타락하게 된다. 이것이 진정한 윤리적 이원론이다. 플라톤은 『국가』에서 "선에 대해서 우리는 신 이외의 다른 어떠한 원인도 가정해서는 안 되지만, 악의 원인에 대해서는 신에게서가 아니라 다른 것에서 찾아야 한다"고 주장했다. 우리 행동의 도덕적인 결함은, 결함 있는 육체의 성질 또는 나쁜 환경이나, 우리의 자유의지, 아니면 이 세 가지 모두의 결과이다.

위에서 설명된 내용 가운데 어떠한 것도 쉽게 인격화되거나 도덕적으로 책임이 있는 악의 원리와 연관되지 않는다. 『법률』 제10권에서는 더 많은 내용들이 제기된다. 플라톤은 물질적인 어떠한 것도 그 자체 행동의 원인일 수 없다고 장황하게 주장해왔다. 행위의 궁극적인 원인은 영혼이다. 동물은 그 영혼이 움직이게 하기 때문에 움직인다. 연필은 몸이 그것을 움직이게 함으로써 움직이는데, 그 몸을 움직이게 하는 것은 영혼이다. 복잡하게 만들어진 기계에서 수천 개의 부분들이 다른 부분들을 움직이게 할 수 있지만, 궁극적으로 영혼은 그 모든 움직임을 기계로 전달한다. 질료란 자체적으로 움직일 수 있는 동인이 아니므로 악의 궁극적인 원인이 될 수 없다. 악은 영혼에서 기인해야 한다. 이제 두 가지 대안—창조자에게 상궤에서 벗어나고 불완전한 악의 요소가 있다는 입장, 이 세상에 무질서와 악을 가져온 창조자 이외의 영이 있다는 입장—가운데 하나를 따라야 한다. 철학자들은 『법률』에 나온 이 문장에 대해 오랫동안 논의해왔지만, 이 대안들 가운데 플라톤이 어떤 입장을 취했는지는 확실하지 않다. 플라톤은 이 문제에 대해 깊이 생각하지 않았고, 이 세상을 관장하는 악한 영이 존재한다는 것은 그에게는—그의 추종자에게는 그렇지 않았지만—단지 지나가는 생각이었을 뿐이다.

체계 내적으로 수많은 불일치를 보이는 가운데, 플라톤 사상은 정신을 탐구하는 방향에서 우주론을 탐구하는 방향으로 점차 발전했다. 소크라테스는 선을 행하는 방법을 실제로 잘 모를 때 악이 나타난다고 생각했다. 처음에 플라톤은 감정이라는 혼란을 일으키는 힘에 반대하면서 이성과 지식이 바람직하다고 강조했다. 이러한 관점에서 플라톤은 이성의 자리인 영혼과 감성의 자리인 육체 사이의 이분법과 대립을 인식하게 되었다. 이로부터 플라톤은 영혼과 물질, 영혼에 귀속되는 선과 물질에 귀속되는 악의 형이상학적 원리가 정신과 육체로 드러난다고 의식하게 되었다. 플라톤의 일관되지 않았던 이원론은 그를 추종하는 사람들의 사상 속에서 더욱 일관되고, 더욱 형이상학적이며, 더욱 종교적으로 바뀌어갔다. 플라톤의 사상이 그의 추종자들에 의해 변화되면서, 플라톤이 직접적으로 기여한 것은 아니지만 악마의 개념이 발전하는 데 상당한 기여를 하게 된다. 악의 원리를 인정하지 않았던 아리스토텔레스의 사상은 그리스 사상에 플라톤적인 경향에 반대하는 중요한 흐름이 있었음을 증명해준다.[16]

그리스 문화는 헬레니즘 시기에 급격하게 변화되었다. 이 시기 동안 그리스의 영향력은 동쪽으로는 이집트·이란·인도에까지, 서쪽으로는 이탈리아까지 뻗어나갔다. 일반적으로 역사가들은 알렉산드로스 대왕이 가우가멜라 전투에서 다리우스 3세를 물리치고 페르시아까지 자신의 제국을 건설한 기원전 331년에서, 악티움에서 옥타비아누스가 안토니우스를 이긴 기원전 31년까지를 헬레니즘 시기로 잡는다. 하지만 뒤에 나온 연도는 전적으로 자의적이다. 왜냐하면 로마 제국 내내 헬레니즘 시대의 특징들이 지속되었기 때문이다. 로마 최고의 풍자 시인인 유베날리스에 의하면, 그 당시는 시리아의 오론테스 강의 물과 테베레 강의 물이 자유롭게 합쳐지는 때였다. 예기치 못하게 여러 문화들이 혼합되면서 생겨난 관습이나 이론상의 급격하고도 놀랄 만한 변화는 때때로 종교나 철학에 불신을 초래했다. 종교와 철학 사이의 구분이 모호해졌는데, 철학의 학파들은 더욱 초월적이고 신비적으로 변했고 종교를 합리화하려는 노력으로 신학이나 알레고리들이 만들어졌다.

　종교의 실질적인 내용은 바뀌었지만 형식은 그대로 유지되었다. 대중들은 과거의 신들을 여전히 숭배했고, 아우구스투스 시대에 글을 썼던 베르길리우스는 호메로스 서사시의 운문뿐만 아니라 종교적인 문체도 모방했다. 『아이네이스(Aeneid)』에서, 비너스는 트로이의 몰락에 대해 헬렌이나 아킬레스 또는 그밖의 어떤 인간에게도 책망하지 말라고 아이네아스에게 말한다. 그 도시를 무너뜨린 것은 바로 신들이었고, 아이네아스는 쓰러져가는 탑 위에 웅크리고 있는 신들을 본다. 베르길리우스가 묘사한 지옥으로 내려간 이유는 『오디세우스』와는 다르다. 『아이네이스』 제6권에서 개인들은 자신이 저지른 죄에 대해 책임을 져야 하며, 그 벌로 지하세계에 감금되어야 한다고 주장한다. 대체로 이 세상에서 정의가 구현될 가망이 없다는 생각은 로마 사유의 특징이다. 타키투스는 좋았던 옛 시대가 복원되기를 바랐고, 이방인의 순박했던 관습을 그리워했다. 한편 호라티우스는 세대가 거듭될수록 더 사악해지고 있다고 한탄했지만, 유베날리스는 미래의 세대가 저지를 죄가 더 나쁘란 법도 없다고 하면서 호라티우스의 생각에 동의하지 않았다. 이제 종교는 불안감에 휩싸이고 뚜렷하게 쇠퇴의 길로 접어들어 침체되었다. 그러면서 종교는 폴리스의 대중적인 제식에서 벗어나 개인의 구원이나 이원론을 강조하게 되었다. 이 세상은 썩었다. 그것도 아주 많이, 이것은 진정한 세계가 아니다.

> 앉아라, 제시카. 그리고 보라, 하늘의 마룻바닥이 어떠한지를.
> 밝게 빛나는 금으로 상감된 그것이 두텁지 않느냐?
> 네가 바라보는 가장 작은 구체도 존재하지 않는다.[17]

진정한 세상은 형이상학적인 사색, 명상, 정화 의식, 무아경의 의식 등을 통해서 찾을 수 있다.

헬레니즘 시대의 두드러진 종교적 특징은 싱크레티즘(syncretism)

판과 님프, 폼페이, 기원전 또는 기원후 1세기. 뿔이 나 있고 피리를 연주하며, 오른쪽 다리에 포도창으로 인한 상처가 있는 판이 여기서는 일반적으로 표현되던 것보다 동물적인 모습이 다소 약화되어 있다. 그럼에도 한 마리 염소가 그의 앞에 서 있다.

이었다. 이 사상은 제식이나 신화에 나타났던 그리스의 신들, 그리고 그들이 접촉했던 다른 문화의 신들이 혼합되면서 나타나는 통합된 종교를 추구했다. 그래서 제우스와 주피터와 레와 오르마즈드가 하나가 되었고, 그 결과 동양의 종교가 서양에 스며들게 되었다. 헬레니즘 시대의 그리스와 로마에 가장 큰 영향을 준 동양의 종파는 이시스(Isis)와 세라피스(Serapis. 로마에서는 Osiris라고 함)였는데, 이 종파의 특징은 금욕주의와 의식을 통한 정화를 실천한 것이다. 아나톨리아 지방 여신 키벨레의 제식과 프리지아 지방 대모신(Magna Mater)의 제식에서는, 모든 제한과 금기를 떨쳐버리고 쉽게 접신할 수 있도록 무아경의 춤과 난교를 행하는 특징이 있다. 로마식으로 디오니소스를 숭배하는 바쿠스 축제(Bacchanalia)는 특히 파격적인 행동으로 악명이 높았고, 결국 기원전 186년 원로원에 의해 금지되었다. 처음의 숭배자들은 여자들뿐이었는데, 나중엔 남녀가 밤에 만나서 난교적인 음주, 그리고 리비우스(Livy)의 다소 과장된 설명에 따르면 섹스를 포함하는 횃불 의식을 거행했다. 바쿠스 축제는 리비우스가 묘사한 판본에 따르면 난교의 문학적인 전통에서도 중요한 부분이 되었고, 중세의 이교와 주술을 설명할 때 자주 거론되었다.

기독교 이외에 로마 제국에서 가장 널리 퍼진 종파는 미트라교였는데, 이 종교는 이란의 마기 교리와 다산성을 숭배하는 종파의 교리가 혼합된 것이다. 미트라교의 중심 신화에 따르면, 이 세상의 원리는

미트라의 두상, 2세기경으로 추정. 빛과 군대의 신 미트라는 그리스와 로마의 이원론적인 세계에서 인간이 그들의 신에게 무엇을 요구해야 하는지를 나타낸다.

아이온(Aiōn), 즉 영원한 시간이다. 아이온은 남성의 원리인 하늘을 낳았는데 그 이름은 오르마즈드 혹은 주피터이고, 여성의 원리 땅을 낳았는데 그 이름은 스펜타 아르마이티 또는 주노이고, 또 지하세계의 영 아리만을 낳았는데 이는 플루토 또는 하데스와 동등하게 여겨졌다. 플루토-하데스와 아리만이 동일시되면서 지하세계와 악의 원리도 더욱 강하게 연결되었고, 그러면서 악마의 이미지가 형성되는 데 기여했다. 하늘의 왕 오르마즈드/주피터의 영광을 부러워한 아리만은 하늘을 습격한다. 오르마즈드는 아리만을 제압해서 그와 악령들을 지하세계로 던져버린다. 그런데 그들 가운데 몇몇이 탈출해서 인류를 멸망시키고 파괴하려 하면서 이 세상을 돌아다닌다. 한편 태양과 빛의 신 미트라는 오르마즈드/주피터의 권능으로 바위에서 태어난다. 그와 동시에 오르마즈드는 태초의 수소도 만들어낸다. 오르마즈드의 명령으로 미트라는 수소를 죽였고, 수소의 죽은 몸에서 땅의 열매들이 솟아나와 물질세계를 창조했다. 오르마즈드는 아리만이라는 망령과 맞서 싸울 때 하늘의 군대와 인간을 지휘할 지도자로 미트라를 임명한다. 오랜 세월 동안 싸움을 벌였지만 아리만의 힘은 점점 더 강해지고 인간들은 더욱더 그의 지배 하에 들어가게 되어, 마침내 아리만은 이 땅의 왕이 된다. 그러나 이 세상이 끝나기 바로 직전에 위대한 소가 태초의 짐승으로 다시 나타나고, 미트라는 아리만과 그의 세력에 맞서 마지막 싸움을 벌이기 위해 지하세계로 내려간다. 죽은 자들이 무덤에서 일어나고 미트라는 그들을 심판해 악으로부터 선을 갈라놓는다. 오르마즈드는 사악한 무리, 그리고 아리만과 그 악령들을 절멸시키는 불을 내려 보낸다. 비로소 행복과 선의 통치가 영원히 계속된다. 아리만과 유대-기독교의 사탄이 비슷한 것처럼, 미트라교가 기독교적 종말론과 유사한 면이 있다는 점은 인상적이다. 미트라교와 기독교는 같은 시대에 나타났고, 어떤 이들은 이 두 종교가 담고 있는 사상이 적어도 대중적인 수준에서는 서로에게 영향을 주었다고 추측한다. 이 두 종교의 유사성은 주로 오르페우스교 사상과 이란의 사상에 들어 있는 공통적인 이원론적인 배경에서 기인한다.

비록 다산을 중시하는 대부분의 종파와는 다르게 숭배자들이 오로지 남성들뿐이었지만 미트라의 제식에도 이후 이교도와 마녀의 개념 속에 동화된 요소들이 나타난다. 미트라교인은 횃불을 이용해서 주로 동굴이나 토굴—이 종파가 널리 퍼져 부유해지자, 이런 모임 장소들은 거대한 미트라 성전으로 되었다—에서 밤에 은밀하게 만났고, 거기에서 성찬식을 함께했다. 여기서 중요한 의식은 수소 희생제(taurobolium)였다. 이 의식에서, 연단 아래에 지원자가 웅크리고 있다가 미트라가 태초의 소를 죽이는 것을 흉내내면서 연단 위로 올라와 소를 제물로 바친다. 소에서 나온 피를 신참자에게 뿌리면 그는 비로소 종파에 가입하게 된다. 어둠, 횃불, 은밀한 회합, 동물 희생, 종교적인 향연, 이런 특징 때문에 이 종파는 더욱 신비롭게 여겨졌고, 로마와

수소를 죽이는 미트라, 로마 부조, 2세기. 미트라교는 조로아스터교와 헬레니즘 신화에서 영향을 받은 로마의 종교였다. 미트라가 수소를 죽이는 것은 인류를 위하여 생명력을 방출하는 것이었지만, 조로아스터교에서는 수소를 죽이는 것이 인간 최초의 그리고 가장 극악한 죄악의 하나로 여겨져 왔다(루브르 박물관).

여러 지역에서 그리고 특히 신피타고라스주의자들 사이에서 종교적인 관심을 끌게 되었다. 이러한 극적인 효과 이외에도 지하세계의 어둠과 햇불은 창조적인 힘을 나타냈고, 동굴은 다산성과 어둠을, 햇불은 죽음과 부활을 상징한다. 그러나 사실 미트라교인도 피타고라스주의자들도 의식의 일부로 광적인 춤이나 난교적인 섹스를 하지는 않았다. 하지만 이런 종교를 반대하는 자들이 이러한 행위들을 이 종파 사람들에게 전가시켰던 이유를 이해하기는 어렵지 않다. 이렇게 윤색되면서 헬레니즘 시대의 신비적인 종파는 이교도의 모임이나 중세 마녀들의 연회, 오늘날에 인위적으로 부활된 마녀 의식에 대한 원형이 되었다.

    악마의 도상에 전혀 다른 영향을 준 것은 에트루리아의 죽음의 신 카룬(Charun)이었다. 헬레니즘 문화에 속하지는 않았지만, 로마인들의 정복 이후로 에트루리아인은 로마의 종교에 상당한 영향을 주었다. 카룬은 그리스의 카론, 즉 죽은 사람들을 건네주는 뱃사공에서 유래한 것이지만, 에트루리아의 신은 그리스 신화에 나오는 투덜대는 뱃사공보다 훨씬 더 무서웠다. 대부분의 사회에서 죽음은 일종의 악으로, 가장 커다란 자연발생적인 악으로 간주된다. 하지만 죽음의 영이 그대로 신격화된 악으로 받아들여지는 경우란 거의 없다. 예컨대 중세에는 죽음과 악마는 신학적으로도 도상학적으로도 동일시되지 않았다. 에트루리아인에게도 카룬이 악의 원리를 구현한다고 가정할 만한 어떠한 근거도 없다. 그러나 카룬은 어쩔 수 없이 적어도 하나의 악, 죽음으로 구현되었고, 카룬에게 부여된 이러한 속성은 에트루리아에서 로마의 예술과 전설로 전해지면서, 궁극적으로 악마에 대한 기독교적인 도상에 영향을 주었다. 카룬은 새의 부리와 비슷한 커다란 매부리코를 가졌고, 덥수룩한 수염과 머리털, 길고 뾰족한 짐승 같은 귀, 맷돌로 간

카룬, 기원전 4세기 프레스코. 에트루리아의 죽음의 인격화인 카룬이 사티로스와 유사한 얼굴, 매부리코, 염소 수염과 날개 등 기독교의 악마 도상으로 변형된 요소들로 표현되어 있다.

것 같은 이와 일그러진 입술을 가지고 있었다. 그리고 그는 짙은 푸른 색을 띠고 있었다(이렇게 털이 많은 모습은 그리스 신화에 나오는 사티로스나 판에게서 유래한 것일 수도 있다). 때로 카룬은 날개가 달리거나 몸에서 뱀이 자라나는 모습으로 나타나기도 한다. 이 모든 특징들은 중세와 근대에 나타나는 악마의 모습 속에서도 발견된다. 카룬이 가지고 있는 몇몇 속성들은 거의 또는 전혀 영향을 미치지 못했다. 일반적으로 카룬은 커다란 나무 몽둥이를 가지고 다니면서 막 죽으려고 하는 사람의 머리를 내리쳤다. 카룬의 나무 몽둥이는 가끔씩 갈고리—갈고리는 악마가 가지고 다니는 삼지창이나 갈퀴에 영향을 주었을 것이다—로 대체되기도 하지만, 이 도구는 악마의 다른 어떤 상징보다도 기독교 도상학자가 죽음의 손에 쥐어준 낫과 동일한 것으로 여겨진다.

    헬레니즘 철학과 신학은 적어도 제의나 신화만큼이나 악마 개념이 발전하는 방향에 상당한 영향을 주었다. 신학은 종교적인 원리를 이성을 통해 설명하고 밝히려는 체계적인 노력의 산물이었다. 여러 종파들이 통합되어가는 과정에서 합리적인 근거를 찾으려는 욕구의 자연스러운 발로로 나타난 신학은 헬레니즘 시대에 들어와서 처음으로 널리 퍼지게 되었다. 제우스가 오르마즈드와 같다면 어떤 식으로 제우스가 오르마즈드가 동일시되었을까? 또한 그 둘을 대표하는 원리나 원리는 무엇인가? 신이 계시한 말들을 모아놓은 것을 신성한 경전이라고 한다면, 그 말들을 어떻게 해석해야 하는가? 신은 무슨 말을 하려고 했던 것일까? 종교적인 경향을 가지고 있던 철학자는 종교의 원리가 합리적으로 뒷받침되어야 한다는 요구를 기꺼이 충족시키려 했다.

초기 헬레니즘 철학자는 대체로 기본적으로 선 또는 악의 원리를 단정하지 않았다. 에피쿠로스(기원전 341년경)의 입장에서 보면 우주는 원자들이 우연하게 일치되어 나타난 것이고, 선과 악은 전적으로 상대적인 인간의 구성물이었다. 악행은 아무런 의미도 없는 세상사에 관심을 두는 것이었고, 그런 관심을 피함으로써 고통을 피하는 편이 올바른 생각이었다. 퓌론과 카르네아데스(기원전 213~129)가 창시한 회의론의 입장에서는, 선과 악을 포함해서 모든 지식은 불가능했다.

키티움 출신의 제논(기원전 336~254)이 창시한 스토아학파가 기독교의 도덕적인 사상에 준 영향은 엄청났는데, 고대 일원론의 전통에서 나온 그들의 가르침은 선과 악 사이의 이분법을 거부했다. 유일자의 권능은 물질적 세계로 발산되고, 때가 되면 세상은 다시 유일자로 회귀할 것이다. 올바른 생각은 물질 세계로부터 분리되어 존재한다. 인간이란 존재는 자유의지를 소유하고 있지만, 자유란 곧 유일자의 의지에 따르는 것을 의미한다. 유한한 존재의 결점은 유일자의 계획으로부터 자신의 의지를 멀리하는 것인데, 이런 식으로 저항해봐야 아무 소용도 없다. 왜냐하면 우리는 어떤 경우에든 우리에게 정해진 역할을 수행할 수밖에 없기 때문이다. 그런 역할을 거부하게 되면 우리는 피할 수 없는 불행만을 감당해야 한다. 부절제를 피하라. 그리고 자유롭고 행복하게 우주에 할당된 자신의 자리를 채우라. 이러한 스토아학파의 교의는 호메로스까지 거슬러 올라가 그리스의 도덕적 사유와 맥을 같이한다. 오만함 때문에 사물의 예정된 질서에 맞서 자신을 파멸시키는 자는 멸망을 피할 수 없다. 후기 스토아학파는 특히 악의 문제를 제기했다. 에픽테토스(50?~138)는, 선과 악은 사물 자체에 내재하는 것이 아니라 인간이 사물을 어떤 목적으로 사용하느냐에 달려 있다고 주장했다. 161년부터 180년까지 황제로 재위했던 마르쿠스 아우렐리우스도 이런 생각에 동의했다. 그에 따르면, 악이란 자연 속에 존재하는 것이 아니고, 인간들이 무지로 인해 신의 의도를 가로막는 선택을 하게 되면 그때 악이 발생하는 것이다.

그러므로 에피쿠로스학파, 회의론자들, 그리고 스토아학파는 한결같이 선과 악이 우주에 내재한다는 생각을 거부하고, 악이란 실체가 없는 단지 인간의 구성물이거나 유일자의 의지를 방해하는 헛된 노력일 뿐이라고 설명하면서 인간의 책임을 엄격하게 강조한다. 그러나 이러한 철학자들의 고매한 의견들로 개인의 통제를 벗어나 전방위로 밀려들어오는 듯한 이 세상의 무질서와 파괴 행위들을 전부 다 설명할 수 없었다. 어떤 식으로든 악에 대한 총체적인 설명이 필요하고, 이승에서든 저승에서든 악에서 벗어나는 방법이 있어야만 했다. 이러한 총체적인 설명은 피타고라스로부터 플라톤에 이르는 오르페우스교의 전통을 가진 이원론에서 유래하는 경향이 있었다.

카룬의 두상, 타란토, 기원전 4세기(알리나리 발리오니 소장, 피렌체).

2, 3세기의 신피타고라스주의자는 유일자 모나드(Monad)를 전적으로 선한 것이라고 주장했다. 모나드가 퍼져나가는 과정에서 다이아드(Dyad)—현상적인 세계—가 나타나는데, 이것이 악한 것이다. 모나드는 분해할 수 없는 단 하나의 영으로 되어 있고, 다이아드는 그 하나 하나가 물질에서 유래하는 다수의 영으로 되어 있다. 개별적인 영혼은 물질과 연관되면서 혼동을 일으켜 잘못된 선택에 빠지게 된다. 그러므로 우리의 임무는 물질을 초월해서 다양하게 나타나는 이 세상의 비루한 존재들의 이면에 존재하는 단일하고 참되며 선한 모나드로 돌진하려고 시도하는 것이다. 신피타고라스주의자는 자신의 신정론이 가지고 있는 궁극적인 난점—왜 선한 모나드는 악한 다이아드를 발산해야만 했는가—을 다루지 않았다.

플라톤 추종자들은 더욱 명확한 형태로 이원론을 발전시켰다. 크니도스 출신의 에우독소스(기원전 4세기)는 플라톤의 교의와 마즈다교의 교의를 화해시키려고 노력했다. 이후에 나타난 신피타고라스주의자와 마찬가지로 크세노크라테스(기원전 339~314년에 활약)는 모나드와 다이아드 사이의 투쟁을 가정했다. 모나드는 남성의 원리이고 최상의 신이고 합리적인 지성이며, 반면에 다이아드는 여성의 원리이고 비이성이고 악이었다. 이러한 이원론은 모나드에 의해 탄생된 올림피아인과 여성의 원리로 태어난 자식들, 즉 티탄의 대립이 저변에 반영되어 있다. 선한 영과 악한 영도 싸움을 벌이고 있었다.

초기의 플라톤주의자 가운데는 압도적으로 이원론자들이 많았다. 2세기 동안에 중기 플라톤주의는 더욱 명시적으로 이원론적인 경향으로 옮아갔다. 이들이 주장하는 이원론은 영원한 두 개의 원리, 즉 영혼과 물질의 대립을 기본으로 했다. 신은 영적인 존재이며 이성적인 우주 안에 물질을 만들어 채워넣으려고 한다. 물질은 다루기가 매우 힘들어서 신의 노력은 부분적으로만 이루어지게 되었다. 따라서 악은 신의 의지에 저항하는 물질에 귀속된다. 플루타르코스(45~125)는 "단 하나의 존재가 선이든 악이든 존재하는 모든 것들의 원인이 되어야 한다는 것은 불가능하다. 유일한 신이 악을 창조했을 리는 없으므로…… 우리는 두 개의 반대되는 원리를 인정해야 한다"[18]고 주장했다. 플루타르코스에 따르면, 물질은 그 자체의 원인이 될 수 없고 영혼에 의해 만들어지는 것이다. 그러므로 두 개의 반대되고 영원히 대립되는 영들—선한 신과 악한 영—이 존재하고, 악한 영 때문에 신의 의지에 저항하는 물질이 만들어진다. 여기서 두 개의 영이 싸우고 있다는 마즈다교의 믿음과, 물질은 영혼의 적이라는 오르페우스-플라톤적인 교의가 자연스럽게 혼합되었고, 그 결과 영혼을 만들어내는 선한 영과 물질을 만들어내는 악한 영 사이의 싸움이 계속된다. 이 세상에 악이 존재함으로 인해 먼저 물질이 창조되고 다음에 인간은 자신의 의지에 따라 행동하게 되어 영적인 기쁨보다는 물질적인 즐거움을 선택하게 된다. 플루타르코스는 또 다른 방식으로 악을 설명하지만 설득력이 부족했다. 그는 이렇게 설명한다. 유일신은 여러 신들을 만들어냈는데, 그들은 전적으로 신성을 지닌다. 신들 아래에 영들(demons)이 있는데, 그들은 인성과 신성을 동시에 지닌다. 영 아래에 전적으로 인성만을 지닌 인간들이 있다. 영들은 도덕적으로 모호하지만(그들은 거대한 존재의 사슬이라는 기독교적인 개념에 의하면 천사의 자리를 차지하고 있다), 그들이 존재함으로써 신들은 말할 것도 없고 유일신은 악에 대한 직접적인 책임을 피할 수 있다. 플루타르코스는 영들을 악의 원리 그 자체로 단정하지는 않았지만, 악을 창조해낸 악의를 가진 영혼의 한 측면으로 보았다.

플로티누스(205~270)가 창시한 신플라톤주의는 중기 플라톤주의의 이원론으로부터 플라톤 본래의 생각에 더 가까운 일관성 없는 일원론으로 방향을 바꾸었다. 플로티누스의 체계와 당대의 그노시스주의 사이에는 분명히 유사한 점들이 있고, 그 둘 사이에는 이념적인 교류가 있었던 것으로도 보이지만 근본적인 차이점을 가지고 있다. 그노시스주의는 이원론이었고 신플라톤주의는 기본적으로 일원론을 전제하고 있었다.

플로티누스에 따르면 우주를 관장하는 원리는 유일자였다. 유일자는 완전하며 존재하는 모든 것을 포함한다. 하지만 우리는 우주를 다양하게 인식한다. 어떻게 이럴 수 있는가? 우주가 형상들로 가득 차기를 바라면서 유일자는 자신의 실체로부터 누스(nous), 즉 정신—플라톤적인 이데아 세계—을 유출한다. 누스 안에는 이 우주에 있을 수 있는 모든 형상들로 충만해 있고, 모두가 완전히 영적인 것이다. 누스는 처음으로 유일자가 유출한 것이고 유일자의 뜻에 따른 것이기도 하면서 형상의 세계를 완성했기 때문에 좋은 것이었다. 어떤 의미에서도 유일자가 처음으로 유출한 것은 결코 악이 아니었다. 그러나 이미 필연적으로 누스는 자신을 유출한 유일자보다는 완벽하지 않기 때문에 난점이 내재하게 된다. 두 번째 유출을 통해 누스는 프시케(psyche), 즉 세계-영혼을 만들어낸다. 프시케는 스스로 생각하는 누스다(신의 말씀, 즉 로고스(logos)는 스스로 생각하시는 아버지라는 기독교의 이념과 비슷하다). 프시케의 유출도 유일자의 뜻이었으므로 모두가 좋았다. 그런데 이제 세 번째 유출이 발생하여 프시케는 물질세계를 만들어내는데, 여기서 감각 대상들은 최초의 질료와 이데아 또는 형상이 혼합된 것으로서 존재한다. 물질세계가 유출된 것도 유일자의 뜻이었다. 다른 모든 것과 마찬가지로 물질이 유출된 것도 유일자의 뜻일 뿐만 아니라 유일자로부터 나온 것이며, 유일자가 가지고 있는 하나의 실체로부터 나온 것이지 만들어진 것이 아니다. 무로부터 물질적인 세계를 창조했다는 기독교적인 교의나 물질은 신으로부터 독립적이고 분리된 원리라는 이념의 흔적을 플로티누스에게서는 찾아볼 수 없다. 물질은 신이 유출한 것이고 따라서 선하다.

　그러나 플로티누스는 물질이란 전적으로 악이라고 생각했기 때문에 자신이 결코 해결할 수 없는 모순에 빠져 있다는 것을 알게 된다. 유일자는 무한히 완벽하고 선하다. 유일자가 유출한 것은 각자에 맞게 부족한 선을 공유한다. 이것이 플라톤과 아리스토텔레스가 암시한 결여이론이다. 가장 마지막으로 가장 열등하게 유출된 것이 물질인데, 이것은 유일자로부터 가장 멀리 떨어져 있고, 유일자와 가장 닮지 않은 것이다. 유일자는 가장 완전하고 가장 선한 반면에 물질은 선이 결여된 것이다. 감각 대상들은 형상을 소유하고 있는 한 더 높은 세계를 닮지만, 형상이 없는 최초의 질료—형상이 각인되겠지만—는 유일자의 대립물이다. 물질은 완전한 결핍이며, 결여 그 자체이고 비존재이므로 너무나 부족한 선이다. 너무나 부족한 선을 일컫는 말이 있는데 바로 악이다. 플로티누스는 여기서 한 발 더 나간다. 물질은 선이 결여되었기 때문에 악일 뿐만 아니라, 완벽한 선을 방해하고 유일자의 계획을 거부하며 개인의 영혼으로 하여금 잘못을 저지르게 한다는 점에서 적극적으로 악을 위해 행동하는 것이다.

    그러므로 플로티누스의 물질관은 우리가 바라볼 때 형체를 일그러뜨리는 착시와도 같다. 한편 유일자가 어떤 존재를 가장 열등하게 유출하고 아무리 그 존재를 박탈하더라도 여전히 존재와 선이 가지고 있는 최소한의 요소들을 계속 가지고 있다고 주장하는 점에서 플로티누스는 일원론자다. 다른 한편 너무나 악하고 그래서 유일자로부터 떨어져 있고 유일자에 대립되는 어떤 것으로 물질을 인식한다는 점에서 플로티누스는 이원론자다.

다른 모든 것들과 마찬가지로 인간이라는 존재도 프시케, 세계-영혼의 유출이다. 그러나 인간 존재에는 두 가지 요소가 있다. 영적이며 상대적으로 세계-영혼에 가까운 개인들의 영혼, 그리고 물질적이며 세계-영혼과 멀리 떨어져 있어서 악인 육체─육체는 영혼을 억압하고 영적인 영역과 합치려는 노력을 저지하는 영혼의 장애물로 작용한다─이다. 그러므로 악의 두 가지 중요한 원천은 이 세계 안에 존재한다. 하나는 물질 자체인데, 거기에 있는 악은 전적으로 선의 결여로 나타난다. 또 다른 하나는 영혼이 육체와 결합되면서 유혹당하거나 타락한 인간의 영혼이 잘못된 선택을 하는 것이다. 전자는 지진이나 질병과 같은 자연발생적인 악에서 기인하는 것이고, 후자는 전쟁, 살인, 간통과 같은 도덕적인 악에서 기인하는 것이다. 이를테면 유아살해 같은 개인의 도덕적인 악에 대해서 플로티누스는, 사람들이 그런 행동을 저지르는 이유는 물질적인 육체에서 나오는 격정으로 인해 이 생의 적절한 목적─영혼이 발산한 더 높은 세계에 대한 사색을 통해 추구되는─을 보지 못하게 되기 때문이라고 설명했다.

플로티누스의 생각은 이후에 나타나는 사상에 커다란 영향을 주었다. 거대한 존재의 연쇄라는 의미는 이미 플라톤에게서도 나타난다. 그러다가 플로티누스에 와서 명확한 형태를 취하게 되었고, 그로부터 아우구스티누스, 아퀴나스, 그리고 모든 서양 사상으로 전해지다가 다윈의 진화론의 구도 안에 세속화된 형태로 나타난다.[19] 그리고 플로티누스가 설명한 대연쇄라는 개념에는 그를 추종했던 기독교인들이 절대로 해결할 수 없는 모순이 숨어 있다.

이러한 모순은 존재론적인 가치 척도와 도덕적인 가치 척도를 혼동하는 데서 발생한다. 먼저, 유일자는 전적으로 완전한데 그로부터 유출된 것들 각각은 유출을 발생시킨 유일자보다는 덜 완전할 수밖에 없다. 유일자가 세계-정신을 유출하는 순간에도 이러한 불완전함은 끼어든다. 그러나 플로티누스는 이러한 관계를 잠시 제쳐 놓고 오히려 다소 모호한 방식으로 세계-정신과 세계-영혼은 유일자의 완전함을 반영한다는 입장을 취한다. 그런데 진정한 결여는 물질이 생산되는 마지막 유출에만 나타난다. 먼저 플로티누스는 물질과 연관해서 악을 논한다. 그러나 처음의 이러한 모순에 이어 더 심각한 내용이 나온다.

한쪽 끝에는 유일자가 다른 쪽 끝에는 형상이 없는 물질이 놓여 있는 스펙트럼이나 저울 또는 사슬이 존재한다고 하자. 우리가 우주로 지각하는 감각의 세계에 맞는 척도가 있고, 다른 지점에서 우주 안에 있는 개개의 존재들에 맞는 척도가 있다. 그러나 플로티누스는 두 가지 방식으로 척도를 설계한다. 하나는 존재론적인 방식으로 유일자가 가장 실재적이고 물질이 가장 덜 실재적이라는 것이다. 이 척도는 다음과 같다.

유일자＝존재＝무한한 존재＝완전함

누스

프시케

물질적인 우주

인간

동물

식물

생명 없는 사물

형상 없는 물질 = 비존재 = 무한한 결여

어떤 존재가 이 척도의 위에 있으면 있을수록 영혼과 더 많은 것을 공유하게 되고, 유일자에 더 가까워져서 결과적으로 더 완전해질 수 있는 것이다. 어떤 존재가 이 척도의 아래에 있을수록 영혼은 더욱 결여되고, 물질과 가깝게 되어 비존재에 더 가까워진다. 이 척도에서 높은 곳에 있는 존재들일수록 더욱 실재적이고, 낮은 곳에 있는 것들일수록 덜 실재적이다. 맨 아래에 있는 물질은 너무나 비실재적이어서 비존재에 가깝고, 완전한 비존재의 끄트머리에서 머뭇거린다. 이 존재론적인 척도를 가지고 악의 원리를 논하기는 어렵다. 악은 결여된 부족한 선이므로 진정한 존재가 배제될 때만 존재한다. 마치 스위스 치즈에 나 있는 구멍은 치즈라는 존재를 배제해야만 존재할 수 있는 것처럼, 치즈라는 존재가 결여된 부분이다. 이 척도의 맨 위에 자리한 것은 영원한 실재이다. 아래로 계속 내려올수록 덜 실재적이고, 맨 아래로 내려오면 절대로 실재가 아니다. 이 척도는 맨 위에 있는 무한대로부터 맨 아래 0에 이르기까지 아래로 진행된다.

그러나 척도를 구성하는 두 번째 방식은 존재론적인 가치에 의해서가 아니라 도덕적인 가치에 의해 조정하는 것이다.

유일자=완전함=무한한 선
누스
프시케
물질적인 우주
인간
동물
식물
생명 없는 사물
형상 없는 물질=완전한 불완전함=무한한 악

여기서 척도의 맨 위에 할당된 가치는 무한한 선이다. 아래로 내려올수록 선이 줄어들고 따라서 더욱 악해진다. 마침내 척도의 맨 아래로 내려오면 선이 전혀 존재하지 않으므로 완전한 악이 된다. 이 저울의 맨 위 눈금은 계속 양의 무한대이지만, 아래로 내려올 때마다 음의 무한대가 증가된다(-x, -x-1, -x-2, -x-3 등등). 다시 말하면, 무한대에서 0으로 내려오면서 존재론적인 척도가 양이 되는 반면에, 각 단계에서 선이 감해지면서 가치의 척도는 음이 되어 마침내 가능한 가장 큰 음수에 도달한다. 이 척도를 통해 악의 원리에 대해 생각할 수 있는데, 그 원리란 형상 없는 물질을 나타내는 음수이다.

이 두 가지 척도는 비슷해 보이지만 실제로는 매우 다르다. 그러나 플로티누스와 그의 추종자들은 이러한 차이를 오해했다. 그들은 다음과 같이 이해했다.

유일자 = 존재 = 완전함 = 선
형상 없는 물질 = 비존재 = 악

그런데 또 다른 혼란이 내재해 있다. 비록 이 문제가 플로티누스를 괴롭히지는 않았지만, 그의 추종자들에게는 재앙이었다. 이 문제는 가치의 척도와 존재론적인 척도가 동시에 결합되어 개인의 도덕성을 판단할 때 발생한다. 이런 식으로 결합되면 심각한 모순이 초래된다. 존재론적인 기준에서 보면 말은 물질성을 더 많이 가지고 있고 영혼은 적게 가지고 있기 때문에 사람보다 덜 실재적이다. 그렇다면 (가치기준을 빼고 생각하면) 사람이 말보다 더 선하다고 말할 수 있다. 그러나 다른 사람에게 강도짓을 하고 괴롭히는 사람의 경우는 어떠한가? 그 사람이 힘세고 충직한 말보다 더 선한가? 아니면 그가 더 악하므로 따라서 덜 실재적인가? 사람 자체만을 따로 다루어보자. 존재론적인 기준에 따르면 다른 사람들보다 정신적 능력을 더 많이 가지고 있는 가장 지적인 사람이 가장 훌륭한 사람이다(몇몇 학계에서는 오늘날에도 이러한 믿음을 가지고 있다). 그러나 지능이 우수한 사람도 잔인하고 탐욕스럽고 사람을 속일 수 있는 반면에, 훨씬 열등한 지능을 가진 사람이 관대하고 친절하며 사랑스러울 수도 있다는 것을 우리는 잘 알고 있다.

    이러한 문제는 악마의 개념이 성립하는 데 혼란을 가중시켰다. 한편으로 악이 존재하지 않는다면, 그에 따라 악의 원리도 있을 수 없다. 몇몇 신학자들은 비존재인 악을 어떤 실질적인 문제로 삼을 수 없는데, 악이 실재하지 않으므로 악마도 존재할 수 없기 때문이다. 이것이 플로티누스의 존재론적 일원론의 결론이다. 그러나 가치의 척도를 적용해보면, 절대선의 반대는 절대악이 된다. 따라서 악의 원리도 존재할 수 있고, 그러한 원리는 악마로 인격화될 수도 있다. 플로티누스와 같은 체계 내에서 악의 원리가 차지하는 지위는 명확하지 않다. 한편 악의 원리는 존재의 가장 낮은 순서이며 또한 존재의 결여이기도 하다. 존재론적인 입장에 따르면 악의 원리란 존재할 가능성이 거의 없다. 그러나 도덕적인 요소가 개입되면 존재론적으로 높은 지위에 있는 존재가 악을 선택하는 상황도 생각해볼 수 있다. 플로티누스가 이런 생각을 드러내놓고 지지할 수 있는 입장은 아니지만 암묵적으로는 가능하다. 하지만 이러한 발상은 결국 기독교 전통의 일부가 되었다.

　헬레니즘 철학의 종교적인 정신과 헬레니즘 종교의 철학적인 정신은, 외경과 예언서들을 지배하는 신화적인 정신과는 전혀 다른 신학적인 접근방법을 유대교에 제공했다. 이러한 접근방법을 시도한 사람 가운데 가장 대표적인 인물은 알렉산드리아의 필론(기원전 20~기원후 40년경)이었다. 필론은 두 가지 전제를 내놓았다. 즉, 성서야말로 진리라는 것, 그리고 이성은 우리를 진리와 신에게로 인도해준다는 것이다. 그러므로 이성을 통해 성서를 이용해야 할 필요가 생겼다. 이것은 세 가지 결과를 낳았다. 첫째, 필론은 유대교에 처음으로 일관된 신학 체계를 수립했다. 둘째, 그는 이후에 유대교와 기독교 사상에 영향을 주었던 우의적(寓意的)인 방법을 성서 해석에 도입했다. 마지막으로 필론은 그리스의 철학자들, 특히 플라톤 사상을 강하게 끌어들였고, 나중에 기독교를 옹호하는 교부들이 모방했던 방식으로 그리스 사상과 유대교 사상을 성공적으로 통합했다.

　필론은, 신은 야훼이며 주님(Lord)이고, 신의 본질은 선하다고 했다. 주님이라는 생각에는 로고스, 말, 이데아의 영역, 플라톤주의자들이 누스라고 했던 것이 포함된다. 최초의 물질은 신과 영원히 공존한다. 본질적으로 물질은 완전한 공허이고 따라서 형태도 없다. 창조 행위를 통해 신은 물질에 형태를 부여하는데, 물질은 신의 역할에 저항해서 다루기가 어렵기 때문에 악으로 간주될 수 있다. 인간의 죄는 물질이 영혼을 타락시키고 오염시켜서 생긴 것이기도 하고 자유의지로부터도 발생한다고 보아야 하는데, 그 이유는 우리 자신은 물질의 강요에 저항할 자유를 가지고 있기 때문이다. 물질적인 세계는 악의 근원이라는 필론의 가정은 이후에 나타나는 작가들에 의해 악령이 물질적인 세계를 지배해서 사탄이 이 세상의 주인이 된다는 생각을 낳게 한 종말론적인 믿음과 결합되었다. 그러나 필론의 입장에서는, 신의 역할과 의지가 존재하므로 이 세상은 본질적으로 선하고 물질적인 원리가 주님의 뜻을 거역하는 한에서만 악이 존재한다. 필론은 악령의 존재를 주장했지만 그것들을 악의 원리로 보지는 않았다. 그는 신과 인간 사이에는 영적인 질서가 존재한다는 『70인역 성서』의 입장을 따랐고, 주님이 보낸 선한 영과 악한 영을 구분했다. 필론은 이교도의 신들을 악령과 동일시하려는 유혹을 자제했다. 유대교인과 기독교인은 이교도의 신들에 대해서 세 가지 중요한 입장 가운데 하나를 취할 수 있었다. 첫째, 이교도의 신들을 부정하는 것이다. 이 세상에는 영들이 다양하게 편재되어 있다고 가정되었기 때문에 이 입장은 거의 채택되지 않았다. 둘째, 필론이 했던 것처럼 이교도의 신들을 천사로 보는 것이다. 마지막으로, 대부분의 기독교 작가들이 했던 것처럼 이교도의 신들을 악령으로 보는 것인데, 악령이 지닌 속성은 악마에게서 전파된 것일 수 있다는 입장이다. 이것은 나중에 설명될 것이다.

    악마를 둘러싼 의문을 해명하려는 신화적이고 신학적인 노력은 모두 악마의 개념이 형성되는 데 기여했다. 평범한 그리스인이나 로마인은 이러한 해명 노력을 통해 위안을 얻었으나, 근본적인 문제는 해결되지 않았다. 그렇다면 도대체 악은 어디에서 오는가? 한 그리스인 아버지는 묘비에 다음과 같이 썼다. "여기에 나 필립은 열두 살짜리 아들, 나의 니코텔레스, 나의 위대한 희망을 묻었다." 이 아버지의 희망 또는 우리의 희망을 묻는다는 것은 어떠한 신론에서도 설득력 있게 설명해준 적이 없다.

    그리스와 헬레니즘적인 경험은 악마라는 개념의 전통이 발전하는 데 어떤 식으로 도움을 주었는가? 그리스인들은 최초로 우주를 합리적으로 탐구해서 철학을 낳았으며, 다시 철학을 신에게 적용해서 신학을 낳았다. 따라서 신정론이 가지고 있는 문제가 신화적으로 덮이지 않고 처음으로 드러나게 되었다. 철학적이고 문학적인 반성을 통해 그리스인들은 선과 악에 대한 보편적이고도 도덕적인 견해를 얻게 되었다. 신들과 인간들, 그리고 그들을 넘어 심지어 신 자신도 따르도록 되어 있는 보편적인 행위의 표준이라는 것이 있었다. 만일 신이 어떤 것을 인정하지 않는다면, 그것은 신의 자의적인 기분으로 그런 것이 아니라 그것이 본질적으로 악이었기 때문이다. 선이라는 보편적인 원리가 있다면 악이라는 보편적인 원리도 있을 수 있다. 그렇다면 악의 원리는 단순히 신에 반대하는 것이 아니라 도덕적으로 악인 것이 될 수도 있고, 악마가 도덕적 악의 원리로 정의될 수도 있다. 합리적이고 보편적인 법칙이 이 우주를 지배하고 있는데, 도덕적인 악은 이러한 법칙을 따르지 않는 데서 생기는 것이다. 도덕적인 악은 전형적으로 과잉, 적절한 한계의 위반, 우주적인 계획에 따르기를 자발적으로 거부하는 것으로 간주된다. 가장 전형적으로 나타나는 것은 지나친 자신감과 거만함이다. 인간들은 도덕적인 악을 저지를 수 있고 신들도 마찬가지다. 신 자신은 어떤가?

    그리스와 헬레니즘 사상에는 일원론이라는 강력한 조류가 있었다. 합리적으로 따져보면, 일원론은 신정론이 제기한 문제에 대해 제한적으로 대응했고, 그 모든 해법들은 수시로 그리스 사유에 도입되었다. 먼저 선한 일도 악한 일도 할 수 있는 도덕적으로 이중적인 신이라는 개념을 직접적으로 받아들인 것이다. 신과 선을 동일시하려는 철학자들은 이 곤란한 문제에 사로잡히지 않았지만, 이미 그리스 신화 속에 암시되어 있었다. 전체로 보든 하나하나를 보든, 신들은 유일신이 현시된 것이고, 신들은 선하기도 악하기도 하며 자비롭기도 하고 악의가 있기도 하다. 두 번째 일원론적인 신론에서는, 신은 존재하지 않거나 아니면 도덕적으로 중립적이며, 신에게서 악이라는 사태는 단지 상대적이고 인간적인 구성물일 뿐이라고 주장했다. 에피쿠로스와 회의론자들은 이러한 관점을 표명했다. 세 번째 입장은, 악이란 이 세계의 계획이 펼쳐지는 가운데 필연적인 것이며, 선이 최대한 대로 창조되는 가운데 피할 수 없는 부산물이라는 것이다. 통상적으로 이러한 설명방식은 당연히 악은 그 자체로 비존재이며 결여이고, 부족한 완전함일 뿐이라고 귀결된다. 네 번째 주장은, 신의 권능은 제한적이라는 것이다. 신은 선하고 질서정연한 우주를 만들고자 했지만, 물질과 같은 다루기 힘든 어떤 것들이 존재함으로써 신의 뜻을 이룰 수 없었다. 이 특이한 신론은 사실 일원론적이지 않다. 왜냐하면 이런 식으로 생각하게 되면 당연히 신의 행동을 제한하는 원리를 찾게 되기 때문이다. 신과 함께 영원히 공존한다는 이런 원리가 도입되자마자 일원론에서 이원론으로 방향을 바꾸게 된다.

사실 항상 일원론이 지배적이었지만, 그리스의 사상에는 피타고라스까지 거슬러 올라갈 만큼 이원론적인 요소가 강하게 들어 있다. 플라톤과 이후에 나타나는 철학 학파에 영향을 주면서 그리스의 이원론은 악마라는 개념이 이후에 유대교적으로, 그리고 기독교적으로 형성되는 데 엄청난 영향을 주었다. 그리스인은 물질을 악의를 가진 영의 작품으로 돌리면서 두 종류의 이원론을 하나로 합쳤다. 일반적으로 물질, 그리고 구체적으로 육체는 악한 존재의 소행이고, 따라서 개인의 임무는 타락한 물질에서 벗어나 이 땅에서는 어두운 하늘에 뚫린 창공을 통해 비추는 금빛 성반(聖盤)으로만 볼 수 있는 천상의 영역과 하나가 되는 것이다. 이미 종말론적인 유대교에도 나타났고, 그노시즘과 기독교에도 표명된 이러한 이중적이고도 복합적인 이원론으로 인해 악이라는 영적인 원리가 완전한 개념으로 발전할 수 있었고, 수많

데메트리오스 은화, 기원전 2세기. 여기 헬레니즘 왕국 지배자의 머리 위에 난 뿔은 그의 신성(神性)을 상징한다. 뿔이 가진 신성과 수성(獸性)이라는 이중적인 측면은 악마 도상에서 결합되어, 한편으론 신적인 경외감, 다른 한편으론 다산 숭배와 악마를 연결시킨다.

은 이름 가운데 악마라는 이름으로 쉽게 인격화될 수 있었다. 이 세상의 주인인 악마라는 생각은 미트라교의 종말론으로부터도 지지를 받을 수 있었고, 미트라교에서 이 세상을 지배하는 아리만의 권세는 마침내 주인이신 미트라가 이 세상을 되살려 산 자와 죽은 자를 심판하고 주피터의 불을 가져와 아리만과 그의 악한 무리들을 물리칠 때까지 계속 강화된다.

또한 영이라는 개념이 발전하면서 악마라는 개념이 형성되는 데 도움을 받았다. 다시 이것은 그리스의 사상이 이원론적인 방향으로 옮아가고 있다는 증거였다. 원래 최초의 신들처럼 악령들도 도덕적으로 이중적이었다. 그러다가 영들은 두 부류로 구분되는데, 하나는 선한 영이고 다른 하나는 악한 영이다. 마침내 말의 의미에 변화가 생긴다.

『70인역 성서』에 따르면, 선한 영은 천사라고 불리고 악한 영을 데몬이라고 불렀다. 플루타르코스 역시 데몬들과 신들을 대립시킨다. 이 두 가지 경우에서 데몬들은 전적으로 악한 영을 지닌 존재들이다. 이제 데몬들은 자신의 특성을 악마에게 부여하든지 아니면 악마에게 복종하는 영이 되든지, 어떤 식으로든 악마와 쉽게 융화된다. 마치 예언서에 나오는 감시 천사들이 사탄이나 마스테마(Mastema)에게 복종하게 되는 것처럼.

그래서 악령들은 이전에 신들과 연관되었던 악한 속성이 부분적으로 인격화되었던 것이다. 그들은 또한 이전에 괴물들에게 귀속되었던 특성들, 도상이나 전설에서 전해진 악마 자신의 특성 가운데서도 일부를 획득했다. 그래서 중세에 악령을 묘사한 그림들은 헤르메스 사이코포모스의 다리에 있던 날개, 고르곤·티폰·히드라와 연관된 뱀들, 디오니소스·판·사티르·카룬과 연관이 있는 염소나 당나귀 같은 모습, 카룬이 가지고 다니던 무기뿐만 아니라 뾰족한 코, 일그러진 입술, 그리고 검푸른 안색 등의 흔적을 보여준다.

신으로서의 하데스와 처벌의 장소인 하데스도 역시 영향을 받았다. 지하세계는 원래 죽은 자들의 창백한 유령들이 지루하게 반평생을 지내는 음침한 곳이었는데, 하데스와 타르타로스가 연합하여 죄인들을 처벌하는 불구덩이로 만들었다. 신으로서의 하데스는 처음에는 지하세계의 어두운 영이었는데, 죽은 자들을 심판하고 저주받은 자들을

판과 올림푸스, 폼페이, 1세기. 판이 어린 신 올림푸스에게 피리 연주하는 것을 가르치고 있다(맨셀 컬렉션, 런던).

괴롭히는 일을 하는 영들을 지휘하게 되었다. 이러한 개념은 게헤나(Gehenna)라는 유대교의 개념과 결합되어 악마가 관장하는 기독교에서 말하는 지옥의 기초가 되었다(기독교의 그리스도는 비록 악마는 아니지만 죽은 자를 심판한다).

지하세계는 죽음뿐만이 아니라 다산성과도 연관되고, 신화나 제의 안에서 이 두 가지가 결합되면서 악마는 성과 연관되기도 한다. 디오니소스, 마그나 마터, 키벨레, 미트라, 이시스, 피타고라스주의와 연관된 의례들은 진위가 얼마나 의심스럽든지 간에 이후에 이교도와 마녀의 의식에 규범이 될 만한 요소들이 들어 있었다. 이미 지적했듯이, 난교 자체는 이시스, 미트라 혹은 피타고라스주의의 의식에서는 행해지지 않았다. 당연히 구성원이 남녀 혼성으로 섞였을 때, 아니면 바쿠스의 무녀들처럼 주로 여자일 때 의식에서 난교가 발생했다(또는 적어도 이렇게 추론된다).[20] 그러나 그리스에서 비록 철학(다이아드)이나 종교(헤카테, 에리니스, 라미아스)로부터 여러 근거들이 나오기는 하지만, 여성의 원리가 악의 원리로 인정된 적은 없다. 라미아스는 셈족의 릴리트와 쉽게 합쳐져, 밤에 나타나 남자를 유혹하거나 영아를 살해하는 음란하고 흉악한 여성성을 가진 영으로 창조되었다. 이 이미지는 중세에 점차로 초자연적인 영역에서 자연적인 영역으로 바뀌어, 결국 마녀라는 개념으로 고착되었다. 다른 경우와 마찬가지로 이 경우에도 기본 전제는 여자는 천부적으로 남자보다 열등하므로 악의 원리라는 위치까지 올라갈 수 없다는 것이다. 고전 시대에 수준 높고 지능적인 마술은 주로 남자의 역할로 여겨지고, 반면에 쉽고 경험으로 하는 마술은 여자들의 분야로 여겨졌다는 것은 매우 시사적이다.[21]

신화적으로나 철학적으로 그리스 사상의 커다란 흐름은 종교적인 일원론에서 이원론으로 옮아가는 것이었다. 어느 정도는 예상되었던 것이고 어느 정도 당연한 귀결이지만, 히브리 사상에도 이러한 흐름이 있었다.

5
히브리적인 악의 인격화

야훼의 날에 그들에게 화가 있으리라!
너희는 야훼의 날에 무엇을 구하겠느냐?
그것은 빛이 아니라 어둠일 것이다.
-「아모스서」5:18

"나는 빛도 창조하고 어둠도 창조한다." 그리고 나서 야훼 하나님은 그것을 자랑한다(「이사야서」45:7). 바빌론 유수 이전에 히브리 종교에서 야훼는 하늘과 땅에 있는 모든 것, 선하고 악한 모든 것을 만들었다. 이때 악마는 존재하지 않았다. 야훼라는 개념에 일정한 긴장관계가 생겨나면서 유대교에 악마라는 개념이 점차로 성립했다. 유대교나 기독교는 우리들에게 지금도 유효한 선택지이기 때문에, 다른 것보다도 형이상학적인 내용과 역사적인 내용 사이의 혼동을 피하기가 더욱 어렵다. 내가 의도하는 바는 형이상학적 설명보다는 역사적으로 발전해온 개념에 관해 논의하는 것이다. 하지만 신학적으로 암시되어 있는 한 가지 사실은 명백하게 밝혀져야 한다. 왜냐하면 그와 반대되는 견해들이 자주 그리고 강력하게 언급되기 때문이다. 즉, 구약성서에서 악마라는 개념이 전혀 성립되지 않았다는 사실 때문에, 근대 유대교나 기독교 신학에서 악마의 존재를 거부할 이유는 되지 못한다. 이러한 견해는 발생론적인 오류, 어떤 말—또는 개념—이 가지고 있는 진실은 그 최초의 형태에서 밝혀져야 한다는 관념일 것이다. 오히려 역사적인 진실이야말로 시간을 통해 성립되는 것이다. 히브리 종교의 개념을 논의하는 데는 또 다른 어려움이 제기된다. 나는 어떤 문화에서든 악마를 악의 인격화라고 정의했다. 그런데 '데블(Devil)'이라는 말은 그리스어 디아볼로스(diabolos)로부터 라틴어를 거치면서 유래된 것이고, 이 말이 히브리어로 사탄(satan)이 된 것이다. 개념적으로 따져보면, 히브리어 사탄은 악마의 본질을 포착한 것이 아니라 악마를 한 가지 방식으로 드러낸 것이다.

이 장에서는 구약성서로부터 예언서들과 쿰란 문헌을 거치면서 유대교에 나타난 악마라는 개념의 성립 과정을 다룬다. 구약성서는 기원전 900년경부터 기원전 100년경까지 오랜 기간을 거쳐 편찬되었다. 구약성서의 대부분은 바빌로니아 유수 기간 동안, 그리고 그 이후에 당시의 형태로 기록되어져서 가나안, 바빌로니아, 이란, 헬레니즘의 영향을 받은 흔적이 보인다. 구약성서에 나오는 대부분의 날짜나 자료들이 확실하게 입증된 것은 아니다.[1]

외경은 구약성서의 유대 정전에서 빠진 경전들이다. 잔존하는 진위가 의심스러운 경전들 가운데 어느 것이 진실로 신으로부터 영감을 받아 기록된 것인지에 대한 논쟁은 이미 기원전 4세기 초부터 발생했다. 그리고 유대 정전의 최종적인 형태는 1세기가 되어서야 비로소 성립된다. 경전들은 기원전 250년경에 그리스어로 번역되었다. 이 저작—『70인역 성서』—은 여러 세기 동안 퍼져나가 궁극적으로 유대 정전에서 배제된 많은 부분들을 포함한다. 시리아와 로마의 압제 하에 고통받는 유대인의 상황을 반영하는 이 책들은 대부분 기원전 200년경부터 기원후 150년경 사이에 씌어졌는데, 비록 정전에서는 배제되었지만 커다란 영향력을 지니고 있었다.

또한 이 시기에 유대인들이 받은 고통은 대체로 외경에 묘사된 다양한 문헌들을 통해 기록되었다. 정전으로 간주되기도 했던 이러한 문헌들은, 이 세상의 끝이 곧 다가온다는 선견으로 주로 이루어졌다. 이러한 문헌들 가운데 일부는 유대인들이 받는 압박은 지금 이 세상이 악마의 권세 안에 있기 때문이라고 암시하는 견해를 표출했다. 과거에는 족장과 왕들이 지배했지만, 이제는 악마가 지상의 지배권을 확립했다. 그러나 곧 악마의 왕국('구시대')은 '새 시대'를 이끌어 정의와 빛으로 통치할 메시아의 시대가 오기 전에 멸망할 것이다. 고대의 족장(원로)과 예언자들의 입을 통해 외경의 저자들은 다가올 멸망과 영적인 부활에 관한 자신들의 예언을 제시했다. 이러한 예언들은 저자들의 시대에 이미 발생했던 사건들을 바탕으로 하고 있었고 일부는 실현되기도

유대인들에게 율법을 전해주는 모세, 채식 필사본, 프랑스, 14세기. 모세의 뿔은 본래 힘을 상징하는 것이었으나, 이후 기독교에서는 모세의 뿔을 유대인들과 뿔을 지닌 사탄 사이의 가상의 동맹으로 여겼다(바바리아 주립 도서관, 뮌헨).

했기 때문에 이 말을 듣는 사람들의 마음속에서 더욱 정당성이 입증되었다. 외경의 문헌과는 반대로 랍비들의 문헌에는 악마 연구에 관한 언급이 거의 없었는데, 이러한 사실은 당시의 유대교 사상에서 악마라는 존재가 기독교에서만큼 중요하게 여겨지지 않았다는 것을 설명해준다.

적어도 유대교의 악마 기원에 대한 네 가지 해석은 그 시대에 영향을 주었다. 첫 번째 해석은, 사탄은 악령들 가운데 대장의 지위에 오른 악령이라는 것이다. 이 해석은 여러 측면에서 잘못되었다. 꽤 대단한 악령이 존재했는데 그들이 사탄이라고 불렸다는 어떠한 증거도 없고, 유대교의 악령들이 여러 가지 형태로 나타났지만 어떠한 악령—아자젤(Azazel)이라는 예외가 있긴 하지만—도 악을 신성시할 만한 높은 지위에 오르지 못했다. 두 번째는, 사탄은 인간 안에 있는 악한 충동이 인격화한 것이라는 해석이다. 이러한 논의에 따르면, 사탄은 랍비가 말하는 '악해지려는 성향'과 처음으로 유사하게 나타난 것이고 더욱 인격적으로 표출된 것이다. 모든 보편적인 개념들은 궁극적으로 심리적인 투영일 수 있다는 면에서는 맞지만, 적어도 구약성서의 몇몇 저자들 자신은 사탄을 객관적인 실재로 간주하고 있기 때문에 이 논의는 잘못된 것이다. 세 번째 해석은, 품행이나 동기가 계속 타락해가는 신의 공복들 가운데 하나가 사탄이라는 일반적인 가설인데, 왜 그러한 과정이 발생해야 했는지를 설명할 수 없어서 설득력이 떨어진다. 네 번째 설명은 개념이 역사적으로 변형되어가는 것을 가장 잘 포착한 것으로 사탄은 신의 어두운 측면, 선을 방해하는 야훼 안에 내재하는 요소가 인격화된 존재라는 것이다.

유대교에 나타난 일신론의 기원이 어떻든 간에 구약성서의 저자들은 이스라엘 신 야훼를 이 우주에 단 하나뿐인 신으로 인정하기 시작했다. 야훼가 유일신이 된 이후 일신교의 신처럼 야훼도 "내적으로 대립하는 요소들이 있다는 이율배반"[2)]에 빠질 수밖에 없었다. 야훼는 빛이며 어둠이었고, 선이며 악이었다. 우리는 야훼의 창조적인 측면에 대해 생각하는 데 익숙했지만, 이제 야훼의 어두운 면도 고려해야 한다.

초기 구약성서의 전통에서 유대인들의 도덕성은 사회정의를 어기는 것보다는 타부(Tabu)를 위반하는 것과 더욱 밀접하게 연관되었다. 구약성서는 우상숭배, 불경, 신성모독, 안식일 모독, 서약 파기와 같은 야훼에 대한 위반을 비난한다. 「레위기」와 「신명기」에서는 의식과 금기의 중요성을 증언한다. 이스라엘인들이 정의롭게 대하기를 강요받았다면 그것은 다른 이스라엘인들을 다루는 한에서 그렇다는 것이다. 이스라엘인들이 이방인들에게 했던 행위는 아슈르나시르팔 왕이 그의 희생자들에게 했던 행동만큼이나 가혹했다.

이스라엘인이 가나안을 침공했을 때 여호수아는 "(하솔(Hazor)이라는) 도시를 점령하고는 칼로 왕을 죽였다. (이스라엘인들은) 그 도시의 살아 있는 모든 것들을 죽였고 그 모든 것들을 일소했다. 그들은 숨이 붙어 있는 어떤 것도 남기지 않았고 하솔을 통째로 불태웠다.……이스라엘인들은 이 도시의 모든 것을 약탈했고, 자신들을 위해 가축과 빼앗은 모든 전리품을 남겼다. 그들은 살아 있는 모든 영혼이 그 하나까지 파괴될 때까지 칼을 휘둘렀고 숨쉬는 어떤 것도 살려두지 않았다." 이스라엘인은 이 모든 짓을 야훼의 뜻으로 돌렸다. 가나안인이 난폭한 이스라엘인의 침략으로부터 자신의 땅을 지키려고 했을 때, 그들의 마음을 강하게 해준 것은 바로 야훼였다. "전쟁에서 그들이 이스라엘인들에게 완강하게 저항해야 했던 것은 주님의 뜻이었다. 그렇게 해서 그들은 무자비하게 절멸되어야 했고 철저하게 유린되어야 했다." 야훼는 가나안을 정복하라고 명령하고는 가나안 사람들에게는 저항하라고 했다. 그리고 마침내 자신이 선택한 민족의 손에 가나안인이 완전히 멸망할 운명을 정했다. 이집트, 바빌로니아, 가나안 자체에도 이렇게 무자비한 신은 거의 없었다.

　이스라엘인에게도 야훼는 좀처럼 관대하지 않았다. 이스라엘인들 가운데 한 사람이 약탈한 도시에서 가져온 전리품을 야훼에게 바치지 않고 자기자신을 위해 숨겨두자, 야훼는 유대인들에게 벌을 내려 가나안인에게 패배당하도록 했다. 여호수아는 야훼께 어찌된 일인지를 물었다. 그러자 신은 곧 죄인을 찾게 될 거라고 답했다. 제비가 던져졌고, 그 제비에는 신의 마음이 표시될 수 있게 되어 있었다. 그 제비는 아간(Achan)에게 떨어졌다. 아간은 자신의 죄를 고백했고 이스라엘인은 아골의 골짜기로 그를 데려가 돌로 쳐죽였다. 그러자 "주님의 분노가 누그러졌다." 그 대가로 야훼는 이스라엘인에게 아이(Ai)라는 도시를 넘겨주었고 이스라엘인들은 "성문이 열려 들에 있거나 이스라엘인을 쫓아 광야에 있던 아이 시민의 마지막까지 목을 베었고" 다시 아이로 돌아와 대학살을 자행했다. 그날 죽은 자의 숫자는 남자와 여자를 합해 1만 2,000명이었는데, 이는 아이의 전체 인구에 육박했다.[3] 이런 상황을 유발한 논리도 무자비한 것이었다. 신은 자신의 민족으로 이스라엘을 택했고, 이스라엘의 앞길을 막는 어떠한 이민족도 무자비하게 절멸했으며, 야훼의 명령에 복종하지 않았던 모든 이스라엘인도 마찬가지로 죽음에 처해졌다.

이스라엘의 신이 유일신, 우주의 절대권력, 만물의 지휘자가 되었기 때문에 신의 뜻이 아니면 그 어떤 일도 이루어질 수 없었다. 따라서 누군가가 도덕 체계를 범하면 그렇게 하게 한 원인자는 야훼 자신일 수밖에 없었다. 그래서 「창세기」 12장 17절에 따르면, 신은 이집트 땅에 있을 때 아브라함에게 사라가 부인이 아니라 누이인 척하게 했고, 순진하게 이를 믿은 파라오(바로)는 사라와 사랑에 빠져 그녀와 결혼하기를 원하자 신께서 파라오와 '그의 집에 큰 재앙'을 내려 벌을 주었다. 「출애굽기」에서 야훼는 계속해서 파라오의 마음을 강퍅하게 만들어 이집트를 떠나고자 하는 히브리인의 요구를 거절하게 만들었다. 야훼는 불쌍한 이집트인들에게 여러 가지 재앙을 내렸다. 파라오가 굴복하려고 할 때마다 야훼는 그의 마음을 강퍅하게 만들어 더욱 저항하게 하여 그 자신과 그의 민족에게 더 많은 재앙을 내렸다. 마침내 신께서 그에게 벌을 내려 유대인은 제쳐놓고 이집트에서 장자로 태어나는 모든 것들을 죽게 했다.[4]

만일 히브리인이 적들에게 자비를 보였다면, 신은 자신의 뜻을 무시했다고 그들을 나무랐을 것이다(「사사기」 2:1-2). 신에게 반기를 든 것은 이방인만은 아니었다. 아히도벨이 압살롬을 찾아가 자신과 그의 아버지 다윗이 화해할 수 있도록 설득하려 했을 때, 야훼는 이 젊은이로 하여금 길을 잃게 만들었다. 그 이유는 아히도벨의 훌륭한 묘책을 좌절시켜 압살롬에게 재앙을 내리는 것이 신의 목적이었기 때문이다(「사무엘 하」 17:14). 야훼는 이집트인에게 했던 것처럼 이스라엘인을 대할 수도 있었다. 그는 선지자 이사야에게 다음과 같이 말했다. "가서 이 민족에게 이르기를, 듣기는 들어도 깨닫지 못할 것이요, 보기는 보아도 알지 못할 것이다. 이들의 마음을 우둔하게 하며, 귀를 어둡고 눈이 감기게 하라. 그들이 눈으로 보고 귀로 듣고 마음으로 깨닫고 다시 돌아와 고침을 받지 못하도록 하라. 그때 내가 말하기를 주여 언제까지 옵니까? 주께서 답하시기를, 도시가 황폐해져 사람이 살지 않고, 집에는 사람이 없고 땅이 완전히 황폐해질 때까지이다"(「이사야서」 6:9-11). 이 단계까지 히브리 종교에서는 야훼라는 신의 양면성과 일원론적인 신의 양면성 사이에 명확한 구분이 없었다.

얍복 나루에서 야곱과 다투던 사람이 야훼의 악한 측면일 수도 있다(「창세기」 32:22-32). 신의 어두운 면이 「출애굽기」 4장 24절에서 26절에 더욱 명확하게 나타나는데, 그 부분에서 신은 미디안에서 이집트로 돌아오는 길에 모세를 죽이려 한다. "여행길에 밤이 되어 야영을 하게 되자 주께서 모세를 만나 그를 죽이려 했다. 그때 십보라가 날카로운 돌을 집어 들어 아들의 포피를 베어 그것을 모세에게 던지며 말하기를 '당신은 참으로 내게 피 남편이로다.' 그러자 주께서 모세를 놓아 주었다." 「신명기」 32장 41절에서 42절에 나오는 야훼의 모습은 마치 파괴자 세크메트나 아나트와 상당히 비슷하다.

나의 번쩍이는 칼을 갈며

내 손이 정의를 붙들고

내 대적들에게 복수하며

나를 미워하는 자들에게 보응할 것이라

나의 화살이 피에 취하게 하고

내 칼이 그 고기를 삼키게 하리니

곧 피살자와 포로 된 자의 피요

대적의 우두머리의 머리로다

전(前)예언적인 히브리 종교에 나타난 야훼의 잔인한 본성은 방랑하며 정복하던 이스라엘인의 야만적인 습속들을 반영한다. 히브리인은 점점 정착하게 되면서 행실도 온화해졌다. 선지자들의 윤리적인 가르침도 가난한 사람들, 과부들, 그리고 집 없는 자들에 대한 자비와 관심을 중요시했고, 난교, 취태, 뇌물, 거짓을 피해야 할 개인들의 책임으로 주장했다. 히브리인의 선과 악에 대한 감정은 이전에 종교적인 금기를 강조하는 데서 인간 상호간에 지켜야 할 책임과 같은 실제적이고 인간적인 윤리를 강조하는 방향으로 바뀌었다. 이렇게 되자 야훼의 성격도 바뀌었다.[5]

약탈이나 파괴행위를 자신들이 섬기는 신의 뜻으로 돌리는 것이 더 이상 어렵게 되자, 히브리인은 새로운 신론을 찾았다. 그 하나가 악이란 인간이 지은 죄의 결과라는 것이다. 야훼는 에덴동산에 인간을 행복하게 살라고 만들었는데, 최초의 한 쌍이 그의 말을 어겼고 그 결과 낙원에서 쫓겨났다. 이후에 랍비나 더 나아가서 기독교의 저자들에 의해 이 이야기는 원죄설의 근거가 되었지만, 구약성서에서는 그렇지 않았다. 이 이야기는 카인, 소돔과 고모라, 노아의 시대를 통해서 대홍수의 벌을 맞게 한 불신, 그리고 가나안에 정착하는 동안 왕국 시대에 이스라엘 민족의 계속되는 변덕 등은 인간의 완고함과 죄의 주제가 되었다.[6] 인간 그 자체가 신과 사이가 나빴다는 생각은 이미 「창세기」 6장 5절에서 6절까지에 확고히 나타났다. "여호와께서 사람의 죄악이 세상에 가득함과 그의 마음으로 생각하는 모든 계획이 항상 악할 뿐임을 보시고, 이 땅에 사람을 만드셨던 것을 한탄하사 걱정하셨다." 히브리 왕과 그 민족이 성약을 계속해서 어기자 신은 더욱 실망하여 그 민족에게 계속해서 벌을 주고 싶었던 것이다. 하지만 죄와 그에 따른 벌이 너무 자주 일어나고 너무나 엄청나서 신을 실망시킨 보잘것없는 인간의 기세로 감당하기에는 걸맞지 않아 보였다. 그리고 항상 히브리인들의 마음 한구석에는 전지전능하신 주께서 인간으로 하여금 왜 죄를 짓게 내버려두는지 의심스러웠다. 인간 존재의 타락한 의지만으로는 이 세상에 엄청나게 많은 악을 설명하기에는 부족해 보였다.

그에 대한 하나의 답으로, 히브리인은 또 다른 설명방식에 눈을 돌렸다. 악을 선동하는 것은 미약한 인간보다는 위반의 힘이 훨씬 더 강한 악의를 가진 영이라는 것이다. 야훼가 가지고 있는 악의적이고 파괴적인 측면은 그 사악한 영으로부터 추출되어 또 다른 영적인 권능을 가진 악마에게 귀속된다. 요컨대 이집트나 가나안의 신에게서 그랬던 것처럼 신의 본성이 이런 식으로 두 부분으로 나누어졌다. 하나의 신이 두 부분으로 갈라진 것이다. 하나는 신이 가진 선한 측면으로 '주님'이 되었다. 다른 한 부분은 악한 측면으로 나타나 '악마'가 되었다. 히브리인은 자신의 종교가 본질적으로 일신교적인 요소가 있다고 계속 주장하면서도, 무의식적으로 이원론으로 이행하고 있었다. 분명히 그들은 일신론자였고, 단 하나의 신이 있었으며 그 이름은 야훼였다. 이 신은 전능했다. 그러므로 이제 이 신은 전적으로 선했으므로 악은 신의 본성과는 상관없는 것이었다. 그런데도 악은 여전히 존재했다. 이러한 악의 존재를 설명하기 위해 히브리인은 이원론으로 방향을 옮겨야 했다. 일신론에서 멀어지는 어떠한 행위도 심각한 신성 모독으로 여겨졌던 히브리인은 자신의 종교에 스스로 무엇을 끌어들인 것인지 완전하게 인식하지는 못했다. 심지어 외경에서도 악마의 기원이나 본성이 전적으로 악이라고 명시적으로 주장하지는 않는다. 명시적인 일원론과 암묵적인 이원론 사이의 긴장관계야말로 유대교와 기독교의 특성이 되었다.

결정적인 차이들이 모호해지면서 이러한 신론이 발전하는 데 방해—혹은 도움—를 받았다. 이전에 야훼는 내적으로 대립된 이율배반적인 신이었다. 이제 야훼는 신의 선한 측면을 드러내는 주가 되었다. 야훼라는 이름과 히브리인의 야훼에 대한 충성은 엄격하게 둘로 나누어진 부분 가운데 선한 쪽에만 적용되었다. 악한 쪽은 어떤가? 엄격한 일원론적인 종교에서 악한 쪽은 신이 될 수 없었다. 그렇다면 그는 무엇인가? 이에 대한 답은 유대교나 기독교의 신학자들에게 증명하기 어려웠다. 역사적으로 신의 본성에 이분화가 발생하는 방식을 살펴보면 그 답을 가장 정확하게 얻을 수 있다.

비유를 바꿔보면 신은 두 개의 부분으로 나누어진다. 첫 번째는 신들의 아들들로 규정되는 것이고, 두 번째는 야훼의 천사 또는 전령사(말락 야훼)로 대표되는 것이다.

육경에는 히브리교에 다신론적인 요소가 남아 있다는 증거가 있다. 육경에 있는 엘로히스트의 자료에서는 신을 지칭할 때 일관되게 복수형(Elohim, '신들')을 사용한다.[7] 「창세기」 3장 5절에서 뱀은 이브에게 나무의 열매를 따먹으면 이브와 아담은 신들처럼 될 것이라고 말한다. 때로 신은 권위의 대표자가 하나 이상임을 나타내는 대명사 '우리(we)'란 말을 사용한다. 신은 모세 오경과 이후에 나타나는 문헌에서 하늘의 법정에 둘러싸인 만군의 신으로 나타난다.[8] 이런 천상의 조신들은 가나안 종교의 '신의 아들들'에 상응하는 '주의 아들들'이란 의미의 베네 엘로힘(bene ba-elohim)으로 불린다. 가나안에서 이 '아들들'은 신의 원리가 현시된 신들이다.[9] 히브리 종교의 원관념에는 분명히 야훼도 제우스나 보탄(Wotan)에 필적하는 신들에게 둘러싸여 있었다. 만신(萬神)이라는 관념은 엄격한 일신교로 인해 사라지고 있었고, 자손들(banim)은 어둠의 존재들이 되었다. 그러나 그것들은 신으로부터 신적인 본성의 악한 측면을 분리해내는 데 중요한 역할을 하고 있다.

「창세기」에는 인류 역사의 초기에 신의 아들들(bene ha-elohim)이 인간의 딸들을 보고 그들에게서 아름다움을 느꼈다고 쓰고 있다. 그들은 그 여인들과 성적인 접촉을 가져 네피림(nephilim)이라고 불리는 거인족을 낳게 했다.[10] 자손들과 여인들의 자손은 "옛 영웅들, 명성이 있는 인간들"이었다. 이 사건에 이어 신은 이 땅에 대홍수를 내렸는데, 이 벌은 자손들의 죄로 인한 것이 아니라 "이 땅에서 많은 죄를 저질렀던"(「창세기」 6:5) 인간의 죄 때문이었다. 「시편」은 이렇게 전한다. "하나님이 하늘의 법정에 서시며 신들 가운데 판단하시어" 판결하시기를, "너희는 신들이며 모두 지존자의 아들들이며, 너희는 범인들같이 죽을 것이며, 군주들(princes) 모두가 하나같이 쓰러지고 너희도 그럴 것이다."[11] 여기서 신은 하늘의 법정에서 회중들을 재판해서 죄에 따라 그들을 떨어뜨렸다. 여기서 떨어뜨린다는 의미는 구체적으로 불멸의 존재에서 필멸의 존재로, 또는 권좌로부터 추락하거나 또는 두 가지를 다 당하는 경우를 말한다. 하늘에서 추방당하는 것을 의미하는 것으로는 보이지 않는다. 신들이 저지른 죄가 어떤 것이었는지에 대해서도 알 수 없다. 「시편」의 구절은 「창세기」와는 적어도 500년이라는 시간이 떨어져 있고, 매우 다른 지적인 상황에서 씌어졌다. 그러나 각 구절마다 하늘의 법정이 있었다는 것과 회중 가운데 적어도 몇몇은 죄를 지었다는 것을 암시한다. 이런 내용은 종말론 시대의 작가들에게 전해져 그러한 관념으로 발전한다.

종말론 시대에 유대인들은 야훼가 왜 이스라엘을 버렸는지를 이해하지 못했다. 그들은 생각하기를, 만일 야훼가 그랬다면 나라 중의 나라로서 이스라엘에 더 이상의 희망이 없었을 수도 있다. 당시에 이 세계는 악이 지배했고, 그들이 생각하기에 메시아는 곧 와야만 하고, 기다리는 동안 각 개인들은 신에 대한 자신의 의무를 다해야 한다. 그런 암흑의 시대에 개인의 심성은 덕을 실행하기보다는 죄를 피하는 것이 더 중요하게 여겨졌고, 죄와 악에 대한 이러한 생각은 랍비교나 기독교 사상에 남아 있었다. 이 세상의 악은 더 이상 야훼에게 귀속될 수 없었다. 야훼는 이렇게 말한다. "하늘과 땅을 불러 목격하게 하라. 그것들을 불러 목격하게 하라. 나는 악을 무시하고 선을 창조하기 위해, 나는 살아 있으므로라고 주께서 말씀하셨다."[12]

신의 아들들의 멸망을 묵시론적으로 설명한 것 가운데 가장 최초의 그리고 가장 유력한 것은 「에녹 상(First Book of Enoch)」이다.[13] 이 책에서 에녹은 지상과 지옥(Sheol)에까지 돌아다니며 감사를 책임졌다.[14] 이 여행을 하는 동안에 에녹은 멸망한 상태에 처한 신의 아들들을 보고 그들의 사정을 알게 된다. 에녹의 설명은 「창세기」에 있는 원래 구절에 대한 주석의 성격을 띠고 있다. 에녹의 말에 따르면 "천상의 자식인 천사들은 인간의 딸들을 보자 그들을 원했다"고 한다. 여기서 종말론적인 작가는 악마라는 개념이 성립하는 데 커다란 족적을 남겼다. 그는 신의 아들들과 신(Lord)이 원래부터 유사한 지위에 있었음—그들은 하늘의 자식들이다—을 재확인하지만, 천사의 지위로 그들을 강등함으로써 에녹은 신적인 본성 자체의 경계 밖으로 그들을 안전하게 떼어놓았고, 그렇게 하자 그와 종말론적인 작가들은 자유롭게 악의 본성을 나타낼 수 있었다. 그리고 「창세기」와 「잠언」에서는 그렇지 못했지만, 이제 따로 떨어진 존재들이 바로 악이라는 것이 분명해진다.[15]

감시 천사들(Watcher angels)—지금 불리는 것처럼—에게는 이름이 셈야자(Semyaza)라고 하는 지도자가 있다.[16] 특히 종말론 시대에 악마의 이름은 벨리알(Belial), 마스테마(Mastema), 아자젤(Azazel), 사타나일(Satanail), 삼마엘(Sammael), 셈야자 또는 사탄 등 여러 가지가 있었다.[17] 이 이름들은 기원도 각기 다르고, 그 이름들이 나타내는 존재들도 그 기원이나 역할들이 모두 다르다. 그러나 점차로 그 이름들은 하나로 합쳐진다. 악마는 영적인 존재가 되어 악의 기원과 본질을 인격화하면서, 이제 악마라고 하면 단 하나의 존재만을 상정하게 되었다. 오로지 사탄이라는 이름에만 집중되었던 이전의 연구들은 이러한 사실을 감추어왔다. 각기 다른 종교마다 악마를 지칭하는 여러 이름들

윌리엄 블레이크, 〈신의 옥좌 앞에 선 사탄〉, 1820. 신은 하늘의 법정, 즉 신의 아들들에게 둘러싸여 있으며, 사탄은 신에게 욥을 시험해보도록 허락하고 청원하고 있다.

5. 히브리적인 악의 인격화_ 241

이 있었던 것처럼, 유대교나 기독교의 전통 내에서도 악마는 여러 이름으로 불려졌다.

이 모든 이름들 가운데 사탄이라는 이름이 가장 부각되었다. "왕좌에 높이 올라 오르무스나 인드의 부귀를 무색하게 하며, 사탄은 고귀하게 앉아 있었다." 사탄이 이렇게 돋보였던 이유는 사탄이란 말이 다른 이름들보다 더 자주 그리고 더 두드러지게 나타나기 때문이다. 그리고 사탄은 중요한 부분에 매우 자주 나타난다. '아자젤'이나 '벨리알'에 대한 '사탄'의 승리는 어느 한 존재가 다른 존재들을 물리쳤다는 의미보다는 하나의 이름이 다른 이름들을 물리쳤다는 의미에 가깝다. 사탄, 아자젤, 벨리알, 마스테마, 그 어느 것도 악의 원리에서 기원하는 것은 아니었다. 그러나 예언서에서는 이들 존재가 그러한 방향으로 집중된다. 중요한 것은 악의 원리라는 개념이 발전하는 과정이고, 거기서 사탄이라는 이름이 다른 어떤 이름보다도 더욱 밀접하게 연관되어 있다는 것이다.

히브리어 사탄(satan)은 '반대하다', '방해하다', '비난하다'라는 의미를 가진 어근에서 유래했다. 그것이 그리스어로는 '적'이라는 의미의 디아볼로스(diabolos)로 번역되었고, 라틴어로는 디아볼루스(diabolus), 독일어로는 토이펠(Teufel), 영어로는 데블(devil)이 되었다. 그렇지만 기본적으로 이 용어의 원래 뜻은 '반대하는'이다. 사탄이라는 말은 다윗이 스루야의 아들들에게 "너희가 무슨 권리로 오늘 나에게 대적하려 하느냐?"라고 하거나 "너희가 무슨 권리로 나의 적이 되려 하느냐?"라고 말할 때처럼, 구약성서에서 단순한 의미로 인간의 적을 지칭하는 보통명사로 여러 차례 나온다.[18] 또한 앞에 나온 문단에서 나귀를 타고 여행을 떠나려는 발람의 길을 신의 천사가 막는다. 천사가 길을 막자 발람은 사탄이라는 말로 그 천사를 지칭한다. 여기서 최초로 초자연적인 존재가 사탄으로 불리지만 여전히 그 의미는 분명히 보통명사처럼 쓰인 것이다. 천사가 '사탄'이라고 불리는 존재는 아니지만, 이 특정한 사례에서 그저 길을 막는 자로 역할을 한다(「민수기」 22:22-35). 사탄이라는 말의 세 번째 특징은 「스가랴서」 3장 1절부터 2절에 나타난다. "대제사장 여호수아는 야훼의 천사 앞에 섰고 사탄은 그의 우편에 서서 그를 대적하는 것을 야훼께서 내게 보이시리라. 야훼께서 사탄에게 이르시되 '사탄아 야훼가 너를 책망하노라. 예루살렘에 대해 악의를 드러내는 너를 야훼가 책망하노라.'"[19] 이 문단에서는 엄청난 개념적인 발전을 보인다. 히브리어 관사가 있어서 고유명사(사탄)가 아니라 보통명사임을 지시해주기는 하지만, 여전히 인격화된 이미지는 전달된다. 이제 방해자의 역할을 할 뿐만 아니라 본성과 이름도 방해자와 어울리는 초자연적인 존재로 나타난 것이다. 다음으로 이 존재는 야훼 앞에서 여호수아를 힐난하면서 적어도 한 인간에 대한 적나라한 적의를 드러낸다. 여기서 사탄은 비난자라는 특정한 의미로 나타나는데, 이런 의미는 그리스어 디아볼로스의 함축적인 의미로부터 기인해서 종말론적인 유대교와 기독교가 폭넓게 받아들인 것이다. 신이 사탄의 행동을 책망하는 것으로 보아, 사탄은 인간뿐만 아니라 야훼에게도 대적한다는 것을 암시한다. 그러나 사탄은 여호수아의 죄에 대해서 책망만 하고 있는 것으로 보이고, 무슨 악의적인 의도를 가지고 있었다기보다는 야훼가 자비를 베풀리라는 것을 이해하지 못했던 것 같다. 야훼는 하늘의 법정에서 사탄이 자신 앞에 서서 말하도록 허락한다. 사탄은 신의 아들들 가운데 하나이고, 따라서 야훼 자신을 간접적인 방법으로 드러낸 것이다.[20]

「욥기」의 문맥을 통해 악마의 특성이 성립되는 과정을 좀더 알아보기 전에 감시 천사들과 그들의 지도자에게로 돌아가보자. 셈야자는 감시 천사들을 독려해서 어느 누구도 인간의 딸에 대한 욕망을 채우려는 자신의 바람을 좌절시키지 못하도록 하는 공식적이고 상호적인 약정을 만들도록 한다. 감시 천사들은 자신들의 자유의지로 하늘에서 내려와(떨어진 것이 아니라), 헤르몬(Hermon) 산에 내려 인간의 부인들을 택해 그들에게 마법과 농사 기술을 가르친다. 셈야자의 여러 부관 가운데 계급이 같거나 높은 또 다른 감시 천사 아자젤 역시 남자들에게 무기 만드는 법을 가르쳐 폭력을 부추겼고 장신구 만드는 법을 가르쳐 허영심을 자극한다.[21] 여기에 나오는 감시 천사들은 그리스 신화에 나오는 티탄과 매우 유사한 역할을 한다. 그들은 인간에게 많은 것을 알려주지만, 그러한 가르침이 죄라고 여기는 신의 의지를 거역하게 된다. 히브리의 이야기에 따르면, 감시 천사들의 정욕은 그 후손들의 본성과 마찬가지로 그들이 저지른 악행에 대한 또 다른 증거가 된다. 여자들과 감시 천사들의 자식들은 인류와 연관된 거인들로 재산을 파괴하고 인간의 살을 먹어치운다. 이제 인간들은 신에게 불평하면서 다음과 같이 말한다. "신이여 당신은 아자젤이 저지른 일들을 보았나이다. 그들은 이 땅의 모든 부당한 것들을 가르쳤나이다.……그리고 온 세상은 아자젤이 가르친 일로 타락했나이다. 모든 죄는 그에게서 기인하더이다."[22] 신은 이 기도에 응답하여 네 명의 천사장—우리엘, 라파엘, 가브리엘, 그리고 미가엘(보호하는 자로서의 신의 본성이 나타남)—을 보내 인류를 구원한다. 천사장들은 이 거인들을 물리치는데, 그들의 영혼은 여전히 살아남아 "괴롭히고 억압하고 파괴하며, 공격하고 싸움을 일삼고 이 땅에서 파괴 행위를 한다."[23] 복수의 명을 받은 천사들은 감시 천사들을 직접 공격한다. 라파엘은 아자젤을 묶어 사막의 열린 구멍을 통해 어둠 속으로 던져버리고, 다른 감시 천사들은 땅의 깊은 계곡 안으로 던져진다. 그들에게 내려진 벌은 심판의 날까지 계속된다.[24]

그러므로 에녹에서 이야기되는 것처럼 감시 천사들의 신화에는 분명히 죄는 천사들에게 돌려지고 그들에게 내려진 벌이 묘사된다. 비록 그들은 자발적으로 하늘에서 내려왔지만, 그들의 최후 목적은 '타락(fall)'이었고 그들은 야훼에게 복수를 명받은 천사들에 의해 어두운 구덩이로 던져진다. 그렇다면 감시 천사들이 이 땅에 있는 죄의 궁극적인 원인인가? 에녹은 결코 그렇게 확신하지는 않는다. 먼저 그들의 타락은 아담과 이브가 에덴에서 쫓겨나고, 카인이 아벨에게 죄를 짓기 오래 전에 일어난 일이고, "죄는 이 땅에 내려진 것이 아니라 인간 스스로 만들어낸 것이다"[25]라고 에녹은 단언한다. 그리고 만일 감시 천사들이 죄를 저지른다면, 그 죄의 핵심은 그들이 모든 죄의 기원인 아자젤이나 셈야자에게 복종했다는 것이 될 수 있다.[26] 수많은 저자들에 의해 1세기 반이라는 기간 동안 씌어진 에녹서에 나타난 애매한 입장은 종말론적인 시대의 악의 기원에 대한 개념에도 엄청난 변화가 있었음을 암시한다.

감시 천사에 대한 여러 가지 설명들이 종말론적인 시대에도 많이 나타났다. 「주빌리서(Jubilee)」는 야렛(Jared)의 시대에 감시 천사들이 땅으로 내려왔다고 전한다.[27] 그들은 죄를 지으러 이 땅에 온 것이 아니므로 "인간의 자식들을 가르치고 이 땅에 심판과 정직을 행해야 했다."[28] 그들은 땅에 내려온 직후 인간의 딸을 탐하게 되어 스스로를 더럽힌다. 이 천사들의 이중성은 명확하다. 그들의 원래 의도는 선하지만 죄에 굴복한다. 일단 그들이 죄를 저지르자 그들의 행위는 악한 것이 된다. 그들의 지도자는 벨리알과 마스테마이고, 그들이 낳은 자식들은 파괴를 일삼고 사람들을 죄에 빠뜨리는 거인들이다. 신은 그들에게 벌을 내려 땅의 어둠 속에 가둬버리고, 그들의 자식인 거인들로 하여금 서로 싸워 멸망케 했다.[29] 죽은 거인들의 영혼은 땅에 남아 악을 저지르고 인간들을 꾀어 죄를 짓게 한다. 노아가 신에게 도움을 청하는 기도를 하자, 신은 그 기도에 응답해 이 영들을 어둠 속에 묶여 있도록 명령한다. 그러자 마스테마가 일어나 야훼 앞으로 나와 이렇게 말한다. "창조주, 야훼여, 그들 중 몇을 내 앞에 남겨두시고 그들에게 내 목소리를 듣게 하시어 내가 그들에게 말하는 모든 것을 하게 하소서. 그들 중 몇몇이라도 내 앞에 남겨지지 않는다면 인간의 자식들에게 내 뜻을 수행할 힘을 얻지 못할 것이옵나이다." 그러자 야훼가 응답한다. "그들 중 열 번째를 그 앞에 남기고 아홉은 수용할 장소로 내려 보내라." 그에 따라 야훼의 천사들은 열 명의 악령 가운데 아홉을 어둠 속에 가두고 그들 가운데 열 번째는 남겨 "땅에서 사탄 앞에 복종하도록 했다."[30] 이 존재들은 가끔 악령들과 같은 역할을 하는데, 사람들을 유혹해서 신의 뜻을 저버리고 죄를 짓게 한다. 나중에 이삭은 성약(聖約)을 지키기 위해서 "마스테마의 영들이 너와 너의 자손을 지배해서 네가 야훼로부터 등을 돌리게 하지는 않을 것"[31]이라고 야곱에게 약속하게 된다.

그런데 「주빌리서」에 의하면 감시 천사들은 죄를 끌어들이지 않는다. 왜냐하면 그들은 천지 창조 이후 500년이 지난 야렛의 시대에 나타나기 때문이다. 그러나 그들과 그들의 자손이 이 세상의 죄를 악화시킨다. 그들의 우두머리 마스테마 혹은 사탄은 이제 타락한 천사들의 수장으로서, 그리고 인간들을 유혹하는 자들의 우두머리로서 현저하게 악마적인 성향을 갖게 되었다. 그러나 야훼 자신은 감시 천사들이 죄를 저지르고 인간을 유혹하는 것만은 허락하지 않았지만, 분명히 마스테마가 인간에 대해 자신의 의지를 행사할 수 있도록 열 명의 악령 가운데 하나를 지휘할 수 있는 권한을 준 것은 사실이었다. 마스테마는 타락한 천사들의 우두머리이기도 하지만 야훼의 부관으로도 나타난다. 「주빌리서」의 저자는 야훼야말로 이 세상 악의 궁극적인 창조자이어야 함을 잊을 수 없었다.

두 개의 다른 예언서가 이 신화에 중요한 부분으로 추가된다.[32] 「루벤의 성서」에는 결국 마녀에 대한 전승 지식에 중요한 내용이 될 세부 사항들이 실려 있다.[33] 이브가 아담을 유혹했던 것처럼, 여자는 매혹적인 화장과 머리 모양으로 감시 천사들을 유혹해서 죄의 짐이 여자가 아니라 남자들에게 떨어진다. 영적인 피조물인 감시 천사들은 아이를 가질 수가 없었다. 그래서 여자들이 남편들과 관계를 가질 때 그들은 여자로 나타난다. 감시 천사들과 관계를 가진 후 여자들은 남자의 씨를 받아 이상한 종을 임신한다. 이러한 몽마(夢魔)에 관한 변형된 신화가 중세 마법의 역사에 자주 등장한다. 마녀는 남편과 침대 안에 편안히 있다고 생각되는 동안에도 잔치(revels)를 벌인다.

「에녹 비서(秘書)」는, 천사들이 자만심 때문에 반란을 일으켰다는 중요한 내용을 이 신화에 새롭게 덧붙인다.[34] 다음에 나오는 문단의 내용은 중요하다. "천사들의 지위에서 하나가 뛰쳐나와 그에게 부여된 지위를 저버리고 지상의 구름보다 자신의 자리가 더 높아 어느 권좌와도 같아져야 한다는 가당치 못한 생각을 했다. 그래서 나는 그의 무리들과 함께 하늘에서 그를 쫓아내, 그는 지옥 언저리를 끊임없이 날아다니게 되었다."

반역과 욕망이라는 모티브가 결합되면서 원래 별개였던 두 가지 죄와 원죄에 관한 두 가지 모티브가 천사의 입장에서 뒤섞여졌다.

또 다른 방식으로 자만심 때문에 타락한다는 관념이 악마의 개념에 추가되었다. 「이사야서」에는 다음과 같이 씌어 있다.

> 너 새벽 여신의 아들 샛별아, 네가 하늘에서 떨어지다니
> 민족들을 짓밟던 네가 찍혀서 땅에 넘어지다니
> 네가 속으로 이런 생각을 하지 아니했더냐?
> 내가 하늘에 오르리라. 나의 보좌를 저 높은 하나님의 별들 위에 두고
> 신들의 회의장이 있는 저 북극산에 자리잡으리라
> 나는 저 구름 꼭대기에 올라가
> 가장 높으신 분처럼 되리라
> 그런데 네가 저승으로 떨어지고 저 깊은 구렁의 바닥으로 떨어졌구나.[35]

여기서 '샛별' 또는 히브리어 헤릴 벤 사하르(Helel ben-sahar)라

는 말은 문자 그대로 번역하면 '밝은 아침의 아들'이라는 뜻인데, 바빌로니아나 아시리아의 왕을 지칭하는 것으로 여겨졌고, 그 빛이 떠오르는 태양에 의해 지워지는 샛별과 은유적으로 연관되었다. 이 구절의 원형은 가나안의 전설과 문헌 속에 나타난다. 샤하르(Shachar)와 샤림(Shalim)이 나오는 우가리트어로 된 시는 두 명의 신성을 가진 자식에 대해 이야기한다. 샤하르는 새벽의 신이고 샤림은 황혼의 신이었는데, 그들은 신 엘(El)과 인간인 여자들이 동침해서 태어났다. 그러므로 샤하르의 원래 이야기는 감시 천사 이야기와 연관이 있고, 이 두 이야기는 신적인 존재와 인간 여자가 관계를 맺는 신성혼(hierogamy)을 담고 있다.[36]

이사야의 의도가 무엇이든 간에 예언서의 작가들은 이 구절을 천사의 무리 가운데 하나가 타락한다는 전거로 간주했다. 「에녹서」에서는 하늘에서 떨어지는 천사들은 떨어지는 별과 연관지었다. 천사와 별을 동일시하는 것은 구약성서에서는 그리 낯설지는 않지만, 에녹의 비유적인 표현은 감시 천사의 신화와 「이사야서」에 나온 구절이 이미 부분적으로 중복되고 있음을 암시한다.[37]

지금까지 나누어져 있던 네 가지 관념―자만심에 의한 악마의 죄, 욕망으로 인한 감시 천사들의 멸망, 하늘로부터 밝은 샛별의 강하(降下), 죄를 짓기 위한 감시 천사들의 강하―이 통합되었다. 이제 사탄과 동일시된 떨어지는 별, 또는 지는 별은 악마에게 루시퍼(Lucifer)라는 새로운 이름을 부여하면서 사실상 이 신화의 내용을 보강한다. 신약성서에서(「누가복음」 10:18), 사탄은 번개처럼 하늘에서 떨어진다. 누가는 하강한 천사와 루시퍼를, 멸망한 천사의 우두머리 사탄과 하늘에서 던져진 하강한 천사와 동일시했던 것으로 보인다.[38]

지금까지를 요약해보자. 신의 아들들은 하늘의 판관들이고 주가 거느리는 만신들이다. 그러나 그들 가운데 몇몇이 욕망과 자만심 때문에 죄를 짓는다. 자만심 때문에 죄를 지은 경우에는 하늘에서 내던져졌고, 욕망 때문에 죄를 지은 경우엔 자발적으로 하늘에서 내려오지만, 그 죄의 대가로 구덩이 속으로 던져진다. 그들은 지상(계곡 안이나 땅 밑에)에서든 공중에서든 어둠 속에 갇히게 된다. 그들은 스스로 죄를 지을 뿐만 아니라 인간을 꾀어 죄를 짓게 한다. 그들의 우두머리는 유혹자의 대장이다. 때로 모든 죄는 그들에게 귀속되지만, 야훼는 분명히 그들에게 계속해서 악행을 저지를 권한을 준다. 아자젤이나 마스테마처럼 그들은 신의 본성으로부터 멀리 떨어진 것처럼 나타나지만, 여전히 신의 하인·무기·도구라는 역할도 가지고 있다. 여전히 그들은 신적인 성격의 단면을 대표한다. 신의 아들들은 점진적으로 신의 선한 면과 구분되면서 점차적으로 악의 성격이 강화되었다. 그러나 신과의 원초적인 연관성은 계속 감지되었다.

두 번째로 신의 본성이 매우 잘못된 방향으로 구분된 것은 말락 야훼의 경우다. 말락 야훼는 신의 밀사 또는 사자(使者)다. 베네 엘로힘처럼 말락도 신적인 본성의 한 측면이다. 그러나 그는 자손들과는 중요한 점에서 다르다. 즉, 그들은 신과 함께 하늘에 남는다. 그러나 말락은 자신의 임무를 수행하고자 세상을 돌아다닌다.[39] 말락은 신의 음성이고, 신의 영이며, 신 자신이다. 「출애굽기」에서 말락이 야훼와 동일시되었는데, 모세는 「출애굽기」 3장 2절에서는 말락에게, 3장 4절에서는 직접 야훼에게 가시나무로부터 목소리를 듣는다. 말락이라는 개념은 야훼가 인간들에게 보이는 측면이나, 인간들이 지각하는 야훼의 모습, 또는 인간 존재들과의 관계 속에서 나타나는 야훼의 현현을 나타내는 것으로 여겨진다. 말락이라는 단어는 『70인역 성서』에서는 항상 앙겔로스(angelos, 使者)'로 번역된다. 이 낱말은 가끔씩 복수형 말라킴(ma' lakim)으로도 나타나지만, 대체로 단수로 쓰인다. 베네 엘로힘이라는 개념 때문에 말락이 복수가 되는 경향을 보였을 수도 있다. 예언서가 나타나는 시대에 수많은 천사들이 존재한다는 관념이 완전하게 자리잡았다. 구약성서에서 말락은 분명히 신 자신의 모습이었다.

 신이 이중적이었으므로 말락도 선일 수도 악일 수도 있었다. 「출애굽기」 12장 23절에 야훼가 이집트에서 태어나는 장자들을 죽일 때, 그는 학살을 자행한 '파괴자'로 나온다. 인간과의 관계에서 야훼는 엄청나게 잔인할 수도 있다.

 말락이라는 개념과 베네 엘로힘이라는 개념과의 관계를 무시하고 둘 다 악과 동일시되는 경향은 「욥기」에서 가장 분명하게 설명된다.[40]

바님과 말락이 신으로부터 구분되는 것으로 여겨질수록, 신성 가운데 야훼가 버렸던 악의 요소들을 그것들에 전가시키는 것이 가능하게 된다. 「욥기」에서 이러한 과정은 불완전하지만 분명하게 나타난다. 야훼와 사탄은 여전히 밀접하게 서로의 일을 도모한다.

하늘의 판관들이 신 앞에 좌정하는 날이 되자 사탄도 그중에 있었다. 신께서 사탄에게 어디에 있었냐고 물었다. "이 땅의 끝에서 끝까지 돌아다녔습니다"라고 답한다. 그러자 신께서 사탄에게 묻기를 "나의 충복 욥에 대해 생각해보았는가? 너는 땅 위에서 그와 같은 이를 찾지 못할 것이니 흠 없고 정직한 삶을 살았고, 신을 두려워하며, 악행에 얼굴을 돌리는 자이다." 사탄이 신께 묻기를 "욥에게는 신을 두려워할 만한 충분한 이유가 없지 않았나요? 모든 면에서 그와 그의 가족, 그리고 그의 모든 재산을 보호해주었지 그를 방해하신 적은 없지 않았나요? 그가 무슨 일을 하든 신께서는 축복해주었고, 가축들은 헤아릴 수 없을 만큼 번성했지요. 그러나 당신의 손길로 그가 하는 모든 일에 간섭하면 그도 당신에게 저주할 겁니다." 그러자 주께서 사탄에게 말하기를 "그렇게 해보자. 그가 가진 모든 것이 네 손안에 들어가도, 욥 자신만은 손대서는 안 된다." 사탄은 주의 면전에서 떠났다.

욥은 가족과 모든 재산을 잃게 된다.

다시 하늘의 판관들이 신 앞에 좌정하는 날이 되자, 사탄도 그중에 있었다. 신께서 사탄에게 어디에 있었냐고 물었다. "이 땅의 끝에서 끝까지 돌아다녔습니다"라고 답한다. 그러자 신께서 사탄에게 묻기를 "나의 충복 욥에 대해 생각해보았는가? 너는 땅 위에서 그와 같은 이를 찾지 못할 것이니, 흠 없고 정직한 삶을 살았고, 신을 두려워하며, 악행에 얼굴을 돌리는 자이다. 너는 나로 하여금 아무 이유 없이 그를 파멸케 했다. 그러나 그의 신실함은 여전히 흔들림이 없다." 사탄이 주께 답하기를 "자기자신을 구하려 하지 않는 자는 없을 겁니다. 당신의 손길로 그의 뼈와 살을 치소서. 그리고 그가 주를 저주하는지 안 하는지 보지요."

그러자 주께서 사탄에게 말하기를 "그렇게 해보자. 그가 네 손아귀에 들어가도 그의 목숨은 남겨두라." 그리고 사탄은 주의 면전을 떠났다. 사탄은 욥에게 머리에서 발끝까지 피가 흐르는 욕창으로 괴롭히자 욥은 폐허 가운데 앉아 자기 몸을 긁기 위해 깨진 항아리 조각을 들었다.

이제 사탄은 인간을 저주하고 괴롭히며 해를 끼치는 역할을 하는 인격체가 된다. 그러나 아직은 신과 함께 있어서 악의 원리는 아니다. 그는 여전히 하늘의 판관 가운데 하나이고, 신의 동의와 의지 없이는 아무 일도 하지 못한다. 하지만 「스가랴서」에서는 사탄과 신의 대립 관계가 암시된다. 사탄은 신의 뜻에 따르는 단순한 도구처럼 행동하기보다는 오히려 신의 충복 욥에게 나쁜 짓을 하도록 신을 설득한다. 신은 마지못해 단서를 달아가며 동의하지만, 나중에 자신을 미혹하게 한 사탄을 질책한다. 사탄은 그림자이며 신이 가진 어두운 측면이고, 신이 마지못해서만 행사하는 파괴적인 권능이다. 더욱이 욥에게 고통을 주려고 내려간 것도 바로 사탄 자신이다. 사탄은 "세상을 돌아다니고", 신이 욥을 시험에 들게 하라고 결정했을 때 신은 사탄에게 "욥이 가진 모든 것이 네 손아귀에 있다"라고 말한다. 이후에 사탄은 신의 면전을 떠나 "머리에서 발끝까지 피가 흐르는 욕창으로" 욥을 괴롭힌다. 이제 사탄은 신이 가진 파괴적인 권능이 인격화된 것이다.[41]

나중에 헬레니즘의 영향을 받은 「솔로몬의 지혜서」에서, 사탄은 사람뿐만 아니라 신에 대해서도 적대자의 모습을 더욱 명확하게 드러낸다. "신은 인간을 불멸하도록 창조했고, 자신의 영원한 자아의 모습으로 인간을 만들었다. 이 땅에 죽음을 가져온 것은 바로 악마의 앙심이었고, 죽음에 대한 경험은 악마의 편에 선 사람들을 위해 예비되었다."[42] 이것은 사탄이라는 단어가 성립하는 데 또 하나의 중요한 국면—인간뿐만 아니라 신의 대적자로서 사탄—을 보여준다. 지혜서에 나오는 이 구절은 또 다른 중요한 요소를 담고 있다. 즉, 히브리인이 가장 두려워하는 자연 현상인 죽음은 이제 사탄과 연관되어 사탄에게서 기인되게 될 것이다. 인간이 죽기를 원한 것은 신이 아니라, 스스로 죽음을 자초한 어리석은 인간도 아니고, 바로 악마의 사악한 뜻이었다. 신이 한 번 행사했던 파괴의 권능은 이제 악마의 손에 들어가게 되었고, 신의 선한 측면은 주(Lord)가 되었다.

외젠 들라크루아, 〈천사와 싸우는 야곱〉, 1856. 말락 야훼는 신의 영, 또는 신이 인간을 상대할 때의 신의 현현이다. 사탄은 그 기원에 있어서는 여기 천사와 싸우는 야곱처럼 말락이었다.

「욥기」에서 사탄은 분명히 베네 엘로힘 가운데 하나였는데, 그 이유는 그가 신 앞에 나서는 하늘의 판관 가운데 끼어 있었기 때문이다. 그런데 「욥기」에서 사탄은 보통 자손이 하지 않는 행동을 한 가지 한다. 사탄은 신의 면전을 떠나 신의 사자 또는 천사로서 세상을 돌아다닌다. 이런 행동을 보면 사탄은 베네 엘로힘 가운데 하나라기보다는 말락 야훼에 훨씬 더 가깝다. 이스라엘인들이 가지고 있는 악마라는 개념이 성립하는 데는 말락이라는 개념이 발전하면서 결정적인 전기가 마련된 것이다.

말락처럼 행동하는 영이 「사사기」 9장 22절에서 23절에 나온다. "아비멜렉이 이스라엘을 다스린 지 3년에 하나님이 아비멜렉과 세겜 사람들 사이에 악한 신을 보내시메." 「사무엘 상」에서, 주가 보낸 악한 영이 사울을 괴롭혀 그의 뜻에 반하는 예언을 하게 하고 다윗에게 창을 던지도록 선동한다.[43] 「사무엘 하」 24장 13절에서 16절에는 야훼와 잔학한 말락의 모습은 더욱 분명하게 일치된다. 야훼는 선지자의 입을 통해 다윗에게 묻는다. "네 나라에 3년간의 기근을 내리게 할까?" 아니면 "3개월간 적들이 너희의 발꿈치를 쫓도록 할까? 아니면 네 나라에 3일간 역병이 창궐토록 할까?" 절망에 빠진 다윗은 가장 약한 벌로 역병을 택하고 "그러자 주께서 이스라엘 전역에 역병을 내려……(그리고) 7만 명의 사람들이 목숨을 잃었다. 그때 천사들은 예루살렘을 파괴하고자 손길을 뻗었으나, 주께서 벌을 내린 것을 후회하시고 사람들을 죽이고 있는 천사에게 말했다. '됐다. 너희 손길을 거두라.'"[44] 이때 파괴를 자행하는 말락은 통제할 수 없어서 주는 마지막에 가서야 그를 막을 수 있었다. 신께서 후회했다는 부분은 같은 뜻으로 다르게 말할 수도 있을 것이다. 하지만 악을 야훼가 아니라 말락에게 전가함으로써 히브리인은 신정론에서 제기하는 문제를 회피할 수 있었다. 한편으로 히브리인은 말락이 야훼임을 알고 있었고, 다른 한편으로 말락이 신과는 구분되는 실체로 생각될 수도 있었다. 신으로부터 말락이 구분되었다는 것은 「열왕기 상」 22장 19절에서 22절에 더욱 분명히 나와 있다. 미가야가 말하기를 "아합을 꾀어내어 라못길르앗을 치러 올라갔다가 죽게 할 자가 없느냐고 물으셨습니다. 그러자 여럿이서 제각기 자기 의견을 말하는데 한 영이 야훼 앞에 나와서 자기가 아합을 꾀어내겠다고 말했습니다. 야훼께서 그 영에게 '어떻게 하여 그를 꾀어내겠느냐?' 하고 물으시자 그는 '제가 거짓말하는 영이 되어 내려가서 아합의 모든 선지자들의 입에 들어가겠습니다' 하고 대답했습니다. 야훼께서 '그렇게 꾀어내면 되겠군. 가서 그대로 하여라' 하고 명령하셨습니다."[45] 이 구절이 「욥기」의 도입부와 유사하다는 점이 인상적이다.[46] 악령은 베네 엘로힘과 섞여서 나타났다가 말락으로 지상에 나온다. 여기서 말락은 아합을 치도록 야훼를 설득할 필요가 없었는데, 이미 신의 의도가 그러했기 때문이다. 한편으로 말락이 「욥기」에 나오는 사탄보다 독립성은 덜한 것 같지만, 다른 한편으로 야훼로부터의 독립성은 훨씬 더 확실해진다. "내가 나가서 거짓말하는 영이 되어 그 모든 선지자의 입에 있겠나이다." 이 악한 말락은 사람들의 적일뿐만 아니라 거짓말을 일삼는 적이고, 거짓과 사기의 우두머리다.

한편으로 히브리인은 적어도 야훼와 말락이 점차적으로 구분되고 있다는 것을 알고 있었다. 「사무엘 하」에는, 다윗이 이스라엘 사람들의 인구 조사를 벌이면서 저지른 죄에 대한 이야기가 나온다. "다시 이스라엘인들은 여호와를 진노케 하여, 다윗을 부추겨 이스라엘과 유다의 인구를 조사하라고 명령하신다." 야훼가 그러한 인구 조사는 죄라고 선언하게 되자, 이제는 이스라엘 사람들에게 벌을 내리기 위해 하나를 선택하라고 다윗에게 명령한다. 이 부분은 원초적인 신의 이중성이라는 측면에서만 전체적으로 이해될 수 있다. 「사무엘」과 「열왕기」에서 유래되어 기원전 4세기에 편찬된 역대기의 편집자는 이러한 신의 이중성을 더 이상 이해할 수 없었다. 편집자가 생각하기에 주께서 자신의 백성들이 죄에 빠지도록 했을 리가 없었고, 그래서 이 구절을 다음과 같이 바꾸었다. "이스라엘에 대적하는 사탄이 다윗을 부추겨 사람 수를 세게 했다."[47]

점차적으로 말락은 야훼로부터 독립하게 되었고, 그러면서 파괴적인 측면이 부각되었다. 마침내 말락은 신의 그림자, 신적인 본성의 어두운 면이 인격화되어 나타나게 되었다. 말락은 이제 악한 천사, 사탄, 방해자, 거짓말쟁이, 파괴하는 영이 되었다. 이와 같은 악마의 역사에서 중요한 발전은 예언서의 시대에 절정에 달했다.

「주빌리서」에 의하면, 악한 말락은 신에게서 완전하게 독립하게 된다. 악한 영들의 우두머리, 마스테마와 그의 무리들은 한때 야훼에게 귀속되었던 악한 성격을 모두 자신들이 떠맡으면서, 사람들을 유혹하고 비난하고 파괴하며 벌을 준다. 그들은 "노아가 낳은 자식의 아이들을 타락시켜서…… 실수를 저지르게 하여 그들을 멸망시킨다." 구약성서에서 말락 야훼 또는 야훼가 직접 이집트의 장자를 죽였는데, 이제 그러한 살육은 마스테마의 몫이다.[48] 야훼의 권능이 추종자들에게만 신비롭게 발휘되었지만, 이제 그러한 권능은 마스테마에게 귀속된다. 「주빌리서」에서는 야훼가 아니라 마스테마가 모세를 죽일 의도를 가지고 사막에서 만난다.[49] 야훼가 직접 하지 않고 대신에 마스테마가 아브라함을 시험에 들게 한다. "그리고 마스테마가 신 앞에 나와 말하기를, '보시오. 아브라함은 그의 아들 이삭을 사랑합니다. 그래서 다른 어떤 것보다도 그 아들에게서 기쁨을 얻지요. 아브라함에게 그의 아들을 제단에 번제(燔祭)로 바치게 해보시오. 그러면 그가 그 명령을 따를지 그렇지 않을지를 알게 될 겁니다.'"[50] 모리아 산의 최초의 이야기(「창세기」 22:1-19)는 구약성서에서 신적인 본성의 불가사의를 가장 확실하게 드러내는 것 가운데 하나였다고 키에르케고르는 이해했다. 「욥기」에서처럼 단 한 사람만이 시험에 들어 그의 믿음을 증명한다. 「창세기」 22장의 저자는 이러한 다양한 유혹을 신으로부터 직접 기인하는 것이라는 데 주저하지 않았지만, 「주빌리서」의 저자는 그 두 경우 모두 야훼와는 상관없고 악한 말락 때문에 모든 유혹이 생긴 것이라고 주장한다.

야훼는 직접 악을 저지르지 않았고, 모든 악은 말락이 행하는 것이다. 하지만 야훼는 말락을 창조했고, 그에게 유혹하고 파괴하는 권능을 부여한 것도 분명하다. 왜 그랬을까? 예언서에서는 새로운 방향에서 답을 구한다. 즉, 신은 잠시 동안만 악을 허락했다는 것이다. 기나긴 싸움 끝에 오르마즈드가 아리만을 물리친 이란의 경우처럼, 기나긴 싸움 끝에 야훼는 악한 천사를 멸망시킨다는 것이다. 이 세상의 마지막 때 메시아가 오셔서 마스테마를 심판할 것이다. 악한 천사들의 권세는 멸망되어 영원히 묶인 채로 갇혀 더 이상 이스라엘 자손들을 괴롭히지 못하게 된다.[51]

이 종말론적인 신정론이 가지고 있는 중대한 문제점은 프라이데이가 로빈슨 크루소를 당황하게 했던 질문과 같은 것이다. 만일 주께서 악마를 멸망시킬 권능을 가지고 있고 그를 멸망시키고자 했다면, 왜 이 세상이 끝날 때까지 기다렸을까? 이 질문은 늘 신학자들을 괴롭혀왔다. 신은 왜 그렇게 엄청난 악을 허락했을까? 신이 다른 영에게 자신의 도움으로 파괴를 허락하고 심지어 권한을 부여했다면, 신은 그 파괴 행위에 대해 책임이 없는가? 신은 궁극적으로 그런 일을 스스로 원하지 않았단 말인가? 신이 져야 할 책임을 무마해보려는 히브리인과 예언서 시대의 유대인이 벌인 노력은 문제를 더 어렵게 만들 뿐이었다. 마스테마가 하는 것이면 야훼도 한다.

예언서와 기독교 문헌에서 제시된 해결책은 이원론이다. 이 세상의 마지막 때 악은 부정될 것이다. 이제 신적인 것이라면 어느 것도 부정될 수 없으므로, 악은 신적인 본성의 일부가 아니라는 결론에 이른다. 신적인 본성이 궁극적으로 존재하기 때문에 악 자체는 실재적인 존재가 아니다. 그리스 철학에서 수렴되는 논의에 의하면, 기독교 신학자들은 악이란 비존재, 문자 그대로 무, 아무것도 아닌 것, 단순한 선의 결여하고 주장할 것이다. 악은 스위스 치즈에 난 구멍처럼 이 우주 안에 존재하는 것이고, 구멍은 거기에 있지만 치즈가 아닌 것으로만 존재할 수 있고 치즈 없이는 존재할 수 없는 것이다. 치즈에 난 구멍을 떼어버리면서 치즈를 먹을 수 없는 것처럼, 악을 다른 범주에 놓고 선을 제거할 수는 없다. 악은 단지 선의 부재에 불과하다. 이후에 나타난 이러한 신학적인 가정들이 예언서의 문헌에 명확하게 나타나지 않지만 분명히 존재한다. 그래서 이 가정에 의해 하나의 역설이 제기된다. 악은 야훼의 부하(일부가 아니라)인 말락이 저지른다. 그러므로 악은 비록 간접적이긴 하지만 야훼가 의도한 것이다. 그러다가 악은 이 세상의 마지막 때 야훼에 의해 근절되어 영원히 존재할 수 없게 된다. 악은 야훼의 일부이지만 역시 그의 일부가 아닌 것이다.

「에티오피아의 에녹서」에서는 사탄을 단수형으로뿐만 아니라 복수형 '사탄들'이라고도 지칭한다.[52] 몇몇 비평가들은, 사탄들은 감시 천사들을 꾀어 그들을 타락하게 만든 역할을 맡은 한 부류의 천사들이라고 주장했다.[53] 사실 에녹이 사탄들을 감시 천사들과는 다른 부류라고 여겼다거나 감시 천사들의 죄가 사탄들, 혹은 사탄의 유혹 때문이라는 주장에는 설득력 있는 증거가 없다. 이러한 결과에 대한 유일한 지적은 54장 6절에 나오는데, 그 구절은 감시 천사들이 사탄에 복종하게 되어 지상의 사람들을 타락시킨 감시 천사들의 불의에 대해 이야기한다. 여기서 사탄에게 복종한다는 것은 악의 권능에 복종함을 의미한다. 사탄들과 감시 천사들의 역할이 모호해지면서, 결과적으로 사탄들과 감시 천사들은 한 무리의 타락한 천사들로 뒤섞인다. 그러므로 사탄과 아자젤은 동일한 악의 우두머리가 두 개의 이름으로 불려진 것이고, 사실은 둘 다 악마이다.[54]

악한 천사들은 사람들을 유혹하는 자(65:6; 69:6), 비난하는 자(40:7), 그리고 벌을 주는 자(53:3)의 역할을 한다. 그들은 인간의 적으로 나타나지만, 「주빌리서」에서는 신에 대한 적대감이 훨씬 모호해진다. 비난자와 처벌자로서 그들은 신의 도구 역할을 하지만, 유혹자로서 그들은 신에게 대항한다. 아자젤은 분명하게 신과 적대 관계에 놓여 있다. 왜냐하면 그는 이 땅의 모든 불의를 가르쳤고, 영원한 비밀을 누설했으며, 온 세상이 아자젤이 가르쳐준 일 때문에 타락하기 때문이다. "모든 죄를 그에게 돌려라."[55] 아자젤—야훼도 아니고 인간도 아닌―에게 모든 죄를 돌려라. 이것이 당시의 유대교에서 가장 강하게 표출된 이원론이다.

「주빌리서」에서 사악한 천사들은 고통스럽게 벌을 받는다. 그들은 땅의 계곡 안에서 불로 고통을 받고, 이 세상이 끝날 때 메시아가 와서 땅 아래로 내던져져 영원히 어둠 속에 묶여 있게 될 것이다.[56]

아담과 이브가 나오는 책에서 사탄 또는 악마는 아름다운 천사의 모습을 하고 이브에게 나타나 아담과 이브를 꾀어 타락시키는 데 성공한다. 사탄이 이브를 유혹하는 데 성공하자 이브가 울며 말하기를 "너 악마에게 화가 있으리라. 왜 아무런 이유도 없이 우리를 쳤는가?……왜 우리를 괴롭히는가, 너는 우리를 불의와 질투로 죽음과 적이 되게 하여 괴롭히려 하는가?"[57] 이제 분명히 악은 야훼에게서 악마로 이동되었다. 더 이상 아브라함도 욥도 신의 불가해한 뜻을 이해하려고 애쓰지 않아도 된다. 누군가가 왜 이 세상에 악이 존재하는지를 묻는다면 그것은 바로 악마 때문이다.

아담도 이브와 더불어 불평을 하자 사탄은 어쩔 수 없이 이들에게 해명을 늘어놓는다.

> 깊은 한숨과 함께 악마가 말했다. "오 아담아! 내 모든 적의, 질투, 그리고 슬픔마저도 너로 인한 것이다. 나의 영광을 박탈당한 것도 바로 너 때문이다. ……네가 만들어지자 나는 신 앞에서 쫓겨나고 천사의 무

리들로부터도 추방당했다. 신께서 너에게 생명의 숨을 불어넣고 너의 얼굴과 외모가 신의 형상대로 만들어지자, 미가엘도 너를 데려와 신이 보는 데서 우리로 하여금 너를 숭배하게 했다. 그리고 신께서 말씀하시길 '여기 아담이 있노라. 나는 아담을 우리의 형상과 모습으로 만들었다.' ……나는 나보다 열등하고 어린 너를 숭배하지 않을 것이다. 나는 너보다 먼저 태어났다. 아담이 만들어지기 전에 난 이미 만들어졌다. 나를 숭배하는 것이야말로 아담의 의무노라."[58]

감시 천사들에 대한 이야기와 마찬가지로 악마의 타락은 인간이 창조된 이후에 발생한다. 하지만 이제 천사를 유혹한 것은 인간의 딸이 지닌 미모가 아니다. 그것은 욕망의 문제가 아니라 자만심의 문제다. 천사였던 악마는 자연의 순서상으로도 아담보다 위에 위치하고 아담보다 먼저 창조되었다. 천사들은 그렇지 않지만 아담은 신의 형상과 모습으로 만들어진다. 그래서 천사들은 아담을 숭배해야 하는 것이다. 그러나 자존심 때문에 악마는 이를 거부한다. 악마는 자존심이 상하고 질투에 빠진다. 신에 대한 질투가 아니라 인간에 대한 질투다.

미가엘은 악마의 논리를 받아들이지 않고 다른 천사들과 함께 아담을 숭배하지 않으면 신께서 진노할 것이라고 경고한다. 그러자 사탄이 말했다. "만일 아담이 그럴 만한 가치가 있다면, 나는 내 자리를 하늘에 있는 별보다 높은 곳에 둘 것이요, 지존자처럼 될 것이다." 이제 사탄은 인간에 대한 자신의 질투와 증오를 신에게로 옮겨놓았다.[59] 진노한 신은 사탄과 그의 무리를 지상으로 내던져 추방한다. 하늘에서 쫓겨난 사탄은 에덴동산에서 누리는 아담과 이브의 행복을 부러워한다. "이제 간계로 너의 부인을 속여 그녀의 행동으로 행복과 쾌락에서 너희들을 쫓겨나게 하겠다. 내가 나의 영광으로부터 쫓겨났듯이." 이 엄청난 적의 기세에 놀란 아담은 신에게 "자신의 영혼을 멸망코자 하는 이 적을 자기로부터 멀리 물리쳐 달라"고 기도한다.[60]

이 판본의 이야기에서는 사탄을 신이 창조한 가장 위대하고 가장 먼저 탄생한 피조물 가운데 하나로 제시한다. 그런데 이 피조물은 자신의 높은 지위에서 질투와 자존심 때문에 추락하게 되고, 신이 어린 피조물을 더 좋아하게 되자 신에 대한 사랑이 증오로 바뀌게 된다. 악마는 악의 근본 원리라기보다는 자신의 부모에게 상처받아 불화하게 되는 존재로 나타난다. 하지만 일단 반역을 저지르게 되자 악마는 자신의 모든 힘을 신에 대한 증오에 쏟아부었다. 이 둘 사이의 틈은 점점 벌어져갔다. 악마는 신에 대적할 만한 자리에 오르겠노라고 위협하고 아담에게 "지상의 것은 내 것이고 하늘의 것은 신의 것이다"라고 말하면서 이 우주를 나누려 한다. 그때 진노한 신은 그와 그의 추종자들을 땅 아래로 내던졌지만, 악마는 계속해서 간계를 부려 인간과 자신의 모습대로 인간을 만든 신에 대항한다.

열두 족장의 성서에서는 악한 천사의 우두머리를 벨리알 또는 사탄이라고 명명한다. 이것들은 하나의 개념에 붙인 두 개의 이름일 뿐이고, '악마'[61]라는 이름이 가장 적합한 그런 개념이다. 신은 윤리적인 선과 밀접하게 연관되고 악마는 윤리적인 악과 연관된다. 악마는 죄가 구현된 것이고, 그는 자신의 힘으로 분노, 증오, 거짓의 영에게 명령한다.[62] 또한 악마는 우상숭배, 전쟁, 유혈, 추방, 죽음, 공포, 파괴를 주재한다.[63] 그는 인간을 꾀어 실수를 저지르게 하고 "만일 우상숭배가 너의 마음을 이기지 못하면, 벨리알도 너를 이기지 못할 것이다."[64] 악마는 '벨리알과 하나가 된' 사악한 사람들의 영혼을 지배하지만, 이 세상의 마지막 때에 메시아가 악마에게 사로잡힌 사람들을 자유롭게 할 것이다.[65]

신과 악마 사이의 윤리적 투쟁은 이 둘을 총체적인 대립으로 몰아넣는데, 이 대립의 성격은 전적으로 이원론적이다. 이원론적인 성격을 강하게 띠고 있는 쿰란 문헌에 나타나듯이, 신의 계획과 의지는 벨리알과 대비된다. 각각은 자신의 왕국을 가지고 있다. 신의 왕국은 빛이고 벨리알의 왕국은 어둠이다.[66] 벨리알을 섬기는 자들은 신과의 관계를 끊게 된다. 야훼를 섬기는 이스라엘을 꾀어 벨리알에게 봉사하게 한 것도 악마의 계획이다. 그러나 이 세상이 끝날 때 이스라엘은 후회하게 되고 메시아는 악마의 왕국을 끝장낸다.[67] 이제 사탄은 운명을 다한 비참한 세상을 지배하지만 그러한 악의 왕국마저도 메시아가 지상에 악의 왕국 대신에 신의 왕국을 건설함으로써 이스라엘을 구하게 되

구스타브 도레, 〈지옥에서 숭배받는 사탄〉, 1866. 악한 천사들과 함께 지옥으로 떨어진 사탄이 자신의 무리에게 앞으로의 저항을 격려하고 있다.

면 사라지게 된다.[68] 이 세상의 마지막 때와 마찬가지로 한 개인의 마지막 때도 신의 천사와 '사탄의 천사' 사이에 엄청난 투쟁을 벌이는 시기이고 이러한 투쟁은 중세 미술과 설교술의 주제가 된다.[69] '사탄의 천사'라는 말을 쓴다는 것은 예언서의 문헌이 말락 야훼라는 사탄의 개념으로부터 얼마나 멀어졌는지를 나타낸다. 이제 악마는 자신의 아버지로부터 독립해서 스스로 말락 혹은 천사를 거느리게 되기 때문이다. 야훼와 사탄은 이제 각각 천군의 수장으로서 이 세상의 마지막 때 있을 최후의 충돌에 대비하고 있다.

다른 예언서에는 별다른 내용이 추가되지 않는다. 벨리알, 사마엘, 사탄, 마스테마 또는 아자젤이 이끄는 악의 세력은 아주 잠깐 동안 만연하다가 이 세상의 마지막 때 메시아의 권세로 흩어져버릴 것이다. "그러고 나면 사탄은 더 이상 존재하지 못할 것이다."[70] 다만 바루크의 「그리스 계시록」에서 한 가지 새로운 소재를 소개했지만 지속적인 영향은 주지 못했다. 이 특이한 책에는 다음과 같이 기록되어 있다. 아담과 이브를 타락에 빠뜨린 나무는 포도나무였다. 왜냐하면 "포도주를 마셔서 모든 악이 생겨났기 때문이다."[71] 육체의 모든 죄 가운데 사람의 타락과 연관되는 것은 술 취함과 욕망뿐인데, 그 가운데서 욕망만이 전통의 일부가 되었다. 성격이 다르기는 하지만, 부분적으로 예언서의 전통을 지니고 있는 쿰란 문헌은 악마의 개념이 이원론적인 방향으로 이행하는 데 도움을 주었다. 쿰란 문헌에 나타난 이원론은 개별자의 내부에서 선한 성향과 악한 성향 사이에 나타나는 심리적 갈등에만 국한되지 않는다. 쿰란의 이원론은 우주적인 차원에서 선한 영과 악한 영이 선한 사람들과 악한 사람들을 이끈다는 것이다.[72] "존재하고 있고 앞으로 존재할 모든 것은 지식의 신으로부터 나온다. ……신은 인간을 창조해 세상을 다스리게 하셨고, 인간을 위해 신이 올 때까지 이끌어줄 두 종류의 영을 임명하셨다. 바로 진실과 거짓의 영이다. 진실의 영으로 태어난 것들은 빛의 샘에서 솟아났고, 거짓의 영으로 태어난 것들은 어둠의 샘에서 솟아났다. 정의로운 자식들은 모두 빛의 왕의 지배를 받아 밝은 길을 걷지만, 거짓의 자식들은 어둠의 천사에 의해 지배를 받아 어두운 길을 걷는다."[73] 공동 규칙에 나온 이 구절은 쿰란의 근본적인 인류학을 나타낸다. 하나는 선과 빛이고, 다른 하나는 악과 어둠인 두 개의 대립되는 영들은 이 세상과 개별적인 영혼을 차지하기 위해 싸운다. 이 영들은 추상적인 존재가 아니라 무서운 권능을 지닌 개별적인 실체들이다. 한편에는 빛의 왕, 이스라엘의 구주가 있고, 다른 한편에는 어둠의 왕, 파괴를 일삼는 천사가 있다. 빛의 왕을 따르는 자들은 빛의 자식들이고, 어둠의 천사를 따르는 자들은 어둠의 자식들이다. 이 두 영과 그들의 추종자들 사이의 무자비한 전쟁은 영원하고도 심각하다. 그러나 이 투쟁이 끔찍하기는 해도 절대적인 것은 아니다. 이 두 가지 원리가 이란에서처럼 전적으로 나누어져 있는 것은 아니며, 이러한 투쟁은 자연의 의지가 아니라 인간의 의지에 영향을 준다. 존재하는, 그리고 존재할 모든 것은 지식의 신으로부터 나오기 때문에 "신은 자신의 계획대로 모든 것들을 세우시므로 신이 없으면 아무 일도 이루어지지 않는다."[74] 빛의 신은 모든 것을 창조했고, 모든 것을 심지어는 어둠의 왕마저도 지배한다. 약해지기는 했어도 고대로부터 악마가 말락 야훼로서 역할 한다는 생각은 여전히 남아 있다.

두 영들 사이의 투쟁은 끝이 없고 날이 갈수록 그들의 대립은 점점 첨예화된다. 어둠의 무리는 전에 없이 활개를 치고 있고, 40년간의 치열한 싸움이 이 땅에서 맹위를 떨칠 것이다.[75] 악마의 시대가 도래했다. 이제 사탄과 벨리알의 시대이며 "사탄이 있는 힘껏 신에게서 선택된 자들을 타락시키려는 동안은 시련과 전쟁의 시대가 될 것이다."[76] 곧 세상의 종말이 다가오므로 사탄은 막을 수 없는 신의 승리가 도래하기 전에 모든 힘을 쏟아 우주를 파괴하려 한다. 그러므로 지금이야말로 이 세계가 이제껏 경험한 최악의 시대다. 지금 사탄의 권세는 극에 달해 그의 악의가 가장 잔인하게 나타나기 때문이다. "그러는 동안 줄곧 사탄은 이스라엘의 속박에서 풀려날 것이다."[77] "악마의 지배가 계속되는 한…… 어둠의 천사는 정의의 자식들 모두를 타락하게 한다." 이스라엘의 모든 죄악은 사탄의 지배로 인한 것이며, 악한 성향을 지닌 사탄은 인간들의 영혼 안에 분명하게 각인된다.[78]

하지만 쿰란의 메시지는 낙관적이다. 지금이 최악의 시대로, 이제 사탄이 불완전한 승리에 도취해서 이 세상을 이끌어가려 하므로 신이 나타나 악마를 물리치고 참된 선과 빛이 통치하는 새로운 시대가 밝아 올 것이다. 빛의 신은 악한 말락을 통제하지 못한 적이 없으므로 "어둠의 천사는 정의의 자식들 모두를 타락"시키고, "그들이 저지른 불의한 행동은 악마의 사주에 의한 것이지만", "악마가 지배할 수 있었던 것은 알 수 없는 신의 뜻에 따른 것이다."[79] "신은 지옥을 다스리기 위해 사탄, 악의 천사를 창조했고, 사탄은 어둠을 지배하면서 사악함과 불의를 불러들이려 한다."[80] 신은 사탄을 만들었고 죄지은 자들에게 벌을 내릴 목적으로 사탄을 사용했다.[81] 그러나 사탄을 만들었던 신이 그를 지하로 내던져 어둠 속에 그를 영원히 가둬두려 한다. 메시아가 정의로운 선민들, 빛의 자식들을 구할 것이고, 그들을 평화와 행복, 그리고 번영의 지상 왕국으로 인도할 것이다. 그러나 그 이외의 사람들—이방인과 믿음이 없는 유대인들—은 사탄과 그를 따르는 천사들과 남아 그들과 함께 그리고 그들에 의해 영원토록 벌을 받게 될 것이다.[82] 그래서 사탄의 시대였던 과거의 시대는 끝나고, 신의 시대인 새로운 시대가 밝아온다. 기독교인들이 이러한 개념을 받아들인 것은 명백한 사실이다. 현재로서 더 중요한 것은, 쿰란은 이란의 절대적 이원론에서 뒷걸음쳐서 사탄마저도 신의 창조물이고 빛과 어둠의 원리를 포함해서 신이 만들어놓은 우주에 살고 있다고 주장한다는 점이다. 이러한 신론도 이미 앞에서 히브리인들이 제시한 해결책과 똑같은 결정적인 약점을 가지고 있다. 만일 신이 어둠을 창조하고 그들로 하여금 지배를 허락했다면, 시간이 얼마만큼 들던지 그에 대한 궁극적인 책임은 신이 져야 한다. 사탄이 아무리 완고하고 질투심이 많고 적의를 가지고 있더라도 여전히 말락 야훼이다. 하지만 쿰란을 지지하는 사람들에게 이러한 약점은 언제든지 메시아가 와서 사탄으로부터 자신들을 구원해 주는 사건이 임박했다는, 지금 당장의 믿음 때문에 가려진다. 이러한 정신 상태에서 신이 더 이상 지체하지 않을 때가 되었으므로, 그들은 사탄의 오랜 통치도 이제 곧 과거로 사라질 것이기 때문에 신을 책망할 생각이 없었다. 쿰란의 희망은 컸고 신에 대한 믿음은 확고했다. 안타깝게도 그들의 역사는 메시아와 신이 통치하는 왕국의 도래로 끝난 것이 아니라, 오히려 티투스 황제의 군대가 쳐들어와 사원이 파괴되면서 끝났다고 역사가들은 생각할 수밖에 없었다. 구시대는 2,000년이 지난 지금에도 여전히 우리와 함께하는 것 같다.

    히브리 종교에서 이따금 나타나는 작은 악령들은 다른 문화권의 악령들과 유사한데, 대부분은 가나안에서 유래된 것이다. 어떤 것들은 페스트나 역병, 기근과 같은 한 가지 종류의 악으로 구현되기도 한다. 이러한 자연 악령들은 일부는 자생적인 것이고, 일부는 가나안이나 메소포타미아에서 차용[83)](페스트의 이름 '레셉'은 가나안에서 직접 유래한 것이다)한 것인데, 털이 많고 염소처럼 생긴 세이림(se' irim)도 이에 속한다.[84)] 릴리스와 그녀의 추종자들은 세상을 돌아다니며 남자들을 유혹하고 살의를 가지고 아이들을 공격한다. 그리고 다른 여자-악령들은 여기저기 돌아다니며 자고 있는 남자들의 목을 졸라 죽인다. 아스모데오(Asmodeus)는 토비트(Tobit)에 나온다. 그의 이름은 이란의 아이슈마 다에바에서 유래된 것일 수도 있지만, 아이슈마 다에바처럼 악령들의 우두머리 역할을 하지는 않은 것 같다.[85] 일정한 악을 구현하거나 그 이름이 단지 자연의 재앙을 지칭하는 보통명사라는 의미에서 악령으로 생각되는 존재들도 많다. 지옥은 죽은 자들이 머무는 장소일 뿐만 아니라 영혼을 잡아먹으려고 입을 벌리고 있는 탐욕스러운 존재인데, 그 이미지는 나중에 기독교의 그림에 지옥-입으로 나타난다.[86] 외경에서 영 사마엘은 끝에 쓸개즙이 묻은 창을 지니고 울부짖는 개를 앞세워 다니며 죽음을 퍼뜨린다. 가나안의 로단에서 유래되고 바빌로니아의 티아마트, 그리고 그리스의 히드라와 연관된 리바이어던은 바다에서 출몰했던 일곱 개의 머리를 가진 용이었다. 사막의 영인 괴물 베헤모스(Behemoth)는 리바이어던과 연관된다. 히브리의 악령들은 질병, 죽음, 오염, 도덕적인 죄와 종교적인 죄의 원인이 될 수 있었다. 리바이어던과 같은 몇몇 존재들은 악의 개념이 혼합되어서 나타난 것일 수도 있고, 이러한 사소한 악령들이 악마의 형상에 미친 영향은 주로 악령이 가지고 있는 속성—염소의 모습을 한 세이럼—들을 전가하는 데 국한된다. 이런 식으로 개념이 전가될 수 있는 것은 모호하긴 해도 악령들과 악마가 실질적으로 비슷한 속성을 공유하기 때문이다. 이 둘은 모두 초자연적인 힘으로 나타난 악으로 인식된다. 사탄은 "신과 변증법적으로 대립한다. 사탄에게 나타나는 동물적인 속성들은 이후에야 자라난다."[87]

예언서의 시대가 끝날 무렵 악마는 이전보다 더 확고하고 지속적으로 히브리의 악마학이나 민속학에서 발견되는 성격들―어둠, 지하세계와 공중, 성적 유혹과 학대, 염소, 사자, 개구리 또는 두꺼비, 뱀이나 용―과 연관된다. 뱀이 가지고 있는 공통되는 신화적인 요소 가운데 오직 한 가지, 즉 여성성이 히브리의 악마에는 나타나지 않았다.

히브리 사상에서 악마라는 관념이 특히 예언서의 시대에 발전했다는 사실은 인상적이다. 하지만 관념의 기원을 다루는 역사 기술은 결코 하나로 통일될 수 없다. 학자들은 히브리의 사탄이나 벨리알이 가진 특성들을 가나안, 바빌로니아, 그리스, 그리고 가장 일반적으로 이란에서 발견했다.[88] 있을 법한 영향력들 가운데 이란의 영향력은 대체로 두 가지 면에서 가능성이 가장 높게 여겨진다. 첫째, 아리만과 사탄은 본질적으로 유사해 보이고, 둘째로 이러한 유사함은 히브리 작가들이 바빌로니아의 조로아스터교가 주장하는 이념을 쉽게 접할 수 있었던 때, 즉 바빌로니아 유수 이후에 이루어진 히브리 사상에 두드러지게 나타난다. 그러나 대부분의 조로아스터교 사상이 발전하게 되는 시기는 바빌로니아 유수 이후였고, 반대로 유대 사상이 이란에 영향을 줄 수도 있었다. 어쨌든 이 모든 사항은 숙고해봐야 한다. 히브리 개념에 광범위하게 외적인 사상이 영향을 주었다는 결정적인 증거는 없다. 그러므로 그것이 야훼 신앙 자체에서 자연발생적으로 발전했다고 설명할 수도 있다.

그러나 역사가들은, 구약성서는 아니더라도 예언서나 쿰란 문헌에 이란의 영향이 있었다는 흔적을 발견할 수 있다는 공감대를 형성하고 있다. 어떤 것들은 너무나도 유사해서 주목할 만하다.[89] 한편으로 예언서와 쿰란 문헌에서, 다른 한편으로는 조로아스터교에서도 악마는 마치 선한 영들과 같이 신분과 계급이 정해진 악한 영들의 우두머리로 나온다. 히브리의 악마와 페르시아의 악마 모두 뱀과 연관되어 있다. 히브리 악마의 대표적인 역할은 유혹하고 비난하고 파괴하는 것인데, 아리만도 마찬가지다. 이 우주는 빛과 어둠이라는 두 개의 세력으로 나누어져 결사적인 싸움으로 얽혀 있다. 빛의 자식들은 어둠의 자식들에 대항해서 싸운다. 이 세상의 마지막 때 악마는 잠시 동안 자신의 권세를 드높여 어둡고 비참한 시대가 된 듯하지만, 이러한 시대의 뒤를 이어 빛의 제왕의 승리가 도래하면서 악마는 영원히 (멸망되지 않으면) 갇히게 된다. 이스라엘의 교리와 이란의 교리 사이에 근본적인 모순이 존재하는 것은 히브리적인 이원론의 제한적인 특성 때문이다. 히브리인들 심지어 쿰란지파까지도 신으로부터 악마를 완전히 떼어놓을 수는 없었지만, 예언서에 나타난 사탄이나 벨리알은 종종 마치 신으로부터 독립된 악의 원리처럼 행동한다. 히브리적인 악마 개념은 이원론에 가깝다. 그리고 적어도 이러한 이원론처럼 몇몇 예언서의 정신은 전통의 틀 안에 있는 것처럼 보였을 수도 있다. 각자의 입장에 따라 주르반교나 다른 조로아스터교의 동향은 악마에게서 신을 완전하게 분리하려는 경향에서 멀어지고 있었다. 이 두 가지 종교적인 전통의 주류는 달랐지만, 지류들은 종종 서로 가깝게 흐르면서 합쳐지기도 했다.

이란의 영향력과 상관없이 발전을 했든 아니면 이란의 영향 하에 있었든, 히브리 사상에서 악마의 개념은 특히 예언서의 시대에 현격하게 발전했다. 이러한 경향은 바빌로니아 유수 이후의 구약 시대에 이미 강하게 나타났는데, 그 당시 야훼 이외에는 다른 어떤 신도 없다고 주장할 만큼 단호했던 히브리인의 용기 때문에 자신들의 신론을 매우 신중하게 고려하지 않을 수 없었다. 바빌로니아 유수 이전 시대에는, 하늘과 땅에 있는 모든 것들은 파괴와 폭력을 포함해서 모두 야훼에게 귀속되었다. 야훼는 선과 악을 아우르는 신성한 모순이었다. 바빌로니아 유수 동안, 그리고 그후에 히브리인들은 자신들이 겪은 시련을 통해 자신들의 종교가 어떤 의미를 가지고 있는지 깊이 숙고하게 되었고, 그래서 신은 둘로 나누어져 선한 원리와 악한 원리로 이루어진 신적인 이중체가 되었다. 구약성서에서도 예언서에서도 이러한 분리 현상은 완성되지 않았고, 항상 밑바탕에는 신의 완전함과 단일성이라는 생각이 유지되었다. 이 둘은 이원론에 이끌려지기도 하고 멀어지기도 하면서 이스라엘인들의 사상은 기독교 사상에 남아 있던 이중성을 드러낸다.

히브리인들의 입장은 힌두교의 일원론과 조로아스터교의 이원론 사이에 위치한다. 그들은 선뿐만 아니라 악도 신적인 본성에서 기인한다는 생각을 묵인하지 않고, 반대로 악을 피하려 하고 단호하게 거부한다. 그러나 하나의 신만을 숭배하고 하나의 신만이 존재한다고 강력하게 주장하면서, 이 두 원리를 분리하려는 생각도 받아들이지 않는다. 다른 두 종교에서 나타나는 명쾌함과 일관성보다 오히려 히브리적인 입장이 가지고 있는 혼란과 이중성으로 인해 그 안에서 창조적인 긴장 관계를 발견할 수 있다면, 보다 우월한 것으로 나타날 수도 있다. 그러한 입장을 통해 악의 유혹을 물리침과 동시에 우주의 감추어진 비밀을 느낄 수 있다. 동시에 나타나는 수많은 모습들 가운데 실재를 제시하는 이러한 신화는 대부분 진실일 수도 있다.

히브리 사상의 동향을 살펴보면, 그들이 만족스러운 신론을 얻고자 노력했다는 것을 알 수 있다. 악의 의지가 신적인 본성에 연관되는 한, 어떤 의미에서 신은 전쟁이나 역병, 고문 등에 책임을 져야 한다. 선한 구주와 신이 혼동되면, 신론은 일관성을 유지하지 못하고 왜곡된다. 내적인 불일치가 신화적으로 표현되고, 신화적으로 받아들여지면 문제가 다루기 어려운 것만도 아니다. 그러나 기독교와 랍비적 유대교의 신학자들은 이 문제를 이성적으로만 해결하려고 노력했기 때문에 이 문제를 다루는 데 어려움을 겪게 되었다.

6
신약성서에 나타난 악마

이 모든 타락을 자신의 손 안에 부드럽게 그리고 끝도 없이
쥐고 있는 누군가가 있다.
-릴케

신약성서의 이념들은 한편으로는 헬레니즘 사상에서, 다른 한편으로는 당대의 유대교 사상, 특히 종말론과 랍비 전통에서 유래한다.[1] 기독교는 그리스와 유대의 악마 개념을 통합하고 있고, 신약성서에 나타난 악마론은 본질적으로 헬레니즘적 유대교와 같다. 신약성서는 50년이라는 기간 동안 여러 저자들에 의해 씌어졌고, 그로 인해 관점도 일관성 없이 나타난다. 나는 공관복음서의 저자들인 바울과 요한의 악마 해석에 나타난 차이점을 지적할 것이다. 그 차이가 대단하지 않더라도, 늘 그렇듯이 중요한 것은 발전의 동향이다.[2]

기독교의 신론에서 악과 악마에 대한 문제가 이전보다 더 날카롭게 제기되었다. 신약성서에 나타난 사탄이라는 존재는 그리스도의 대

응물 또는 대응원리로 간주될 때만 제대로 이해될 수 있다. 사회학적인 편향을 가진 신학자 세대들은 악마나 악령들을 기독교의 메시지에서 거의 의미가 없는 미신적인 유물로 여겨 중요하게 다루지 않았다. 반면에 신약성서의 저자들은 예민하게 악마를 직접적으로 의식했다. 악마는 기독교의 본질에 타격을 주지 않으면서 쉽게 내버려질 수 있는 정도의 주변적인 개념은 아니다. 악마는 신약성서의 중심에 자리하면서 신의 왕국과 악마의 왕국이 싸움을 벌여 급기야 신의 왕국을 이기고 있다고 설파하면서 신약성서의 중심을 차지한다.[3] 악마는 기독교의 신론에서 중요한 대안을 형성하기 때문에 신약성서에서 악마는 중요한 위치를 차지하고 있다.

　기독교에서 신은 하나이고 전능하며 전적으로 선하다고 전제한다. 이러한 특성들은 유일자에게 존재론적·도덕적 완전함을 부여하고, 악의 존재론적인 실체를 부정하거나 악에 가장 낮은 존재의 단계를 부여하는 헬레니즘 사상에서 부분적으로 유래한 것이다. 그런 특성들은 또한 신에게 있는 악한 요소로부터 선한 요소를 구분해서, 선한 모습을 주라고 부르고 야훼와 동일시하며, 악한 모습을 열등한 존재 혹은 천사의 지위로 강등시키는 유대교에서 유래한 것이다. 신의 원래 형상은 여러 가지로 왜곡되었다. 그러나 동시에 신이라는 존재의 통일성과 완전성은 엄격하게 유지되었다. 그렇다면 악은 어떻게 설명될 수 있을까?

이 문제가 기독교 신론에서 늘 가장 약한 부분이었고, 무신론자 세대들이 강력하게 공격하는 지점이었다.[4] 무신론자들의 주장은 대체로 다음과 같다. ①만일 신이 존재한다면 신은 전적으로 선하고 전능할 것이다. ②그러한 신이 악을 허락할 만한 도덕적으로 납득할 만한 이유가 있을 수 없다. ③그러나 이 세상에는 악이 존재한다. ④그러므로 신은 존재하지 않는다.[5]

철학자들이 유대적이고 헬레니즘적인 신의 정의에 반대해왔기 때문에, 기독교적인 신의 정의에 반대하는 것은 기독교 자체보다도 오래전의 일이다. 수세기 동안 기독교인은 이에 대해 여러 가지로 대응해왔다. 그런 대응에 찬성하든 반대하든 기본적인 논의를 위해 여기에 몇 가지를 소개한다. 내가 1장에서 지적했듯이, 전통적으로 도덕적인 악과 자연발생적인 악을 구분하는 것이 궁극적으로 정당하다고는 생각하지 않는다. 왜냐하면 자연발생적인 악도 자신의 피조물에 고통을 가하려는 신의 선택으로 볼 수 있기 때문이다.

첫 번째 논의는 일원론과 유사하다. 악으로 지각되는 것은 더 커다란 선을 위해 필수적이다. 이 우주에 분명하게 드러나는 불일치, 그 너머에 신의 섭리로 계획된 감추어진 조화가 존재한다. 선과 악에 대한 인간의 기준은 신에게는 적용되지 않는다. 단 한 사람만이라도 모든 것을 충분히 알고 있다면, 악으로 추측되었던 것이 자비로운 신의 계획의 일부라는 것을 알게 된다. 버트런드 러셀은 이러한 주장을 아이가 백혈병으로 죽어가고 있는 어머니에게 전해줘야 한다고 섣불리 제안했다. 그러나 러셀의 논리는 우선순위에서 밀린다. 그 어머니에게 아이의 고통은 아무런 의미가 없다고, 이 세상은 아무런 대가도 없이 잔인하므로 그 아이나 어머니 혹은 어느 누구를 위한 보상이나 정당성도 없다고 말하는 것이 나을까? 문제는 이 세상에 산재해 있는 악에 대한 공포가 신이라는 개념을 폐기한다고 해서 제거되거나 완화되지는 않는다는 점이다. 카뮈나 기타 진정한 무신론자들은 이러한 점을 인정했는데, 정면으로 악의 문제에 직면하는 것은 기독교인만큼이나 무신론자에게도 어려운 일이다.

둘째, 악은 실재하지만 본질적으로 선한 우주가 창조되는 과정에서 어쩔 수 없이 생긴 부산물이라는 시각이다. 유한한 것은 완전할 수 없고, 신은 세상을 유한하게 창조했기 때문에 이 세상은 완전할 수 없다. 신은 이 세상을 가능한 한 가장 완전하게 만들었으므로 지금이 최선의 상태다(신이 전능하다면 할 수 없는 일이 없을 거라는 소박한 반론도 그럴듯해 보인다. 신은 자기모순적인 일을 할 수도 없고 할 이유도 없다. 신은 자신의 율법을 깰 수도 없고 깨려 하지도 않는다). 이 논의를 따라가보면, 우주의 조화로움이 악의 불협화음을 압도한다. 결론은 이 세상이 생각보다 훨씬 나쁠 수도 있다. 이제는 왜 악이 존재하는가가 아니라 오히려 왜 선이 존재하는가라고 물어야 한다. 이왕에 어떤 선이 존재한다면 그것은 자비로운 신의 섭리임을 암시한다.

셋째, 두 번째의 논의를 다른 각도에서 보면 악은 존재론적인 실체가 없다는 입장이다. 악은 비존재다. 악은 일종의 결여일 뿐이고, 이 세상에 다수의 형태들이 존재하는 한 결여란 필수적이다. 존재로 충만해 있는 한 세상은 완전하다. 그러나 세상은 마치 스위스 치즈에 구멍이 나 있는 것처럼 어쩔 수 없이 군데군데 비존재가 산재한다. 다시 말하지만, 신은 가능한 한 최상의 상태로 이 세상을 창조했다. 제한적이나마 비존재가 없었다면 이 세상을 구분할 방도가 없었기 때문이다. 선이 악을 능가한다. 이러한 두 가지 논의에 대해 무신론자들은 일정한 악이 불가피할 수는 있지만, 왜 이토록 많은 악이 필요한지를 계속해서 문제삼을 수 있다. 만일 신이 이 세상 안에 일정한 악이 없이는 우주를 창조할 수 없었다 하더라도, 여전히 악은 양적으로나 질적으로나 전적으로 선하고 전능한 조물주에게 어울리지 않을 만큼 지나쳐 보인다. 예를 들면, 변화, 사멸, 죽음 등이 필수적이라고 가정해보자. 그런 것들이 그렇게 많은 고통을 수반할 필요가 있는가? 우리가 사용할 수 있는 양의 악이 제한적이라면, 선도 그럴 것이라고 답할 수 있다. 이렇게 답하는 것은 선이 악을 누르는 한 선이 더 위대하다고 주장하는 것과 같다.

넷째, 최근의 신론은 과정신학에서 비롯되었다는 입장이다. 일단 이 우주가 불완전하다고 인정하고 신은 그러한 세상을 완전함으로 이끌고 있는 것이다. 신은 세상을 더 좋게 만들 수 없었다. 왜냐하면 신

자신도 완전해지기 위해 발전해가는 과정에 있기 때문이다. 신은 정체를 원치 않는데, 변화한다는 것은 추이, 전이, 그리고 죽음을 의미한다. 오래 지속되든 그렇지 못하든 이러한 새로운 신론은 전통적인 노선에서 너무나 떨어져 있어서 전통적으로 논의되어온 악마의 역사에 가담하지도 못한다.

다섯째, 또 다른 최근의 논의는 그 연원이 중세의 유명론이나 그리스의 회의론에까지 거슬러 올라가는 것인데, 신정론이 제기하는 문제는 의미론적으로 무의미하므로 따라서 거짓문제라고 주장하는 입장이다. 이 입장은 신이나 악마, 악 자체에 대한 어떠한 논의도 의미가 없는 것으로 배제한다. 이러한 지적인 비약은 철학자들에게는 흥미를 끌겠지만, 역사가나 삶에서 만나는 고통을 이해하는 사람들을 만족시키지 못할 것이다. 이런 식으로 반응하는 것은 대답을 얼버무리는 것이다.

여섯째, 답변을 피해가는 것이면서도 이 문제에 대한 단순한 해결책은 기독교 신학자들을 궁지에 몰아넣는 오래된 핑곗거리에 불과하다는 입장이다. 즉, 악이 존재한다는 것은 인간이 이해할 수 없는 미스터리라는 것이다. 물론 어떤 의미에서 우리가 확실하게 알 수 있는 것은 없으므로 모든 것이 다 미스터리다. 그러나 삶이 어떤 의미를 갖는 것이라면, 우리는 우리의 능력껏 최선을 다해 모든 것들을 탐구해야 한다. 유일하게 이러한 회피를 고상하게 만드는 논리는, 신은 스스로 우리가 알 수 없는 궁극적인 의미를 가지고 고통에 빠진 우리와 간접적으로나마 함께한다는 관념이었다.

어디까지나 지금껏 제시된 모든 답들 또는 가짜 답은 핑계에 불과하다. 왜냐하면 그것들 가운데 어느 것도 한 병사가 쏜 총에 아이의 머리가 날아가고, 어린 소녀가 이름 모를 비행기에서 투하된 네이팜탄에 불구가 되는 이 세상의 실존적인 현실을 반영하지 못하기 때문이다. 일단 그 어린 소녀의 고통을 곧바로 느끼고 현실로서 이해한다면, 그 소녀의 고통이 우리의 고통이 된다면, 우리가 살고 있는 이 세상의 괴물스러움에 정면으로 맞선다면, 지금까지의 해결책을 지적인 게임에 불과한 것으로 결론지을 수밖에 없다.

앞으로 제시될 해결책들은 고통과 정면으로 맞선 것들이다.

첫째, 고통은 끔찍하지만 우리를 시험하고 우리를 지도하고 우리가 성장하기 위해선 필수적이라는 시각이다. 고통이 없다면 우리는 버릇없는 인간이 되어, 이기적이고 무심하며 무책임해질 것이다. 고통을 통해, 실수를 자초하는 축복받은 행동을 통해, 우리는 지혜를 얻고 성숙해진다. 그렇다면 지혜와 성숙은 어떤 가치가 있을까? 도스토예프스키는 한 무고한 아이가 고통당하느니 차라리 이 세상 전체가 존재하지 않는 것이 더 낫지 않을까라는 의문을 품었다. 어느 정도의 악과 고통이 필요하다면, 왜 그렇게 많은 악과 고통이 존재할까? 만연된 악, 강도 높은 고통이 존재해야 하는 도덕적으로 충분한 이유가 있을 수 있는가?

둘째, 고통은 우리가 지은 죄에 대해 우리를 벌하기 위해 존재한다는 시각이다. 영아들에게 적용하기에는 다소 문제가 없지는 않지만, 인간이 지은 죄에 대해 벌을 받아 마땅할 수 있다. 그러나 어떤 경우든 왜 신은 죄가 세상에 들어오는 것을 허락했는가라는 문제는 피해갈 수 없다.

셋째, 악은 죄의 결과이고 죄는 자유의지에서 비롯된다는 입장이다. 신은 자신 이외에의 도덕적 선이 존재하도록 이 세상을 창조했다고 가정된다. 도덕적으로 선한 행위를 하려면 두 가지가 요구된다. 즉, 실질적으로 선택할 수 있는 선과 악이 존재해야 하고, 그것들을 실제로 선택할 수 있는 자유의지가 존재해야 한다. 신은 어느 누구도 다른 사람에게 해를 끼치는 것이 허용되지 않는 세상을 창조했을지도 모른다. 하지만 그럴 경우에 우리는 나쁜 짓을 못 하도록 조정된 로봇이 되어 우리가 하는 행동에는 어떤 도덕적 가치도 없고 선이 증가할 수도 없게 된다. 아니면 신은 외적인 힘을 통해 남을 해치려는 우리의 의도를 좌절시키도록 이 세상을 만들었을 수도 있다. 그렇게 되면 우리에게는 어떠한 대안도 주어지지 않을 것이다. 누구도 악을 저질러보지 못했기 때문에 악한 행동의 결과가 어떻게 되는지 알 수 없게 된다. 결국 신은 인간이 정말로 자유롭게 악을 선택하면서도 동시에 악을 막을 수 있는 세상을 만들 수 없다. 이 세상에 존재하는 악은 신의 잘못이 아니라 인간의 잘못이다. 이러한 논의에 대해 두 가지 반론이 제기된다. ①악의 정도가 그토록 엄청난 이유는 무엇인가? 칼이나 네이팜탄을 사용하지 않으면서 우리가 다른 사람들을 찰싹 때리고 발로 차는 정도로는 신의 의도를 만족시킬 수 없는가? ②토네이도나 암과 같은 자연발생적인 악에 대한 문제는 다뤄지지 않고 남아 있다(금성의 폭풍이나 멀리 떨어진 산의 계곡에서 떨어져 나가는 바위와 같은 자연적인 현상들은 악으로 간주될 수 없는 변화, 사멸의 과정이다. 자연발생적인 악은 자연의 과정을 통해 감정을 가진 존재에게 가해지는 고통이다). 아담과 이브의 타락으로 인해 이 세상에 자연발생적인 악이 시작되었다는 전통적인 논의는 성서에 근거해서 약간의 지지를 받기는 했지만 거의 영향력을 끼치지는 못했다. 이 타락의 전설이 어떻게 해석되어도, 별자리의 교란뿐만 아니라 폭풍과 박테리아 등이 이 땅에 사는 인간들의 행위에서 기인한다는 생각은 최근에 이해하게 된 우주의 모습—우주는 엄청나게 크고 오래됐으며 매우 복잡하다—과는 전혀 일치하지 않는다. 이것은 인간중심주의적 시대의 기괴하고 은유적인 잔재다. 이 관점은 단 한 가지 면에서만 유효하다. 즉, 엄청난 인구수, 발전된 기술, 지구에 대한 경멸 때문에 인간들은 다른 살아 있는 것들에 엄청난 파괴를 자행할 수 있고 실제로 그렇게 하고 있는 것이다.

    이 마지막 논점은 이런저런 형태로 기독교의 전통에서는 일반적이 되었다. 악은 자유의지를 통해 이 세상에 들어왔다. 그때마다 악은 개별적인 인간 존재가 자유의지에 따라 선을 누르고 악을 세우게 한다. 이런 일은 인간 이외의 지적인 존재의 자유의지를 통해서도 일어난다. 전통적인 기독교의 용어로 이러한 존재는 천사를 의미했다. 악은 부분적으로는 타락한 인간의 잘못 때문이고, 부분적으로는 타락한 천사의 잘못 때문에 일어난다. 타락한 천사들, 그리고 그들의 우두머리 악마가 악에 원인이 되는 한 악마는 기독교의 신론에서 중요하긴 하지만, 그렇다고 반드시 본질적인 역할을 하는 것은 아니다. 인간은 악마의 도움을 전혀 받지 않고도 타락할 수 있었을지도 모른다.

이러한 관점은 신약성서의 중요한 논제를 간과하고 있다. 즉, 악마의 지휘 아래에 있는 어둠의 세력이 빛의 세력과 전쟁을 벌이고 있다는 점이다. 다시 말해 기독교에 나타난 이원론적인 요소를 무시하고 있다. 그때까지 알비파들의 압박과 그노시스교도들의 반대 때문에 기독교인들은 이원론적인 요소를 부정하거나 적어도 최소화하려고 고심하고 있었다. 이 논의에 따르면, 하나의 신만이 존재하고 따라서 하나의 원리만이 존재하게 되어 이 논의는 실패로 돌아간다. 실패의 원인은 기독교가 악의 문제를 심각하게 받아들였기 때문이다. 감추어진 조화라는 주제는 결정적으로 기독교 전통에서는 소수 의견에 불과하다. 선과 악의 투쟁이 신약성서의 중심에 자리하게 된다. 이 논의도 역시 전통적인 일신교의 신론이 심각할 정도로 불충분하다고 드러났기 때문에 효과를 거두지 못한다. 사실 유일하며 전능하고 너무나 선한 조물주가 어떻게 인간들이 지각할 만큼 이 세상에 만연된 악과 극심한 고통을 허락할 수 있는가? 결국 이 논의는 신의 개념을 불완전하게 방치함으로써 실효를 거두지 못하고 만다. 신은 두 부분으로 나누어졌다. 선한 주, 그리고 악한 악마. 악마가 사라져버리면 신성은 균형을 잃고, 선한 구주라는 개념은 자신의 안티테제가 없어짐으로써 정체성을 잃는다. '악마가 없으면 주님도 없다.'

이 밖에도 기독교 신론들이 존재했고, 존재할 것이지만, 충분하게 악마에 대해 고려하지 않는 어떠한 신론도 설득력을 갖기 힘들 것 같다. 악마의 역할을 축소하거나 제거하려는 여러 세대에 걸친 신학자들의 분투에도 불구하고, 악마라는 개념은 여전히 건재하다. 사실 기독교는 반(半)이원론적인 종교다. 기독교는 두 개의 우주적인 원리가 영원히 대립한다고 주장하는 완전한 이원론을 거부한다. 그러나 감추어진 조화라는 일원론의 자위적인 개념도 대체로 거부한다. 일원론과 이원론 사이의 긴장 관계는 기독교 신론의 모순을 초래했다. 그러나 이러한 긴장 관계가 창조적인 역할을 하기도 한다. 내용이 형식의 틀에 긴장을 가할 때마다, 새로움이 전통이라는 구속에 압박을 가할 때마다 창조적 발성이 나오는 것이다. 물은 용기에 담겨 있을 때 마실 수 있다. 이원론 아니면 일원론이라는 손쉬운 해결책에 의지하지 않고 악의 문제를 정면으로 엄밀하게 다루면서, 기독교는 악마의 개념을 창조적으로 발전시켜나갈 수 있었다.

신약성서에서는 여러 가지 악마의 개념을 계승했다. 악마는 타락한 천사다. 악마는 악령들의 우두머리다. 악마는 악의 원리다. 악은 비존재다. 이런 개념들과 다른 요소들이 흡수되고 다듬어지면서 가능한 한 일관성을 유지해야 했다. "내가 누구인지 말해보라?" 예수가 제자에게 물었다. 신약성서에 따르면, 악마도 같은 질문을 했을 수도 있다. '누가 악마인가?'

신약성서에 나타난 악마라는 이름은 헬레니즘과 종말론적인 유대교라는 두 가지 배경을 반영한다. 가장 빈번하게 나오는 것은 '사탄' 또는 '악마'(diabolos는 히브리어 satan을 번역한 것이다)고, 벨제불(Beelzeboul), '적', 벨리알, 유혹자, 비난자, 악한 것, 이 세상의 지배자, '악령들의 왕' 등도 보인다.[6] 악마와 악령의 관계는 타락한 천사들(「요한계시록」 12:4, 12:7 이하.「에베소서」 2:1-2)의 관계와 비슷한데, 이는 악마가 영적인 존재로 간주되었다는 것을 명확히 밝혀주는 것이다. 이러한 개념들은 종말론적이고 랍비적인 유대교에 그 연원을 둔다. 떨어진 천사가 「요한계시록」(12:4)에서 떨어진 별과 연결되지만, 이미 예언서에서 떨어진 천사들의 우두머리에게 붙여진 루시퍼, 즉 빛의 사자라는 이름은 신약성서에서는 사용되지 않는다. 신약에서 '빛의 사자'는 그리스도를 의미한다.

신약성서에서 악마가 하는 역할은 그리스도에 대적하는 원리다. 신약성서의 중심 메시지는 구원이고, 그리스도가 우리를 구원한다. 그리스도가 우리를 악마의 권세로부터 구하는 것이다. 악마의 권세가 사라지면, 그리스도의 구원이라는 사명은 의미가 없어진다.[7] 신약성서에서 사탄은 주의 중요한 적으로 중요한 위치를 차지한다. 신약성서의 저자들에게 이러한 대립은 극심하고도 심원한 것으로 느껴졌기 때문에, 신과 악마 사이에 내재하는 관계를 의식적으로 지각하지 못했다. 신정론의 문제가 남아 있었다. 악마가 악의 절대적인 원리가 아니면, 신약성서에서 그랬던 것처럼 신은 어떻게 그리고 왜 악마의 파괴적인 행동을 허락하고 용서하고 그러한 힘을 부여했는가? 지금까지 신약성서가 아니라 전통적인 개념에 나타난 용어에 따르면, 신은 두 부분, 즉 선한 주와 악한 악마로 나누어졌다. 하나님의 아들 그리스도는 선한 구주와 연관되고 동일시된다. 야훼와 사탄의 대립은 그리스도와 사탄의 대립이 된다(그러나 초기 기독교 전통에 따르면, 아들은 아버지의 권능과 동등하지 않음을 단언하는 종속주의적 교리에 매여 있었다. 이러한 종속주의의 흔적은 신약성서에 나타난 악마에 관한 가르침에서도 발견되었다. 그러므로 그리스도의 적은 사탄 자신이 아니라 적그리스도주의자 또는 유다, 악마 자신이 아니라 악마의 시종들과 같은 열등한 존재들이다).

    이러한 투쟁의 본질적인 시나리오는 다음과 같다. 선한 신은 선한 세상을 만든다. 그런 세상은 질병과 여타 불행을 가져오는 악마와 악령들에게 피해를 입는다. 이 세상은 선 대신에 악을 행하는 인간의 자유로운 선택―아담과 이브로 상징되는―에 의해 훼손당한다. 악마가

악령을 쫓아내는 그리스도, 아르메니아, 1262. 그리스도의 악령을 쫓는 힘은 이 세상, 즉 사탄의 왕국을 주님의 왕국으로 바꾸어놓는 힘을 의미한다.

아담과 이브를 꾀어 원죄를 짓도록 했을 수도 있고 그렇지 않을 수도 있지만, 분명한 것은 그때부터 악마가 이 세상에서 활동했다는 점이다. 악령들과 죄에 빠진 인간들의 도움을 받은 악마가 활약하면서 이 세상은 악마의 지배 하에 떨어지고 만다. 이 세상의 자연발생적이고 도덕적인 악은 선한 신 때문이 아니고 타락한 존재들 때문에 생긴 것이다. 악마가 지배하는 이 세상과 그리스도에 의해 이제 땅으로 내려온 신의 왕국 사이의 투쟁은 신약성서에서 커다란 비중을 차지하게 된다.

이러한 시나리오에 따르면, 악마는 악의 원리가 되는가? 사탄의 기원에 대해 신약성서에서는 논의되지 않았다. 몇몇 텍스트에서 타락한 천사의 우두머리, 아담처럼 자신의 자유의지를 잘못 사용해서 죄를 지은 신의 피조물 가운데 하나와 악마를 동일시하기도 한다. 한편 신의 왕국과 사탄의 왕국 사이의 전면적인 싸움─직접적으로는 유대교의 종말론적 사조에서 유래하고, 간접적으로는 마즈다교에서 유래한 싸움─을 통해서 악마는 선한 신과 상관없는 보편적인 악의 원리가 된다. 대체로 종말론적인 유대교와 기독교 모두 유일신을 주장했기 때문에 이원론으로 나아가지 않았다. 그러므로 악마는 신약성서에서 이례적인 위치로 남게 된다.[8]

인간의 타락이라는 교리보다 훨씬 더 이례적인 상황으로 보이는 것은 없다. 원죄라는 교리는 구약성서에서는 찾아볼 수 없고, 랍비 문

지옥에 내려간 그리스도, 채식 필사본, 독일, 10세기. 그리스도 수난일과 부활 사이의 3일 동안 그리스도는 지옥에 내려가서 정의로운 영혼들을 구했다. 오른쪽에 지옥의 입이 크게 벌어져 열려 있으며, 그리스도가 정복당한 악마를 창으로 찌르고 있다.

헌에서도 나오지 않는다. 예언서에 약간 비치기는 하지만, 신약성서에서 가장 두드러지게 발전한다. 공관복음서 어디에도 원죄에 대한 언급은 나오지 않는다. 간접적인 언급들이 「고린도전서」 15장 20절에서 22절, 그리고 44절에서 50절, 「갈라디아서」 5장 4절, 「에베소서」 2장 3절, 「고린도후서」 11장에서 찾아볼 수 있다. 원죄에 대해 직접적으로 논의하는 유일한 대목은, 사도 바울이 아담의 죄로 인해 이 세상에 죄와 죽음이 시작되었다고 설명하는 「로마서」 5장 12절에서 21절에 나온다. 악마의 역할은 전혀 언급되지 않았다. 다른 구절(「로마서」 16:20)에서는 이미 예언서에서 확인되었던 것처럼, 「창세기」에 나오는 뱀이 사탄이었다고 암시되어 있다. 사탄이 아담을 꾀어 죄를 짓게 했다는 추론이 은연중에 나타난다. 그러므로 사탄의 죄가 아담의 죄보다 먼저 일어났다. 신약성서에서는 이 점을 분명하게 하고 있지 않지만, 초기 기독교 전통의 일치된 의견은 악마가 아담 이후에 타락했다는 것이다. 만일 아담이 자유롭지 않았다면 그는 죄를 지을 수 없었을 것이다. 결국 아담은 악마가 끼어들지 않아도 죄를 지을 수 있었다는 결론이 나온다. 다시 말해, 악의 원천이며 근원인 악마의 위치는 제한적이었다.

신약성서에서는 인간의 타락이 그다지 중요하지 않고 세상들 사이의 전쟁이 중요한 관심사였는데, 그런 맥락에서 보더라도 악마는 가장 분명하게 악의 원리로서 작용한다. 두 개의 그리스어 단어가 영어판 성경에는 '세상'으로 번역되어왔다. 하나는 바울이 가장 자주 사용했던 아이온(aión)이고, 다른 하나는 요한의 글에서 가장 자주 사용되었던 코스모스(kosmos)다. 이 둘은 똑같지는 않지만 비슷한 의미를 가지고 있다. 그래서 간혹 이 두 단어는 혼용되기도 한다. 그래서 악마는 '아이온' 혹은 '에온'의 왕, 코스모스의 왕이라고 불린다.[9] 세상으로 인식된 악마의 왕국은 이 세상이 아닌 신의 왕국과 대비된다.[10] '하나님의 나라'라는 의미는 2,000년 동안 기독교의 사상가들을 번민하게 했고, 어떻게 해석해도 문제에 부딪히게 되어 있다. 사탄과 연관되는 범위 안에서 이 생각의 기본적인 취지는 다음과 같다. 처음부터 악마는 이 세상에 대한 자신의 권세를 확장시켜나갔고, 어느덧 악마의 지배가 거의 완성되는 듯했다. 그러나 선한 하나님은 그리스도를 보내 옛 세상의 권세를 깨뜨리고 그 대신에 새로운 하나님의 나라로 대체한다. 하나님의 나라가 의미하는 바를 이해하기는 어렵지만, 옛 세상 혹은 '이 세상'이 의미하는 바는 이해하기가 훨씬 쉬웠다. 코스모스와 아이온이란 말은 여러 다른 방식으로 사용되었다. 코스모스는 자연의 세계를 의미할 수 있고 인간의 세상을 의미할 수도 있다. 그리고 죄지은 사람들, 그리고 죄로 인해 그리스도의 몸에서 잘려나와 악마의 수족이 된 사람들을 의미할 수 있다. 아이온은 물질적 세계에 부여된 시간을 의미하고, 물질적 세계 자체 또는 다가올 신의 시간에 대립되는 현재의 죄로 물든 시간을 의미한다. 악마는 자신의 권능으로 죽음, 질병, 그리고 자연적인 재앙을 초래해 이 자연 세계에 왕이 되었고, 이 세상은 처음부터 죄가 활동함으로 인해 훼손되었다. 악마는 이 세상을 자유롭게 돌아다니며 자기가 마음에 드는 자들을 유혹함으로써 인간 세상의 왕이 된다. 그리고 가장 중요한 것은, 악마가 죄인들의 왕이라는 것이다. 신약성서에서는 자연발생적인 악보다는 도덕적인 악으로 인한 문제를 더욱 강조하기 때문에, 죄 많은 인간 사회를 의미할 때 코스모스와 아이온이 자주 사용되었다. 이 세상은 선한 하나님이 선한 목적으로 창조했다는 것은 확실하다. 그러나 이런 기본적인 교리는 사탄의 권능에 대해 이야기하게 되면 모호해진다. 이 세상을 지배하는 선한 하나님의 권능이 잠시 동안 약해졌거나, 아니면 다른 식으로 표현해서 하나님이 일시적으로나마 사탄이 이 세상을 지배하도록 허락했던 것이다. 이제 "온 세상은 악한 자 안에 처한 것이다."[11] 그리스어 원어로는 여러 가지 의미를 가질 수 있다. '온 세상'은 '온 인류'로, '악한 자에'는 단순히 '악에'로 해석될 수 있다. 그러나 이렇게 바꾸어도 물질적 세계는 구제할 길이 없는 악이고 악한 신에 의해 만들어진 것이라고 주장하는 그노시스주의자들에게는 의미가 없었다.

사탄의 왕국과 물질적 세계의 연관 관계는 그리스의 오르페우스적인 전통에 의해 제기된 노선을 따라 정신과 육체 사이의 이분법을 초래했다. 물질 세계의 나머지 부분처럼 육체도 선한 신이 창조한 선한 것이다. 이것은 「요한1서」에도 천명되었다. 육체는 정신이 머무는 장소이고, 신 스스로도 예수를 통해 육화된 모습으로 나타나기도 했다. 이 세상의 마지막 때에 육체는 부활된다. 신약성서에는 이 모든 것을 확언하고 있고, 육체와 정신 사이의 대립도 역시 단언하고 있다. '육체'로 번역될 수 있는 단어가 그리스어에는 두 개가 있다. 즉, 사륵스(sarx)와 소마(sóma)다. 소마는 정신의 감옥(sóma, séma)으로 해석되는 오르페우스 사상의 오랜 전통에도 불구하고 신약성서에서는 중립적인 말로 나온다. 어떤 경우에 사륵스는 물질적인 육체, 살 자체를 의미하며, 또 다른 경우에는 모든 악의 세계, 타락한 세상을 나타내기 위해 사용되는 복잡한 의미를 가진 말이다. 이 말은 가끔 긍정적인 의미로 사용되기도 하지만—예수에 대해서는 사륵스라는 말이 사용되었다—대개는 경멸적인 의미로 사용된다. 육체, 사륵스는 정신과는 정반대의 역할을 한다. 사도 바울은 육체(sarkos)의 욕망은 신의 뜻에 대립(echthra)되는 것이라고 말한다.[12] 신약성서에 나타나는 육체(flesh)는 랍비의 악의 성향과 같은 의미를 갖는 것으로 보인다.[13] 신약성서에서 육체라는 주제는 모호하게 나타난다. 때로는 정신과 하나님의 나라에 대립되는 물질 세계의 일부, 또는 유혹의 근원으로 간주되기도 한다. 그노스주의지들은 이러한 교리를 극단적으로 몰고갔고, 기독교의 전통은 이러한 극단을 피하려 했지만, 오랜 동안 유지되어온 몸과 성에 대한 태도를 보면 내적으로는 분명히 육체에 대한 불신을 가지고 있었다.

    옛 에온과 새로운 에온 사이의 투쟁은 빛에 대항하는 어둠으로도 표현되었다. 이 말은 어느 정도는 은유이지만, 빛과 어둠 사이의 전쟁이라는 고대의 전통과 결부되어 있다는 점에서 은유 이상이기도 하다. 사탄의 어둠이란 말은 비유적인 의미를 가질 뿐만 아니라 글자 그대로의 의미도 갖는다.[14]

악마는 타락한 천사나 악령으로 간주될 수도 있는 악한 영들의 무리 가운데 우두머리다. 이 둘 사이의 구분은 후기 유대교에서도 모호했지만 신약성서에서는 더욱 모호해진다. 타락한 천사들이 언급되는 경우(「유다서」 6장, 「베드로 후서」 2:4)는 거의 없다. 기독교에서 악마에게 부여한 능력들은 랍비 문헌이나 예언서에 나타난 것과 비슷하다. 신약성서의 시대가 끝날 무렵에 기독교의 전통은 타락한 천사와 악령을 구분하지 않았다. 이러한 변천 과정은 신과 인간의 중간적인 지위를 차지하고 있는 존재들을 선한 영과 악한 영—다이모니아(daimonia)라고도 불렸다—으로 나누었던 헬레니즘과 맥을 같이한다. 신약성서에서 악령에 붙여진 이름으로 가장 자주 쓰인 것이 다이모니온(daimonion)이고, 다이몬(daimón)은 단 한번(「마태복음」 8:31) 나온다.

악령들은 공관복음서에 매우 자주 나오지만, 사도 바울은 그러한 존재들을 좀처럼 언급하지 않았다.[15] 신과 인간의 중간에 위치하는 영적인 존재는 사람들처럼, 선한 일과 악한 일을 하는 자유를 갖는다는 것이 일반적인 견해다. 선한 영은 주 하나님의 천사들이고, 그 이외의 영은 악마의 부하들이다. 신약성서에서는 대체로 이들 두 세력이 서로 적대적이라고 추정한다. "천사의 세력은 한편으로 사탄이라고 하는 더 큰 상징의 어느 한 양상과 같다."[16] 대체로 신약성서에서는 근동과 유대 전통에 나타나는 다양한 악령들을 사탄의 세력 하에 놓인 무리로 통합하는 방향으로 나아간다. 악마와 그를 따르는 악령의 구분이 신약성서에서는 디아볼로스와 다이모니온으로 나누어 사용할 만큼 분명했는데, 후기 기독교의 전통으로 가면 모호해진다(그 이유는 아마도 악마를 타락한 천사 가운데 하나로 보았기 때문이다). 신약성서의 영어 번역본은 대부분 다이모니온을 '악마'로 번역하면서 그 차이를 간과하고 있다. 당대의 랍비 문헌에서 악령들은 사람들을 유혹하거나 사람들이 지은 죄의 벌로 육체적인 해를 가하도록 신에게서 허락받은 영적인 존재이고 신약성서에서 했던 역할과 상당히 유사한 일을 한다. 신약성서에 의하면, 악령들은 더 분명하게 사탄의 지휘 아래 있으면서 하나님의 나라에 반대하는 사탄을 돕는다.[17] 다시 말해, 신약성서에 나타난 악마론은 주변적인 내용이 아니라 중심적인 내용을 이루고 있다.

신들림(possession, 憑依)은 사탄이 하나님의 나라를 방해하기 위해 사용하는 가장 일반적인 수단 가운데 하나다. 「요한복음」에서는 사탄이 직접 하기도 하지만, 일반적으로 악마의 부하 악령들이 신들림을 수행한다.[18] 악령들을 몰아내고 병을 치료함으로써 예수는 사탄의 나라와 전쟁을 수행하고 그러면서 사람들에게 새로운 세상이 다가온다는 것을 알린다. "내가 하나님의 권능으로 악령을 몰아냈다면, 그것은 하나님의 나라가 당신들 가운데 오기 때문이다." 당시의 마법사나 치료사들도 악령을 내쫓았지만, 오직 그리스도만이 성령의 힘으로 악령을 쫓았다고 공관복음서는 지적한다. 공관복음서에 따르면, 악령을 내쫓는 행위는 기괴한 일도 아니고 당대의 미신에서 유입된 이상하고도 부적절한 첨가물이 아니다. 그 행위는 악마와의 싸움에서 중요한 위치를 차지하므로 공관복음서의 내용 가운데서도 빠질 수 없는 부분이다. "예수가 악령을 몰아낼 때마다 패배하는 사탄의 모습과 곧 다가올 최후의 승리의 조짐을 볼 수 있다. ……예수는 신을 실현하듯이 사탄을 실현했다. 예수는 다가올 하나님의 나라를 진심으로 영접했듯이, 당면한 사탄의 지배를 받아들였다."[19]

악마는 악한 인간들의 왕이기도 하다. 악행을 저지른 자들은 악마의 부하 또는 아들이라고 불린다.[20] 베드로 자신도 예수를 꾀어 예정된 길에서 십자가의 길로 가도록 동요하게 했을 때, 악마라고 불렸다.[21] 이상하게도 예수는 베드로가 수난을 피하려고 하자 악마라고 불렀고, 유다가 고난이 일어나도록 했을 때도 악마라고 불렀다. 이들 두 사도의 공통점은 구원이라는 신성한 계획에 자신들의 개인적인 두려움을 개입시킨 것이다.[22] 유다가 가장 일반적으로 악마와 관련되고, 누가는 유다에게 실제로 사탄이 들어갔다고 말한다.[23] 유다는 너무나 가까운 예수의 상대였기 때문에 사람들은 그 둘의 관계와 신화에서 너무나 자주 나타나는 이중체들의 관계 사이에 존재하는 유사성을 알 수 있다.

악령 추방, 중세 그림 성서, 독일, 15세기. 그리스도가 여인의 몸 속 악령을 쫓아내고 있는데, 악령들은 검은색으로, 그리고 하늘의 힘을 상징하는 날개와 함께 표현되어 있다.

사탄이 유다를 선택해 악마의 영을 유다에게 집어넣은 것처럼 하나님은 예수를 택해 자신의 영을 예수에게 보낸다. 이러한 유비 관계는 더욱 가까워진다. 구원이라는 커다란 계획 안에서 신은 항상 예수가 구세주이고 유다가 배반자라는 것을 알고 있었다. 예수가 수난을 당하기 위해서는 유다의 배반이 필요했으므로 신의 입장에서 보면 구원의 과정에서 예수뿐만 아니라 유다도 자기의 역할이 있기 때문에 선택된 것이라고 할 수 있다.[24]

신약성서에 나타나는 악마의 상징은 유혹자, 거짓말쟁이, 살인자, 죽음을 일으키는 원인, 마술, 우상숭배로 나온다. 악마는 사람들에게 육체적으로 해를 끼치고, 어디서든지 사람들을 공격하고 영적으로 사람들을 홀리고 죄를 짓도록 꾀면서 천국의 가르침을 가로막고 방해한다. 이 모든 면에서 악마는 천국의 적이다. 한편으로 악마는 하나님의 대리인으로서 죄인들을 비난하고 벌을 주는 과거의 성격도 조금은 간직하고 있다.[25] 이런 면에서 악마는 모세의 율법과 거의 같은 역할을 했고, 사도 바울은 이 두 가지에 비슷한 용어를 사용한다.[26]

단테와 밀턴에 의해 각색된 후기 기독교 전통에 의하면, 사탄은 지옥을 지배하고 거기서 사람들에게 벌을 주고 자신도 그곳에서 고통을 당하게 된다. 이런 것들은 신약성서에는 전혀 나오지 않으며, 지옥에 대한 언급도 거의 없고 명확하지도 않았다. 신약성서에 가장 흔하게 나오는 지옥을 지칭하는 용어 두 가지는 하데스(hadés)와 게헤나

(gehenna)다. 『70인역 성서』에서 하데스는 대체로 히브리어로 스올로 번역되고, 신약성서는 이 장소를 히브리어와 비슷하게 이해하고 있다. 즉, 스올은 땅 아래에 있는 곳으로 영혼이 일시적으로 육체에서 분리되어 다시 부활될 때까지 머무는 곳이다. 신약성서에서 게헤나 위치가 어디인지 지정되지는 않았지만, 사악한 사람들에게 가해지는 영원한 불과 처벌의 장소다. 이 두 개념은 원래는 구별되었지만 관련을 가지게 되면서 후기 신약 사상에 빠르게 통합되었다. 사탄과 지옥의 관계 역시 신약성서에서는 충분하게 정의되지 않았다. 「요한계시록」 20장 10절에 악마는 형벌의 강에 던져지는데, 나중에 외경에서는 사탄이 지옥의 죄수로, 저주받은 자들의 간수로 나온다.[27]

지옥에 관한 문제는 종말론의 전체 문제 가운데 일부를 차지한다. 이 세상의 끝에 무슨 일이 벌어지고 이 세상의 종말은 언제 오는가? 신약성서에 나오는 코스모스든 아이온이든 이 세상이 사탄의 왕국과 동일시되는 한, 이 세상의 종말과 사탄의 패배는 동시에 발생할 것이다. 그러나 신약성서는 언제 그리고 어떻게 사탄의 멸망이 이루어지는지에 대해 분명하게 언급하고 있지 않다는 것은 잘 알려진 사실이다.

원시 기독교를 단테나 밀턴이 수세기 후에 만든 개념을 가지고 연구하면 오류를 범할 수 있다. 사탄과 그의 부하 천사들의 타락에 대한 여러 가지 다른 해석들이 수시로 제기되어왔다. 첫 번째 차이점들은 타락의 본질에 관한 것인데, 도덕적인 타락, 존엄성의 상실, 문자 그대로 하늘로부터의 추방, 자발적으로 하늘을 떠남 등으로 정리되었다. 두 번째 차이점들은 타락(강하)의 장소와 관련된 것들로, 하늘에서 땅으로, 하늘에서 지하세계로, 땅(또는 공중)에서 지하세계로 등으로 구분된다. 세 번째 차이점은 연대에 관한 것이다. 사탄은 아담이 타락하기 이전에 세상이 시작할 때, 아담을 질투할 때부터, 노아 시대쯤에 감시천사들과 함께, 예수 초림 때, 예수 수난기에, 그리스도가 두 번째 오셨을 때, 두 번째 오신 지 천년 후에 타락했다는 입장으로 나뉜다.[28]

또한 신약성서에 암시되어 있는 여러 다양한 설명들을 찾을 수 있다. ①태초에 하늘에서 전쟁이 있었는데, 미가엘이 악마와 그를 따르는 천사들을 던져버렸다. 이들은 지하세계로 던져졌고 그때부터 사람들을 유혹하고 괴롭히기 시작했다. ②천사들은 아담이 만들어지고 오래 뒤에 사람의 딸을 탐하면서 타락했다. 그들은 하늘에서 지하세계로 던져졌고 다시 사람들을 해코지하기 시작했다. ③하나님의 나라가 예수의 재림과 함께 이 땅에 임했고, 주께서 악령들을 던져버린 것은 이제 사탄의 권세가 끝났음을 보여주는 것이었다. 이런 여러 연대기를 통해 십자가에서 예수가 수난을 받아서 사탄을 물리치게 되었다는 것을 알 수 있다. ④사탄의 나라는 약화되었지만 그리스도가 도래했어도 끝까지 무너지지는 않았다. 그리스도는 다시 올 것이고, 마지막 심판 때 사탄은 파멸되거나 아니면 영원히 지옥으로 던져질 것이다. 「요한계시록」에서 발견되는 이 마지막 연대기는 예수가 처음 도래했을 때

이 땅에서 악이 제거되지 않았음이 분명해지자 1세기 이후에 교회의 희망이 바뀐 것을 지적한다. 그리스도의 두 번째 강림이 계속 미루어지자 사탄의 멸망도 미루어지게 되었는데, 이런 내용도 「요한계시록」에서 찾아볼 수 있다. ⑤두 번째 강림했을 때 그리스도는 사탄을 천년 동안 묶어놓는다. 천년이 지난 후 사탄은 마지막으로 인간들에게 해를 끼친다. 그런 후에 마침내 멸망하게 된다.[29] 이렇게 일관성이 없는 이야기들은 종말론적인 유대교에서 유래된 것이고 내용이 갈피를 잡지 못한다. 악마와 그를 따르는 천사들이 강하했다는 것이 하늘에서 땅으로 떨어진 것일 수도 있고, 하늘이나 땅에서 지하세계로 떨어진 것일 수도 있다. 지하세계로 떨어졌다는 것이 악마의 멸망을 의미하는 것일 수도 있고 단순히 그곳에 갇혔다는 것일 수도 있다. 그리스도는 악마의 왕국, 옛 시대를 멸망시킬 수 있는 권능을 가졌지만, 옛 시대는 그리스도가 처음 강림했을 때 멸망되었는지 아니면 두 번째 강림할 때까지 미루어졌는지도 확실하지 않다. 이러한 모호함 때문에 이후에 계속되는 기독교 사상에 성립된 악마의 멸망에 관한 전설과 교의가 다양하게 나타나게 되었고, 그 모든 것들 가운데 한두 가지는 성경의 가르침과 일치하기도 했다. 한 가지 면에서 완전하게 일치되는 가장 중요한 점은, 그리스도로 인해 시작된 새로운 시대는 사탄의 옛 시대와 타협하지 않고 영원히 전쟁을 벌인다는 것이다.

종말론 시대에 하나님 나라에 대적하는 또 다른 적들이 언급되었는데, 그들의 기원과 성격 등은 더욱 분명치 않다. 이 세상이 끝나갈 무렵 그리스도가 다시 올 때, 적그리스도가 나타나 신의 백성들을 타락시킨다는 것이다. 적그리스도는 단 한 사람일 수도 있고 여러 실체일 수도 있다. 적그리스도는 영적인 모습으로 나타나는 적일 수도 있고 인간의 모습을 한 적일 수도 있다. 적그리스도에 관해서 신약성서에 모호하게 서술되는 이유는 적그리스도의 본성을 설명하는 출처가 여러 곳에서 나왔기 때문이다. 한편으로 이러한 존재는 예언서에서는 사탄과 동일시되었던 벨리알, 즉 악의 세력을 지휘하는 영적인 장군으로부터 나왔다. 또 다른 한편으로는 「다니엘서」에 나오는 이 세상의 마지막 때 폭군의 이미지를 담고 있는 당대의 정적들, 더욱 구체적으로는 안티오코스 4세, 네로, 칼리굴라와 같은 사람들의 이미지에서 나온 것이다.[30] 「요한계시록」에 따르면 적그리스도와 연관되는 것들은 짐승들과 용인데(「요한계시록」 11-19장), 이들은 다시 뒤섞이면서 성격이 모호해진다. 용은 악마와 동일시되고 짐승들은 그의 부하들로 간주된다. 바다에서 나온 짐승들은 비록 리바이어던이나 티아마트로 거슬러 올라가는 신화적인 여운이 있기는 하지만, 로마의 신으로 인정된다.[31] 적그리스도와 두 짐승은 이 세상의 마지막 때 그리스도에 대항한 마지막 싸움에서 악마를 도운 조력자들로 가장 잘 알려져 있다. 구절의 내용이 모호하기는 하지만, 그들은 악마와의 밀접한 연관성 때문에 자신들이 지닌 특성이 악마 자체의 이미지에 동화되었는데, 이는 어느 정도

드 퀸시, 계시록 〈짐승 숭배〉, 영국, 13세기. 사탄의 마지막 최대의 협력자인 적그리스도가 계시록의 짐승을 경배하지 않으려는 성자들의 처형을 명령하고 있다.

일리가 있다. 그들은 함께 하나님의 나라를 가로막고 방해하는 악의 세력이 된다. 이 짐승과 거짓 선지자들은 유황불이 타오르는 못에 던져지고(「요한계시록」 19:19-20), 악마와 더불어 밤낮으로 영원히 고통을 당한다(「요한계시록」 20:10).

 짐승의 도상은 사탄의 도상이 성립하는 데 아주 중요한 역할을 하지는 않았다. 용이나 바다짐승들은 모두 열 개의 뿔과 일곱 개의 머리를 가지고 있는데, 이런 속성들은 이후에 나타난 전통에서는 악마에게 부여되지 않았다. 이후에 나타난 악마는 비록 배나 엉덩이에 얼굴이 붙어 있기는 해도 머리가 여럿인 경우는 거의 없고, 뿔도 두 개 이상 가지고 있지 않았다. 하지만 「요한계시록」(13:11)에 따르면, 땅에서 올라온 짐승들은 두 개의 뿔을 가지고 있고 용처럼 말을 한다. 악마의 모습은, 뿔이 없는 것, 뿔이 하나인 것, 뿔이 여럿인 것 등 여러 가지로 나타날 수 있는데, 도상학의 전통에서는 왜 뿔 두 개 달린 이미지로 고착되었을까? 그 답은 땅에서 올라온 짐승의 형상이 다른 뿔 두 개 달린 형상들에 어울렸다는 것이다. 악마는 뿔 달린 야생 동물들, 판이나 사티로스(satyr), 그리고 다산성과 초승달과 연관되었다. 그리고 게렌(qeren), 즉 모세나 그밖의 여러 인물들에 부여된 권능의 뿔도 두 개다. 무의식적인 차원에서 이러한 이미지들이 원시 기독교와 섞여 악마의 머리에 두 개의 뿔이 달린 것으로 영원히 고착되었다.

    신약성서에 나오는 악마는 여러 동물들—메뚜기, 전갈, 표범, 사자, 곰 등—과 연관된다. 그러나 악마 자신은 단 두 가지 동물, 뱀과 사자에만 직접적으로 연관된다.[32] 사자는 악마의 도상학적 전통에서 중요한 부분을 차지하지는 않는다. 왜냐하면 사자는 그리스도 자신, 그리고 전도사 마가와도 연관되기 때문이다. 사도 바울은 이브를 유혹한 것은 뱀이라고 언급하는데, 이는 뱀과 사탄이 동일시됨을 암시하는 것이다. 「요한계시록」 20장 2절에 따르면, 악마, 용, 뱀, 이 세 가지가 동일시된다. 그러나 사탄과 뱀의 연관성은 신약성서에서는 강조되지 않는다. 에덴동산에서 벌어진 최초의 사건을 제외하고 이후에도 기독교의 전통이 유지되면서 사탄은 좀처럼 뱀으로 묘사되지 않는다. 사탄에게 영원토록 주어진 갈라진 혀는 뱀과의 연관성을 나타내기도 하지만 「요한복음」 8장 44절에 나오는 거짓의 아비로서의 역할에서 상당 부분 기인할 수도 있다.[33]

신약성서에는 나오지 않지만 이후의 전통에서 날개는 악마와 매우 자주 연관되는데, 이것은 악마가 공중을 지배한다는 것을 상징한다. 악마가 지닌 이러한 힘은 두 군데에 나타나 있다. 유대교의 종말론에서 타락한 감시 천사들은 하늘나라에서 공중으로 던져지는데, 그들은 그곳에서 방황하면서 악행을 저지른다. 피타고라스주의와 중기 플라톤주의에 따르면, 신과 사람 사이에 존재하는 영들의 계급이 있는데 그들은 공중에 머문다. 바람과 폭풍이 있는 공중은 바빌로니아의 악령 파주주(Pazuzu)가 보여주듯이 항상 위험한 영역이었다. 악마는 공중을 지배하고 그러면서 자연스럽게 날개는 악마가 하늘을 날 때 사용하는 도구의 일부가 되었다.[34]

구약에서처럼 신약에서도 바다의 소금물은 대체로 악으로 여겨졌다. 「요한계시록」에 따르면 바다로부터 짐승이 나온 곳, 뱀이 그리스도의 어머니에게 물을 강같이 토한 곳, 그리고 큰 음녀가 물 위에 앉은 곳에서 고대로부터 혼돈의 물이라고 하는 악이 나타난다. 반면에 신선한 물은 매우 선하다. 그것은 몸의 질병을 치료하고 세례를 통해 영혼을 정화한다. 후기 기독교 민간 전승에 따르면, 악마들은 개울이나 여러 형태의 물을 건너는 능력이 부족하다고 여겨지기 때문에 물은 사람들을 악마로부터 보호해주는 역할을 한다고 전해진다.[35]

후기 기독교의 전통에 의하면, 악마의 색은 붉은색 아니면 검은색으로 나타난다. 신약의 여러 편 가운데 「요한계시록」에서만 붉은색을 악으로 묘사한다. 「요한계시록」에서 붉은색은 사나운 말들 가운데 한 마리에 나타나는 색이고, 음녀의 색이며, 음녀가 타는 짐승의 색이거나 용의 색이다. 「요한계시록」 12장 3절에 나오는 붉은 용으로부터 붉은색과 악마가 연관되면서 쉽게 기독교의 전통이 되었다.[36] 악마의 검은색은 하나님의 나라에 대적하는 어둠의 군주로서의 역할과 악마가 타락한 후에 갇혀 있었던 지하세계 혹은 구덩이와의 관련성으로부터 자연스럽게 도출된다. 두 개의 왕국, 빛과 어둠 사이의 투쟁은 신약의 중심 테마이므로 영구히 사탄의 이미지가 어둠의 군주로 고정되었다.[37] 붉은색은 다소 모호하지만, 신약에서 어둠이나 검은색이 선의 색으로 언급된 적은 없다.[38] 하지만 어디에서도 사탄이 실제로 검다고 묘사된 적은 없다. 사탄은 육체가 아니라 영이고, 자기의 목적에 따라 모습을 바꿀 수 있는 능력을 가지고 있고, 심지어는 빛의 천사로도 바꿀 수 있다(「고린도후서」 11:14). 그러나 이후에 나타나는 예언서에서는 악마를 명확하게 검은색으로 묘사한다.[39]

신약성서에 나타난 전통적인 악마의 개념은 후기 유대교의 종말론적인 입장을 크게 벗어나지 않는다. 이 두 문헌은 거의 동시대에 나타난 것이며, 같은 헬레니즘적인 유대교의 환경에서 나온 것이기 때문이다. 신약은 헬레니즘적인 유대교의 많은 요소들을 개념적으로 받아들인다. 악마는 하나님의 창조물이고 타락한 천사의 대장이지만, 대체로 훨씬 엄청난 권능을 가지고 있는 것처럼 행동한다. 악마는 이 땅을 지배하며, 영과 육, 천사나 인간 등 하나님의 나라에 대적하는 수많은 세력들을 대표한다. 사탄은 하나님의 적일 뿐만 아니라 하나님에 대적하는 모든 것들을 지휘한다. 하나님을 따르지 않는 사람은 누구라도 사탄의 지배 하에 있는 것이다. 이러한 능력으로 사탄은 상당히 강력한 악의 원리로 나타난다. 종말론적인 유대교처럼 기독교도 이원론을 채택하지는 않지만, 사탄의 권능이나 속성, 그리고 궁극적인 운명은 마즈다교의 아리만과 유사하다. 사탄이 유대교의 선한 하나님의 적인 것처럼 하나님의 아들 그리스도의 적이기도 하다. 그리스도가 빛의 군대를 지휘하듯이 사탄은 어둠의 군대를 지휘한다. 이 우주는 빛과 어둠, 선과 악, 영혼과 물질, 정신과 육체, 새 시대와 구 시대, 하나님과 사탄으로 나누어진다. 하나님은 모든 것들을 창조하시고 그것들의 선함을 보증하지만, 사탄과 그의 왕국은 이 세상을 타락시킨다. 그리스도는 이러한 구 시대, 악의 시대를 멸망케 하고 그 대신에 새 시대를 건설하기 위해 온다. 마침내 사탄과 그 세력들은 싸움에 져서 내던져지고 아마도 절멸을 당할 것이고, 그리스도의 또 다른 나라, 선과 빛, 영혼의 왕국이 영원토록 세워질 것이다. 이러한 관점에 따르면 적어도 세 가지 면에서 지금까지의 이원론은 완화된 것으로 보인다. 즉, 비록 사탄에 의해 타락되긴 했지만 선한 하나님은 이 세상을 본질적으로 선하게 만들었고, 사탄 자신도 하나님의 피조물이며, 이렇게 창조된 세계는 그 자체로 모호한 의미를 갖는다. 두 왕국 사이의 투쟁이 정말로 우주적인 차원이었는지 아니면 인간 사회에서만 발생한 것인지 명확하지 않다. 그리고 이 세상의 마지막 때 그리스도는 사탄에게 최후의 승리를 거둔다. 그러므로 신약성서에 나타난 이원론은 그노시즘과 같은 극단적인 이원론은 아니다. 그러나 그렇다고 해서 일원론은 더욱더 아니다. 신약에 나타난 기독교는 반(半)이원론적인 종교로 이해할 때 가장 타당하다. 즉, 하나님의 유일함과 선함이 유지되면서도, 불확실하기는 하지만 한편으로 악마에게도 아리만 정도의 광대한 영역이 주어진다.

　　사탄에게 막대한 권능이 주어진 이유는 두 가지다. 첫째는 단순히 마즈다교, 오르페우스교, 헬레니즘의 종교와 철학, 신약의 기독교에 전해진 후기 유대교의 전통 때문이다. 두 번째, 이러한 전통들은 신정론이 가지고 있는 문제에 대해 호의적인 해결책을 제시했기 때문에 적극적으로 수용되면서 더욱 강화되었다. 사탄이 우주를 타락시켰기 때문에 단순히 악의적인 재난으로 사람들에게 주어진 것이든 사람들의 죄에 대한 처벌을 의미하든지 간에 죽음, 질병, 폭풍과 같은 자연적인 재해들이 생겨난 것이다. 도덕적인 악은 사탄이 없어도 인간들에게 존재할 수도 있지만, 사탄은 지속적으로 유혹을 통해 도덕적인 악을 부추기고 죄를 지은 사람들은 자동적으로 사탄의 지배 하에 들어간다. 매일 모든 곳에서 모든 생명에 대해서 사탄과 그 세력들은 하나님의 나라를 방해하기 위해 활동하고 있다. 사탄은 거짓, 살인, 전쟁의 근원이고 사람들을 유혹하고 비난하며 벌을 준다. 사탄은 질병으로 사람들을 괴롭히고 심지어 사람들을 홀리기도 한다. 악마의 뿔과 어둠, 모습을 바꾸는 능력과 신약에서 악마에게 부여된 다른 도상학적인 특징들은 모두 이러한 엄청난 권능의 상징일 뿐이다. 신약에 나타난 악마는 하찮은 농담이 아니고, 쉽게 그저 단순한 상징으로만 받아들여질 존재는 아니다. 그리고 악마는 신약성서에서만 제시되는 주변적인 메시지가 절대 아니다. 그리스도의 구원 사명은 그와 대립되는 악마의 권능을 통해서만 제대로 이해될 수 있고, 이것이 신약성서의 전체적인 요지다. 이 세상은 끔찍한 슬픔, 고통, 괴로움으로 충만해 있다. 그러나 사탄의 세력 너머 어딘가에 이러한 고통에 의미를 부여하는 더 강력한 세력이 있다.[40]

7
악마의 얼굴

악을 선하다 하며 선을 악하다 한다.
-「이사야서」 5:20
**신을 섬기지 않는 사람이 사탄을 저주하면,
그는 자기 자신의 영혼을 저주하는 것이다.**
-「집회서」 21:27

어린 소녀가 어둠 속에서 울고 있다. 우리는 이유도 없이 끊이지 않고 악이 출몰하는 세상에 살고 있고, 단순한 도덕적인 무지보다 악을 더 심각하게 생각한다. 악이란 개체를 초월해서 목적과 힘의 통일성을 가지고 있는 것으로 인식된다. 수세기 동안 이러한 생각이 표출되면서 악의 원리를 단정하고 인격성을 부여하는 전통이 형성되었다.

이러한 전통은 히브리-기독교적 사유에서 가장 철저하게 발전되어왔다. 신화적이고 철학적인 여러 요소들이 복잡하게 뒤섞인 이러한 전통은 다음과 같은 특징을 가지고 있다. ①이 전통은 살아 있다. 개개인의 정신은 계속해서 악을 지각한다. 피 흘리는 병사, 불구가 된 아이, 유린당한 마을의 노파, 살해당한 인질, 이들은 추상적인 존재가 아니라 정말로 고통을 겪은 실존하는 사람들이다. 오늘날과 같은 물질적인 세상에서도 악령을 추방하고 빙의에 대한 관심이 되살아났다는 것을 증명하듯이 악은 계속해서 인격화된다. ②이 전통이 살아 있기 때문에 시간이 지나면서 계속 발전한다. 이 개념의 추이는 새로운 형식에 의해 계속 강화되고 수정되고 있다. ③이 전통은 아직 정점에 도달하지는 못했기 때문에 지금 바로 악마에 대한 최종적인 정의를 내릴 수는 없다. 하지만 신약 시대에 이해되었던 식으로 악마를 정의할 수는 있다.

이러한 전통에서 가장 중요한 발전은 일원론에서 이원론적인 방향으로 바뀐 것이다. 일원론은 하나의 신적인 원리를 전제하고 있으며, 다신교적 일원론은 많은 신들이 그러한 단일한 원리에서 나온다고 설명한다. 유일신은 대립물들이 일치된 것이고, 선과 악 모두에 원인이 된다. 이러한 양면성은 두 가지 방식으로 표출된다. 첫째, 각각의 개별적인 신성도 유일신 자체가 그렇듯이 양면적일 수 있다. 둘째, 호루스와 세트처럼 반대되는 원리를 대표하는 두 가지 신성은 짝을 이룰 수 있다.

이란은 최초로 명확하게 일원론에서 벗어나기 시작했고, 그곳에서 조로아스터의 추종자들은 각각 독립적인 두 개의 원리를 주장했다. 하나는 선한 신, 빛의 신이고, 다른 하나는 악한 신, 어둠의 신이다. 이란의 이원론에서 두 가지 원리는 영으로 나타난다. 그리스에서는 또 다른 이원론이 영혼과 물질의 대립을 주장하면서 등장했다. 이 두 가지 이원론—이란과 그리스에서 나타난 이원론—은 후기 유대교와 기독교 사상에 통합되어 결과적으로 선한 하나님은 영과 연관되고 악마는 물질과 연관되었다.

일원론에서 탈피한 세 번째 부류가 히브리인들 사이에서 나타났다. 일찍이 히브리인들은 신적인 원리가 현현한 것은 오직 야훼뿐이었다고 주장했고, 자신들이 믿던 신이 유일신이 되었다고 주장했다. 또한 히브리인은 자신들이 믿는 유일신이 항상 선하기를 원했고, 그래서 암묵적으로 그리고 무의식적으로 신에게서 선한 측면과 악한 측면을 구분해서 그 선한 측면을 하나님이라고 부르고, 악한 측면을 악마라고 불렀다. 하지만 자신들 종교의 본질적인 원리가 일신교였기 때문에 두 가지 분리된 원리를 계속 주장할 수는 없었다. 결국 악한 영, 악마를 파격적인 지위에 남겨두었다. 한편으로 악마는 악의 창시자이고, 악마가 있음으로 해서 하나님은 이 세상에 만연된 수많은 악에 대한 직접적인 책임은 면하게 되었다. 그러나 다른 한편으로 악마는 독립적인 원리가 아니라 신의 피조물이고 심지어는 신의 종 역할도 한다. 이러한 파격은 일원론과 이원론 사이의 암묵적인 긴장 관계를 초래했다. 구약성서에서 두드러지지 않았던 악마는 외경, 예언서, 신약성서에서 주목을 받게 되었다. 악마는 단순히 지엽적인 미신들로부터 생긴 파생물이 아니라 신 자체로부터 자신의 내력을 갖게 된다. 악마는 선한 하나님의 짝이자 이중체다. 악마는 신의 그림자가 된다. 일원론에서 이원론으로 바뀌면서 신정론에도 변화가 생겼다. 대부분의 고대 종교에서는 신정론이 신화 속에 암시적으로 표현되었다. 그러나 그러한 영향을 받았던 그리스의 철학 사상, 그리고 유대교와 기독교의 저자들은 이성적이고 명시적인 신정론을 추구했다. 철학자들은 모든 지력을 가진 존재들에 적용 가능한 도덕 법칙을 이성적인 개념으로 형성했다. 이러한 작업을 통해 악을 이성적이고 도덕적으로 정의할 수 있었다. 신화 속에서 악은 모호하게 정의되어왔다. 이제 철학은 도덕적인 악과 자연발생적인 악 사이의 차이를 구분하고, 그 두 상황에 알맞게 악마의 역할을 정의했다.

악마는 이 세상의 악에 어느 정도 관여했는가? 우주가 완벽하다고 주장하는 이집트 사상은 신정론을 필요로 하지 않았다. 메소포타미아와 가나안, 그리고 초기 그리스인들과 히브리인들 사이에서, 이 세상이 뭔가 잘못 되어가고 있다고 느껴지게 되었다. 그래서 이러한 악의 원인을 여러 가지로, 즉 악한 영, 인간이 잘못 선택한 자유의지, 헤아릴 수 없는 신의 의지 등으로 돌렸다. 이원론은 악에 대한 신의 책임을 면제해주고, 대신에 그 책임을 독립적이고 악의를 가진 영에게 돌리면서 신정론을 급격하게 변화시켰다. 후기 히브리 사상과 기독교 사상은 모두 일원론과 이원론의 긴장 관계에 놓여 있었다. 일신교를 주장할 때 그들은 신에게 악에 대한 부분적인 책임을 남겨두었다가 이원론으로 기울자 대부분의 책임을 악마에게 전가했다.

악마와 악령들 사이의 관계는 항상 모호했고, 신약성서에 나타난 악령들은 여러 가지 요소들이 혼합된 것이었다. 그 가운데 한 가지 요소가 타락한 천사라는 것이었다. 악령들이 타락한 천사라고 한다면, 그들은 베네 엘로힘, 즉 신의 아들들에서 유래하는 것이 된다. 이런 맥락에서 보면 이 악령들은 악마와 신적인 기원을 공유하며, 악마는 타락한 천사들 가운데 첫째고 가장 강하므로 '악마와 다른 악령들'이라고 한꺼번에 부를 수도 있다. 그러나 악령은 고대의 다른 전통에도 그 연원을 가지고 있다. 그것들은 폭풍이나 으스스한 숲의 위협적인 영, 죽은 자들의 복수하는 유령, 질병을 가져오는 자들, 그리고 영혼을 홀리는 광포한 영으로 나타난다.

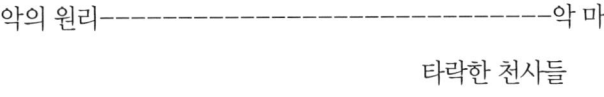

악의 원리――――――――――――――――――악 마
　　　　　　　　　　　　　타락한 천사들
　　　　　　　악령들
　　이교도의 신들
　　자연의 영들

이어지는 전통 속에서 인격화된 악의 특징들이 점차로 부풀려진다. 이집트와 메소포타미아에서 악한 영들의 활동에 관해 산발적으로 알려진다. 가나안에서 악의 영 모트는 죽음과 불임을 상징한다. 이란의 아리만은 파괴자이며 사기꾼이고, 탐욕과 욕망이 인격화된 것이며, 어둠의 군주, 거짓의 지배자, 그리고 거짓 자체이기도 하다. 이러한 고대 종교 안에 뿌리 깊게 존재하는 여성적 원리의 양면성에도 불구하고 악의 원리가 여성으로 인격화하지는 않았다는 점이 이상하다. 이집트의 세크메트, 가나안의 아나트, 그리스의 헤카테 이들 모두 양면성을 가지고 있다. 이란의 음녀 예, 그리고 거짓의 영 드루이는 여성 악령으로 나타나지만, 대장이며 남성인 악의 원리 아리만 휘하에 소속된다. 헬레니즘 시대의 여성 다이아드는 냉혈한으로 규정되었다. 기타 다른 여성 악령들—릴리투, 라바르투, 고르곤, 세이렌, 하르피이아, 그리고 라미아스—은 악의 원리라는 높은 단계에 결코 도달하지 못하는 하위 존재들이었다.

    악마를 다루는 기독교의 도상은 그 연관성이 항상 분명한 것은 아니지만, 고대부터 내려오는 선례가 있다. 악마는 붉은색이다. 붉은색은 세트를 추종하는 자들의 특징이었지만, 세트의 붉은색과 중세 악마의 붉은색 사이에 어떤 연관성이 설명된 적은 없었다. 한 마리의 붉은색 뱀이 마르둑의 신전을 장식하고 있었지만, 역시 연관성은 확실하지 않다. 악마의 붉은색이 지하세계의 삼킬 듯 이글거리는 불에서 나온 붉은색에서 유래한 것일 수도 있다. 또 다른 경우에 악마는 검은색을 띤다. 세트는 가끔씩 검은 돼지로 나타나고 디오니소스도 때때로 검은색을 띠었는데, 그 연관성 역시 분명하지 않다. 악마가 나타내는 검은색은 죽음, 절멸, 밤의 공포를 상징하는 어둠과의 연관성에서 유래한 것일 수도 있다. 릴리투와 릴리스, 그리고 라미아스는 밤의 피조물이며, 이집트에서 그리스, 그리고 이란에서 로마에 이르기까지 죽은 자들의 세상은 검은색으로 묘사된다. 가나안의 모트와 그리스의 하데스는 죽음과 어둠의 신이다. 어둠과 가장 직접적으로 연관되는 것은 마즈다교인데, 거기에서 아리만은 빛이 없는 곳을 관장하는 신으로 정의된다. 어둠의 원리가 도상학적으로는 검은색으로 변형될 수도 있지만, 악마는 죽음과 태양 없는 지하세계와의 연관성 때문에 창백하게도 나타날 수 있다. 중세의 신앙에서 그토록 두드러지게 나타나는 차갑고 역겨운 악마의 모습은 아리만의 도상에서 직접 유래된 것이다.

인도, 이집트, 메소포타미아에서 영이 짐승의 모습으로 나타나는 것은 양의적인 신성과 연관된다. 여러 다른 문화권에서는 악한 영만이 동물의 모습으로 나타난다. 악과 연관된 동물들은 돼지, 전갈, 악어, 개, 자칼, 고양이, 쥐, 두꺼비, 도마뱀, 사자, 뱀, 그리고 용이다. 이것들 가운데 돼지, 고양이, 두꺼비, 개, 뱀은 유대-기독교 전통에서 가장 흔하게 나타난다. 염소의 형상을 한 악마는 주로 판의 이미지에서 유래한 것이다. 이러한 동물 모양을 한 조상들로부터 악마는 자신의 발톱, 갈라진 발, 덥수룩한 털, 거대한 남근, 날개, 뿔, 꼬리를 물려받았다.

위에 나온 악마의 특성 가운데 세 가지는 수성(獸性)에서 기원하지 않는다. 여러 메소포타미아 신들의 어깨에서 발견되었던 날개는 신적인 권능의 오랜 상징이고, 이는 메소포타미아에서 히브리의 케루빔이나 세라핌의 어깨 위로 옮겨왔다. 이란의 아후라 마즈다는 강력한 날개로 자신의 고귀한 태생을 상징했다. 신들의 전령사 헤르메스는 발목과 다리에 날개가 달려 있었다. 고대로부터 뿔도 권세와 다산성을 상징한다. 악마의 '갈퀴'는 포세이돈이 가지고 다니던 땅·공중·바다에 대한 삼중 지배를 상징하는 고대의 삼지창에서 부분적으로 유래된 것이고, 한편으로는 죽음의 상징(카룬의 나무 망치)에서 한편으로는 지옥에서 저주받은 자들을 고문할 때 쓰는 도구들에서 유래된 것이다.

    신이나 천사들처럼 악마도 어떤 하나의 형상으로 제한되지 않는다. 악마는 마음대로 자신의 모습을 바꾸는 능력을 가지고 있고, 사람들을 속이기 위해 잘 생긴 젊은이나 아름다운 소녀, 심지어는 빛의 천사로도 나타난다.

    악마와 지하세계의 연관성은 악마를 죽음이나 다산성과 연관짓는다. 이집트, 메소포타미아, 가나안, 초기 그리스, 그리고 초기 히브리인들 사이에서 지하세계란 죽은 자들이 창백한 환영 같은 존재를 끌고 오는 장소였다. 그곳에서 죄인들을 괴롭힌다는 생각은 두드러지게 나타나지 않았다. 이란의 이원론이 나타나고 그리스 철학자들이 도덕적인 정의를 내리게 되면서, 지하세계에서 처벌이 행해진다는 측면이 더욱 두드러지게 되었다. 이란에서 죽은 자들은 낙원에 도달하기 위해 친바트 다리를 건너야 했는데, 악령들이 밑에 숨어서 죄인들이 다리에서 떨어져 고통의 구덩이로 떨어지도록 했다. 그리스 신들 가운데 하데스는 더욱 사악한 타르타로스와 합쳐지면서, 처음엔 아주 소수(하늘에서는 프로메테우스, 지하세계에서는 탄타루스와 익시온)에만 가해졌던 처벌이 부당한 짓을 한 모든 사람들에게 확대되었다. 게헤나와 스올이라는 히브리의 개념이 합쳐져서 지하세계는 고통의 장소가 되었고, 예언서에서는 악마와 그를 따르는 악령들이 머무는 곳이 되었다. 이러한 모든 요소들이 합쳐져서 지옥이라는 개념이 기독교의 전통에 형성되었지만, 신약성서에서는 이러한 개념이 아직 명확하게 형성되지는 않았다.

    죽음과 지하세계에 관한 개별적인 종말론은 우주의 종말론, 이 세상의 마지막이란 생각과 연관되었다. 이란의 이원론이 나타나기 전에는 이 세상의 종말, 모든 사태의 절정을 반드시 가정할 필요가 없었다. 그러나 선한 영과 악한 영 사이의 대대적인 싸움에서 한쪽은 승리하고 다른 한쪽은 멸망하게 되면서 막을 내리자 어떤 식으로든 절정이 불가피하게 되었다. 투쟁의 시대 이후에 악마의 권세가 확대되는 동안에 신이 내려와 마지막 싸움이 벌어졌고, 여기서 악마는 패배하여 영원히 구덩이에 갇혀 멸망케 되었다. 그 위대한 날에 악마와 제휴했던 사람들은 영적인 존재든 인간적인 존재든 자신들의 우두머리와 운명을 같이하게 된다.

하지만 악마가 몰락한다는 관념은 전통적으로 모호하게 표현되었다. 종말론은 악한 자가 최후로 몰락하고 멸망한다는 것을 상징한다. 그러나 마즈다교는 이전의 몰락을 두 가지로 설명한다. 하늘에 최초의 전쟁이 시작되어 아리만이 처음부터 오르마즈드의 빛을 탐내하자, 오르마즈드는 아리만을 바깥의 어둠 속으로 던져버렸다. 또 다른 판본에 의하면, 아리만을 하늘에서 땅을 통해 태초의 물 아래로 던져버렸다고 한다. 비슷한 종말론을 미트라교에서도 찾아볼 수 있다. 히브리인들과 기독교인들은 두 차례에 걸친 사탄의 몰락을 더욱 강조해야만 하는 이유가 있었다. 암묵적으로는 이원론적이지만, 이들은 전통적으로 사탄은 독립적인 원리가 아니라 빛의 하나님과 공존하며 처음부터 다른 피조물들처럼 선한 하나님의 창조물이라고 주장했다. 그러므로 하나님의 뜻을 거역하는 사탄의 자유의지로 인해 신의 은총으로부터 첫 번째로 타락한다고 가정할 필요가 있었다. 이러한 최초의 몰락은 도덕적인 것이었지만, 사탄과 그 추종자들의 자유의지에 의한 것이든 아니면 선한 하나님의 천사들이 강제로 하늘에서 내쫓아서 그랬든 간에 위치적으로도 하늘에서 내려오게 되었다. 감시 천사들과 함께 처음에는 자발적으로 내려왔지만, 잇따른 두 번째 몰락은 자발적이지 않고 선한 천사들이 땅에 있는 계곡이나 구덩이에다 악한 것들을 집어던졌을 때 발생했다. 악한 천사들이 하늘에서 강제로 추방되어 첫 번째로 내려오게 되었다고 묘사된 판본에 따르면, 악한 천사들은 공중이나 땅 위로 내

던져지거나 구덩이나 계곡에 던져졌다. 결국 기독교에서는 이러한 다양한 이야기들을 단 하나로, 즉 하늘나라에서 지옥으로 내던져진다는 이야기로 통합되었다.

    신약 시대에 나타나는 악마의 중요한 특징은 다음과 같다. ①악마는 악이 인격화된 것이다. ②악마는 사람들의 몸을 공격하거나 홀려서 사람들에게 육체적으로 피해를 끼친다. ③악마는 사람들을 파멸시키거나 하나님과의 싸움에서 뽑아 쓰기 위해 사람들을 꾀어 죄를 짓도록 하면서 사람들을 시험한다. ④악마는 죄지은 사람들을 비난하거나 벌을 준다. ⑤악마는 악한 영, 타락한 천사, 악령의 무리를 이끄는 대장이었다. ⑥악마는 고대로부터 파괴적인 본성을 지닌 영이나 유령들이 나타내는 악의 특성들을 대부분 받아들인다. ⑦악마는 하나님의 나라가 도래하는 그때까지 이 세상의 물질과 육체를 지배한다. ⑧마지막 때까지 악마는 선한 하나님에 대적하는 전쟁을 끊임없이 계속한다. ⑨악마는 이 세상의 마지막 때에 선한 하나님에게 패배를 당한다. 악마라는 개념은 이러한 기본적인 윤곽을 유지해왔다.

    유대교와 기독교 전통은 여러 분파로 나누어지기 시작했는데, 유대교는 점차로 악마의 역할을 엄격하게 제한하는 랍비교의 전통을 따랐다. 기독교는 학문적으로나 대중적으로 이러한 개념을 더욱 강하게 발전시켜나갔다. 기독교의 전통은 악마와 악령들을 타락한 천사와 동일시하기 시작하면서 악마에게서 신적인 기원을 제거하고 악령들을 이끄는 군주로서의 악마와 악령들을 동화시켰다. 기독교적인 전통은 자연과 인간을 지배하는 능력에 따라 선한 천사와 악한 천사의 본성과 계급을 분명히 나누었고, 그들이 만일 가지고 있다면 어떤 종류의 육체를 가지고 있는지 하는 문제를 제기했다. 기독교의 전통에 의하면, 모든 일이 끝나고 나서가 아니라 처음부터 악마가 반란을 일으켰고, 그에 따라 신의 은총에서 타락해가는 시간이 정해져 있고 사탄이 타락하게 된 동기에 대해 논의되었다. 욕망, 자만심, 아담에 대한 질투 혹은 신에 대한 시기심 등이 이유였다. 기독교의 전통은 악마와 창세기에 나온 뱀, 루시퍼, 이들 모두를 명백하게 동일시했다. 기독교에서는 천사들이 공중에서 떨어졌는지 아니면 구덩이로 떨어졌는지, 지옥은 어디에 위치해 있는지, 지옥은 영원한 것인지, 그리고 악령들이 그곳에서 고통을 받았는지 아니면 저주받은 자들을 괴롭히기만 하는지, 자신들에 대한 처벌은 이후로 미루어지는지 등을 질문했다. 이 전통은 빙의, 사로잡힘, 악령추방과 같은 복잡한 신론을 발전시켰고, 악마와 적그리스도, 더 확대해서 '알 수 없는 악마의 육체' 일부분에서 나온 이교도들, 유대인, 그리고 기타 '비기독교도들'을 관련시켰다. 논의된 것은 인간들이 저지른 죄의 대가로 악마에게 인간을 지배할 권세를 어느 정도나 주었는지, 그리스도는 악마의 권세로부터 인간을 어떤 방식으로 자유케 했는지 등이다. 신약에 나타난 악마는 개념이 발전하고 있는 전체적인 방향 가운데 어느 한 단계의 개념일 뿐이지만 악마에

M. C. 에셔, 〈만남〉, 1944. 통합의 세 단계를 보여주고 있는데, 우선 두 그룹의 인물들이 무의식 속에서 희미하게, 함께 존재한다. 그러다 그들은 나뉘어 서로 반대 방향으로 움직이다가, 마침내 의식의 단계에서 재회한다(에셔 재단, 헤이그 시립미술관).

대한 진실을 구성한다.

    나는 이 책을 통해 형이상학적인 용어가 아니라 역사적인 용어로 말하고 있다는 점을 분명히 하려고 노력해왔다. 역사학자로서 나는 하나님의 정신이나 악마의 정신에 직접적으로 접근할 수는 없었고, 악마의 객관적인 존재를 문제삼지 않고 역사적으로 발전해온 악마의 개념을 연구할 뿐이다. 하지만 이러한 주제를 학문적으로 조사하려면 방법론적인 관점에도 도덕적 책임이 따르게 마련이다. 한 사람의 인간으로서, 또 한 사람의 역사가로서 어쩔 수 없이 내 자신의 결론을 추가할 수밖에 없었다고 믿는다. 그밖에도 전체적으로 복합적인 인간으로서 나는 개인적인 것과 직업적인 것 사이의 차이, 지적인 것과 인간적인 것 사이의 차이를 피할 수밖에 없었다. 결과적으로 악마에 대한 나의 개인적인 견해는 나의 역사적인 관점에서 모순되지 않으면서 확대되었다.

악마가 정말로 존재할까? 이 문제는 네 가지 차원에서 고려될 수 있다. 첫 단계에서 어떤 것에 대한 확실성도 절대적인 지식도 절대로 존재할 수 없다. 데카르트의 "나는 생각한다, 그러므로 존재한다"도 너무 멀리 나갔다. 즉각적이면서도 직접적으로 경험할 수 있는 유일한 것은 사유(생각)고, 그래서 확실하게 말할 수 있는 것은 사유가 존재한다는 것이다. 확실성이 부족하다고 해서 유아론으로 되돌아가야 한다는 의미는 아니다. 결코 절대적이라고는 할 수 없더라도 지식을 추구하고 발견시킬 수는 있다. 두 번째로, 우리는 경험으로부터 유효한 외삽법을 통해 지식을 추구한다. 사람들은 사물을 그 자체로 알 수는 없지만 지각되는 대로 사물을 알 수는 있다. 이 단계에서 하나의 방법론을 선택하게 되는데, 이러한 선택은 부분적으로는 신념에서 나오고 부분적으로는 경험을 바탕으로 한 판단에서 나온다. 나는 개념의 역사라는 방법론을 선택했다. 왜냐하면 이 방법이야말로 물질적인 본성에 깊이 뿌리박혀 있지 않아서 과학적 방법론으로는 접근하기 힘든 개념을 이해하기에 가장 좋은 방법을 제공하기 때문이다. 개념의 역사를 선택하게 되면 자기자신의 경험에서 시작해서 다른 사람들의 경험을 이해하게 되고, 경험이 표출되는 방식에 따라 진행되면서 결국 그렇게 표출된 예측 가능한 발전이나 전통을 추구하게 된다. 세 번째로, 선택된 방법론을 기초로 해서 알아낼 수 있는 것을 설정한다. 네 번째로, 그러한 지식을 자신의 삶 속에 통합한다.

나는 악마에 대해 무엇을 알고 있는가? ①나는 악으로 인식되는 어떤 힘을 직접적으로 경험했다. 그렇게 경험된 악은 통일성과 목적의식을 가지고 있으며, 나 자신을 초월한 어떤 것으로부터 나온다. ②이러한 경험은 여러 문화권에 사는 정상적인 사람들에게는 매우 평범한 일이어서 미친 짓으로 간단히 처리해버릴 수 없는 일이다. ③이러한 경험은 내 자신을 초월한 것에서 나오는 것으로 보인다. 그 이유는 내 자신을 초월해서 객관적으로 존재하기 때문이 아니라 나의 무의식으로부터 나오는 것이기 때문이다. ④하지만 이러한 초월성도 그 자체로 지각의 일부이고 다른 사람들도 지각할 수 있는 것이므로 진지하게 받아들여져야 한다. ⑤이러한 경험이 나를 초월한 것에서 나오는 것이라면, 이 경험은 정확하게 무엇에 관한 것인가? 그러한 경험이 발생하게 되면 그 실체를 어떻게 묘사할 것인가? 각각의 사람들은 이러한 경험을 자기자신의 개인적이고도 문화적인 편견에 따라 해석하게 되고, 따라서 지각되어 알려진 내용이 너무나도 다양하게 존재하게 된다. ⑥내가 가지고 있는 사적이고 문화적인 편견들은 선택된 방법론에서 배운 내용을 통해 조정되고 수정되어야 한다. ⑦선택된 방법론은 적어도 악의 원리가 존재한다고 주장하는 역사적 전통의 발전 과정이 정의될 수 있음을 보여준다. 당연히 많은 문화권에 사는 많은 사람들이 이러한 관점을 공유하지 않는다는 난점을 지적할 수도 있다. 한 사람의 인간으로서 나는 내 신념에 대한 개인적인 근거를 제시하고 있을 뿐이다. 물론 나는 악마가 존재하는지 확신하지도 못하며, 하물며 악마가 존재한다면 그가 어떤 존재인지에 대해서는 더욱 확신이 없다. 하지만 모든 단서들을 고려해보면 악의 인격화, 악의 원리가 존재한다는 것을 믿고 있고, 그것이야말로 사람들이 원하는 바라고 하겠다.

여기서 또 다른 중요한 문제가 제기되어야 한다. 오늘날 악은 어떤 역할을 하는가? 악마에 대한 믿음은 긍정적인 가치를 지니는가? 그렇지 않은가? 악마에 대한 믿음은 해로울 수 있다. 왜냐하면 악마에게 악을 전가함으로써 악덕에 대한 우리 자신의 개별적인 책임, 부당한 사회 · 법 · 고통에 대한 정부의 책임을 심사숙고하지 않게 될 수도 있기 때문이다. 또한 심각한 심리적 위험에 노출될 수 있는 사탄주의를 시험해보려는 사람들에게도 해로울 수 있다. 그러나 악마에 대한 믿음이 줄 수 있는 한 가지 이점도 있다. 인간은 어떤 이유에서든 본질적으로 선하고 악은 교육이나 형법, 복지정책이나 도시계획 등에 의해 교정될 수 있다는 과거의 자유주의적인 신념은 그 유효성을 입증하지 못했다. 기본적으로 악이 존재하고 그에 따라 악을 조정하고 극복하려는 강력한 노력이 필요하다는 인식은, 학문적으로도 심리적으로도 사실에 가까울 뿐만 아니라 사회적으로도 더욱 유익할 수 있다. 더욱이 적어도 유신론자들은 자연발생적인 악마론에 대해 다시 한 번 고려해보아야 한다. 자연신학이 선에 대한 인간의 보편적 경험으로부터 추정될 수 있다면, 자연히 악마론은 악에 대한 인간의 보편적 경험으로부터 추정될 수 있을 것이다.

악마의 이야기는 잔인하지만, 악의 실존적 공포를 무시하거나 부정하는 세계관은 모두 환영에 불과하다. 어둠 속에서 울고 있는 이반의 아이는 창조물 전체만큼이나 가치 있는 것이고, 어떤 의미에서는 창조물 전체와 같다. 유신론이든 무신론이든 어떤 세계관을 가졌든지 간에 그녀의 고통을 과소평가하고, 그러한 고통이 존재하지 않는다고 선언하거나 거기에 정교한 철학적 정당성을 부여하려 한다거나, 더 위대한 선이란 관점—그러한 선에 신의 이름이든 아니면 인간의 이름이 부여되든—에서 그 고통을 설명한다면, 그러한 견해는 그녀의 삶과 모든 사람들의 삶을 공허하고 헛되게 만들 것이다. 악이 현존하고 그 와중에 세상은 끊임없는 고통을 당하면서도, 마르쿠스 아우렐리우스는 다음과 같이 쓸 수 있었다. "이 우주는 무엇으로 존재하든 창조하는 것을 좋아한다. 그래서 나는 우주에 말한다. 내가 당신과 함께 사랑할 것이다"라고.

본문의 주

1장 악의 문제

1) Feodor Dostoevsky, *The Brothers Karamazov*(New York, 1936), pp.283, 287. 끝없는 인간의 잔인성을 다룬 최근의 예에 대해서는 Colin M. Turnbull, *The Mountain People*(New York, 1973) 참조.
2) Aleksander Solzhenitsyn, *The Gulag Archipelago*(New York, 1974), p.431.
3) Solzhenitsyn, p.442
4) Solzhenitsyn, p.168.
5) 인간적인 견지에서 설득력 있게 악을 진술한 것은 Madeleine L'Engle, *A Wind in the Door*(New York, 1973)에 잘 나와 있다. 적들(Echthroi)은 우주를 절멸시키려고 'X'를 꾀한다. 그리고 은하계로부터 미토콘드리아에 이르기까지 그 어느 것도 그들의 관심 밖이다. 그들의 유일한 목적은 모두를 무로 만드는 것이다. 파괴한다는 것의 진정한 의미는 '환영의 파괴' 또는 '바람직하지 않은 것들의 파괴' 아니면 '정화(淨化)' 등이 아니다. 완전한 파괴, 즉 절멸을 의미한다.
6) 적절하게 이해한다면, 동양적인 사유에서도 무를 바람직하다고 여기지는 않는다. 물질적인 세계, 심지어는 힌두교나 불교의 이상인 자아를 부정한다고 해도 그것은 파괴를 의미하는 것은 아니다. 힌두교에서 파괴되는 것은 마야(Maya), 즉 환영이라면 남는 것은 아트만(Atman) - 이것은 브라만이기도 하다 - 즉 진정한 실재다. 힌두교에서는 명백한 실재를 파괴할 것을 요구하지만 완전한 무를 요구하지는 않는다. 불교도가 "부처의 본성은 절대선으로서의 내재적인 비존재이다"라고 말할 때, 그 의미는 서양에서처럼 존재론적인 의미의 무가 아니다. 비존재가 의미하는 바는 주체와 객체 사이의 구별이 없는 직접적이고 사심이 없는 깨달음이다. 깨닫는 과정에서 자아를 버리라는 뜻이다. 그렇게 함으로써 주체는 객체를 아우르는 존재, 모든 객체를 감싸 안는 존재가 되어 마침내 모든 것이 하나가 되는 것이다. 불교에서의 공 개념은

비존재라는 개념과 유사하다. 이 두 개념은 자아를 버릴 것을 지향하지만 그렇다고 존재 자체를 파괴하는 것(서양의 철학과 종교에서처럼)은 아니다. 이러한 문제들을 논의할 수 있게 해준 프란시스 쿡(Francis H. Cook)에게 감사한다. 동양의 비존재라는 개념은 사실 기독교적인 전통에서의 존재 개념과 같다. 이 둘은 모두 궁극적인 존재를 의미한다. 서양적인 어법에 의하면 존재가 비존재보다 우월하다고 가정한다. 나는 여기서 두 측면으로 가정한다. 첫째, 신이 존재한다면, 신은 개념적인 존재다. 더 나아가 신이 자신 이외의 어떠한 것도 존재하기를 원치 않았다면 신은 아무것도 창조하지 않았을 것이다. 신은 사실 뭔가를 창조했기(적어도 부양은 했기) 때문에, 그 창조된 뭔가는 선천적으로 선해야만 한다. 둘째, 극단적인 상황을 제외하면 우리를 위해서나 우리의 주변을 위해서도 존재가 비존재보다 낫다는 것이 인간의 공통적인 경험이다. 대체로 절멸을 원하는 것은 착오적인 행동으로 여겨진다. 아퀴나스는 사람들이 실제로 무를 선택하는 경우는 거의 없고, 대개 사람들은 잘못된 방식으로 선을 추구하면서도 악을 저지른다고 말했다.

7) Erich Fromm, *The Anatomy of Human Destructiveness*(New York, 1973). pp.9-10. 프롬과 롤로 메이는 창조적이고 적응 가능한 긍정적인 공격성과, 무자비하고 파괴적인 공격성 ─ 이것이 악의 본질이다 ─ 을 구분한다. Fromm, *The Anatomy of Human Destructivenes*; Rollo May, *Power and Innocence*(New York, 1973) 참조.
8) Richard Taylor, *Good and Evil*(New York, 1970), pp.215-217. 또한 Peter Tompkins and Christopher Bird, *The Secret life of Plants*(New York, 1973) 참조.
9) Taylor, p.207.
10) John Dillin, The Christian Science Monitor News Service, 1974년 12월 22일.
11) Richard Woods, *The Devil*(Chicago, 1974), pp.111, 120 참조.
12) Anthony Lewis, column, *New York Times*, January 27, 1975.
13) 이러한 설명은 Konrad Lorenz, *Das sogennante Böse ─ Zur Naturgeschichte der Aggression*(Vienna, 1963. 이 책은 *On Aggression*, New York, 1966으로 번역 출간되었다); Robert Ardrey, *African Genesis*(New York, 1961); Ardrey, *The Territorial Imperative*(New York, 1966); Desmond Morris, *The Naked Ape*(New York, 1967) 등의 견해를 상당히 거칠게 요약한 것이다. 이와 반대되는 견해로는 Hannah Arendt, *On Violence*(New York, 1970), pp.62-65; M. F. Ashley Montagu, ed., *Man and Aggression*(New York, 1968; Fromm, *The Anatomy of Human Destructiveness* 등 참조. 내가 보기에 프롬은 유전학전인 주장에 대해

효과적으로 공격하고 있다.

14) B. F. Skinner, *Beyond Freedom and Dignity*(New York, 1971) and *Walden Two*(New York, 1948)에서 행동주의적 입장을 가장 강하게 주장한다. 사회학적 관점에서 악을 논의한 뛰어난 논의들로는 Nevitt Sanforn and Craig Comstock, *Sanction for Evil*(San Francisco, 1971); J. Glenn Gray, *The Warriors*(New York, 1969); Kai Erikson, *Wayward Puritans: A Study in the Sociology of Deviance*(New York, 1966) 등이 있다. 빼어난 소설, *This Perfect Day*(New York, 1970)에서 반어적이고도 효과적으로 레빈(Ira Levin)은 스키너의 *Walden Two*에 나타난 행동주의를 논파한다. 그리고 프롬(Erich Fromm)은 '본성'이라는 주장과 마찬가지로 '훈육' 이론에서 나온 주장을 철저하게 논파한다.

15) Robert A. Nisbet, ed., *The Sociological Tradition*(New York, 1966), p.264.

16) Skinner, *Beyond Freedom*, p.41.

17) *Ibid.*, p.175.

18) Skinner, *Walden Two*, pp.233, 249, 268-296.

19) Antonio Moreno, *Jung, Gods, and Modern Man*(Notre Dam, 1970), p.41; Solzhenitsyn, p.178; Carl G. Jung, "Good and Evil in Analytical Psychology," *Civilization in Transition*, 2d, ed.(Princeton, 1970); The Jung Institute, *Evil*(Evanston, Ill., 1967); Erich Neumann, *Depth Psychology and a New Ethic*(New York, 1969); Viktor Frankl, *Man's Search for Meaning*(New York, 1959) 참조. 인문학적 심리학은 너무나 입장이 다양해서 여기서는 아주 간략하게나마 훑어보았다.

20) Hermann Hesse, *Demian*(New York, 1965)과 Flannery O'Connor, *The Violent Bear It Away*(New York, 1955)에 나타난 'The Stranger'라는 모티브를 참조.

21) C. G. Jung, *Septem Sermones ad Mortuos*(London, 1925), pp.17-24.

22) 그러므로 악마를 제거해야 한다는 주장은 역사적인 전통에는 어긋나는 것이다. 그렇다고 반대로 악마를 숭배하는 행위가 역사적인 전통에 의해 정당화 될 수도 없다.

23) Clyde Nunn, "The Rising Credibility of the Devil in America," *Listening*, 9(1974), 84-98.

24) Jung, "Good and Evil," p.465. 또한 Jung, "Psychological Aspects of the Mother Archetype," *Four Archetypes*(Princeton, 1970), pp.37, 39도 참조.

25) Paul Ricoeur, *The Symbolism of Evil*(New York, 1967), p.9.

26) 'devil', 'devine', 'deman'이라는 용어들은 어원학적으로 아무런 연관성이 없다.

'Divine'은 인도-유럽어의 어근 deiw에서 온 것으로, '하늘' '천국' 또는 '신'을 의미한다. 이 어근은 이란어의 daevas, 인도어의 devas, 라틴어의 divus로 파생된다. 'Devil'이라는 말은 독일어의 Teufel과 네덜란드어 duivel이 같은 어원인 것처럼 라틴어 diabolus에서 유래한다. 또한 이 라틴어도 '헐뜯는 자' '비난자'라는 의미의 고대 그리스어 diabolos에서 유래된 것이고 '헐뜯다'라는 의미는 diaballein에서 유래된 것이다. diaballein의 어원적인 의미는 '내동댕이치다' 더 나아가 '반대하다'이고, 원래는 인도-유럽어의 어근 gwel, 즉 '날다'에서 유래한 것이다. 'Demon'은 그리스어 daimonion – 원래는 daimōn – 즉 '악령'에서 유래한 것인데, 한편 이것은 daiomai, 즉 '나누다'에서 유래한 것이다. 원래 그리스어의 daimōn은 '자비로운'이라는 뜻도 되고 악의가 있는 이란 뜻도 될 수 있었다. 그래서 호메로스는 daimones라는 말을 '신들'과 같은 의미로 사용했다.

27) Andrew M. Greeley, *Unsecular Man*(New York, 1972), p.212.

2장 악마를 찾아서

1) 일반적으로 악마는 악의 근원이나 본성이 인격화된 것으로 간주될 수 있지만 예외도 있다. 토마스 아퀴나스의 신학에 따르면, 악은 존재론적인 존재가 아니므로 엄밀히 말하면 어떠한 본성도 가지고 있지 않다.
2) Thomas Kuhn, *The Structure of Scientific Revolutions*(Chicago, 1962); Stephen Toulmin June Goodfield, *The Discovery of Time*(New York, 1965).
3) 제임스(William James)는 '하위 영역'이라는 용어를 사용했고 슈츠(Alfred Schutz)는 다양한 '현실'이라는 용어를 사용했다. Philip Wheelwright, *The Burning Fountain*(Bloomington, Ind., 1954), pp.23-24, 56-72, 148 참조.
4) Arthur C. Danto, *The Analytical Philosophy of History*, 2d ed.(Cambridge, 1968) 참조.
5) David E. Linge, "Dilthey and Gadamer: Two Theories of Historical Understanding," *Journal of the American Academy of Religion*, 41(1973), 536-553. 인용은 링게(Linge)가 가다머를 해석한 부분에서 따온 것이다. pp.547-550.
6) Robert A. Nisbet, *Social Change and History*(London, 1969), p.64.

7) 기능주의란 기존의 사회에 봉사하는 관념의 기능에 따라 관념을 이해하려는 노력의 산물이다. 관념을 사회구조로부터 비롯되는 것이라고 이해하고, 그렇게 얻어진 관념을 다시 사회구조를 이해하는 데 이용하는 지식사회학과 역사적으로 상당히 연관되어 있다. 이러한 방법론들은 개념을 연구하는 역사가에게 귀중한 정보를 제공하지만 궁극적으로 개념을 진지하게 받아들이지 못하게 하는 단점을 가지고 있다. 클로드 레비-스트로스의 영향력을 받고 미셸 푸코가 역사적 사유 안으로 확대시켜 조르주 뒤메질이 종교사의 영역으로 편입시킨 구조주의는, 사태가 진행되는 다양한 방식으로부터 사태가 진행되는 방식의 '구조'를 추상해내고자 한다. 이 구조는 그 자체가 실재(reality)이며, 외견상 다양하게 보이는 움직임(activity)의 저변에 깔린 숨겨진 의미, 감춰진 코드를 드러낸다. 구조주의는 전체를 규정 — 예컨대, 요리 — 하고, 요소들을 개별적으로 다루지는 않는다. 기존 사회에서 요리의 의미는 요리를 할 때 나타나는 다양한 관습, 절차, 그리고 맛(기호)들 사이의 관계를 구조화하는 것이다. 구조주의는 개별자들의 실재성을 소거하면서 의도적으로 탈개별적이고 불연속적인 계기를 통해 구조를 분석하고, 시간의 추이에 따른 발전과정을 다루지 않으므로 탈역사적이다. G. S. Kirk, *Myth: Its Meaning and Function in Ancient and Other Cultures*(Cambridge, 1970); Peter Mun, *When the Golden Bough Breaks*(London, 1973)에 나오는 레비-스트로스에 대한 비판을 참조. 이것들은 The *Times Literary Supplement*에 실린 익명의 비평가의 엉뚱한 주장을 상쇄하는 데 도움이 된다. 그 비평가에 따르면, 레비스트로스의 저작은 코페르니쿠스적 혁명을 이루어 어느 누구도 신화를 구조주의가 아닌 방식으로 해석할 수 없게 되었다는 것이다. 하지만 문제는 어떠한 진리체계도 다른 진리체계를 배제할 수 없다는 점이 인상적이다. 확실히 구조주의의 가장 큰 장점은 다양한 체계를 포함할 수 있는 능력에 있다. 비교학자들 — 예컨대, 비교문학이나 비교종교 등 — 은 유형학을 이용한다. 유형학은 개념들을 시간이나 공간 또는 문화적인 기원으로부터 분리해서 범주화하고 그렇기 때문에 분명히 비역사적이다. 아더 러브조이와 그의 추종자들이 구축한 방법론, 관념의 역사에서는 때때로 사회적인 조건으로부터 분리된 지적인 구성물의 발전을 강조한다. 러브조이에 대한 비판에 관해서는 Philip P. Wiener, "Some Problems and Methods in the History of Ideas," *Journal of the History of Ideas*, 22(1961), 531-548 참조. 융 심리학이 이루어낸 통찰은 개념의 역사를 이해하는 데 특히 도움이 된다. "융이 제시한 치료법의 목적은 상징계를 활성화해서 자아를 재구성하는 것인데, 이렇게 함으로써 통합이나 '개별화'가 이루어진다.……이러한 변환 과정에서 기

장 결정적인 국면은 융이 그림자와의 '만남'이라고 지칭한 순간이다. 즉, 자기자신의 본성이 가지고 있는 본능적이고, 비합리적이며, 원시적이고, 폭력적인 측면을 그 자체로 인식하는 것. 통합의 목적은 이런 사실을 인식할 뿐만 아니라 받아들이는 것이며, 억압하거나 압도당하지도 않는 것이다. 그렇게 해서 불길하고 낯설어 보이는 힘을 심리적 삶의 조력자로 바꾸는 것이다." John Halverson, "Dynamics of Exorcism: the Sinhalese Sanniyakuma," *History of Religion*, 10(1970), 334.

8) 학자들에 의해 연관된 것들을 제외하고, 문맹자들의 생각으로부터 증거를 얻는 일은 거의 불가능한 일이다(특히 19세기 이전). 20세기에 녹음기가 발명되면서 상황은 다소 바뀌었다.

9) Richard Woods, *The Devil*(Chicago, 1974), p.55. Sylvia Thrupp, ed., *Millennial Dreams in Action*(The Hague, 1962)에 실린 "The Problem of Explanation"에서 카민스키(Howard Kaminsky)가 제시한 유사한 입장 참조.

10) Nathaniel Hawthorne, "Young Goodman Brown." 내가 취한 입장은 현상학과 여러 모로 유사하다. 에드문트 후설은 태양을 지각하는 행위인 노에시스(noesis)와 지각된 태양 노에마(noema)를 구별했다. 우리가 알 수 있고 아는 현상은 이런 것들이 아니라, 오히려 보이는 대로 태양을 보는 것, 노에시스와 노에마 사이의 긴장을 통해 '반사된 것'이다. 악마의 전통에 따라 악마에 대한 나의 지각을 통합하면 내가 가지고 있는 악마에 대한 지식이 구축된다. 신의 개념을 밝히는 데도 같은 방법을 적용할지 나는 의문을 제기해왔다. 답은 물론 '그렇다'이다. 비록 '신'은 악마보다 더 복잡한 개념이기는 하지만. 나는 신 그 자체에 대해 뭔가를 알 수 있다고 생각하지 않지만, 신이라는 개념의 역사적 추이를 살펴본다면, 신의 역사가 씌어지지 못할 이유도 없다고 생각한다. 사실 종교사가들은 이런저런 방식으로 이런 계획을 오랫동안 염두에 두고 있었다.

11) John Raphael Staude, "Psyche and Society: Freud, Jung and Lévi-Strauss from Depth Psychology to Depth Sociology," *Theory and Society*, 3(1976), 303.

12) "프로이트나 융과 마찬가지로, 레비-스트로스는 문화적·정신적 현상은 내재적이고 보편적인 법칙에 따른다는 신념에서 시작했다. 그가 수행한 작업은 인간 정신의 자연적이고 보편적인 질서, 모든 계급과 세대 간의 차이, 사회적이며 문화적인 차이를 초월하고 가로지르는 질서를 분별해서 서술하는 것이었다"(Staude). 구조주의는 여러 진리체계에 적합할 수 있는 틀을 마련하는 것으로 끝날 수도 있다. 무의식에 대한 이론은 물론 프로이트 이후로 거슬러 올라간다. Henri Ellenberger, *The Dictionary of*

the Unconscious(New York, 1970) 참조. 1900년 『꿈의 해석』으로 시작해서 매우 발전되고 궁극적으로 설득력이 있는 형태로 이론을 제시한 것은 프로이트의 몫으로 남겨졌다.
13) Louis K. Dupré, *The Other Dimension*(New York, 1972), p.72.
14) 나는 이것을 유출론이라는 문제에 내재하는 일종의 선결문제 요구의 오류(petitio principii)와 같은 것이라고 인정한다. 유출설을 부정하거나 인정하는 것은 주제넘은 짓일 수 있겠지만, 서로 고립된 상황에서 왜 유사한 관념이 발생하는가라는 물음에 여러 가지 답이 있을 수 있기 때문에, 그리고 이러한 문제에서 동양과 서양 사이의 관련성이 완전하게 설정되거나 밝혀지지 않았기 때문에, 아직 설정되지도 않은 연관성을 가지고 작업을 진행하는 것은 더욱 위험할 수 있겠다. 개념의 역사라는 나의 방법론은 몇몇 성서 비평가들이 사용한 '전통의 역사'라는 방법과 유사하다. Delbert R. Hillers, *Covenant: the History of a Biblical Idea*(Baltimore, 1960) 참조.
15) Henri Frankfort, "Myth and Reality," Frankfort ed., *The Intellectual Adventure of Ancient Man*(Chicago, 1946), p.3. 유물론적인 종교 해석에 반대하는 이유는 "특정한 현상에 대한 분석이 경험적으로 타당하지 않아서가 아니라 종교 현상을 이해하는 데 타당한 것으로, 그러한 분석을 일반화하기 때문이다." Robert N. Bellah, *Beyond Belief: Essays on Religion in a Post-Traditional World*(New York, 1970), p.7.
16) Woods, pp.80-81.
17) Andrew Greeley, *Unsecular Man*(New York, 1972), p.97.

3장 동서양의 악마

1) Wendy D. O'Flaherty, *Hindu Myths*(Harmondsworth, 1975), pp.42, 46.
2) Wendy D. O'Flaherty, "The Origin of Heresy in Hindu Mythology," *History Of Religious*, 10(1970), 288.
3) *Ibid.*, p.298.
4) 이런 구분이 생기기 때문에 "수많은 상징과 관념에 대응하는 (인간의) 능력이 대부분 파괴되었고, (그래서) 인간은 영적인 지하세계(무의식)에 의해서 위치지워진다." C. G. Jung, ed., *Man and His Symbols*(New York, 1964), p.16.

5) Rudolf Anthes, "Mythology in Ancient Egypt," Samuel Noah Kramer, ed., *Mythologies of the Ancient World*(New York, 1961), p.22.
6) 중세 영어 'twynnen'는 쪼개지다, 분열되다, 출발하다, 빗나가다 등의 뜻이다.
7) 겉으로 보기엔 유사하지만, 'Devil'과 deva 사이에는 어원학적으로 전혀 관계가 없다. 'Devil'은 그리스어 diabolos, 인도 유럽어의 어원 gwel에서 유래한 것이고, deva는 인도 유럽어의 어원 deiw, '하늘' 또는 '천국'에서 온 것이다.
8) Mircea Eliade, *The Quest: History and Meaning in Religion*(Chicago, 1969), p.139. 기원전 4세기에 시작된 도교(음과 양)의 특징이기도 한 대립물의 일치라는 개념은 서구에서는 15세기쯤에 신학자 쿠사의 니콜라스에 의해 처음으로 논의되었다. 이 사상은 근대에 다시 유행하게 되어 융, 엘리아데, 에리히 노이만 등이 폭넓게 사용했다.
9) 성실한 형과 무책임한 동생에 관한 이야기는 '돌아온 탕아' 이전부터 있었던 오래된 것이다. 이 이야기는 문학에서도 자주 등장하는데, 토마스 만의 *Buddenbrooks*(Tom vs. Christian) 등이 있다.
10) 산이 이 세상에 존재하는 결점이고 인간에게는 방해물이라는 생각은 18세기까지 일반적인 것이었다. Marjorie Hope Nicholson, *Mountain Gloom and Mountain Glory*(Ithaca, N. Y., 1959) 참조. 이로쿼이족의 이야기에 관해서는 Eliade, *Quest*, p.146 참조. Eliade, *The Two and the One*(London, 1965), pp.103-124도 참조.
11) 이렇게 된 이유가 여자보다는 남자가 신학을 기술하고 신화를 만들었기 때문인지는 명확하지 않다. 농업의 여신이 사냥의 남신으로 대체된 이후에 가부장제의 성공적인 복수의 일환으로 여성에 대한 남성의 지배를 추적하는 노력들이 이루어져왔다. 하늘의 신 또는 최고의 신이 위대한 어머니를 찬탈해서 그녀의 영역을 지배한다. 그러나 이런 식의 설명은 모두 설득력이 약화되었다. 구석기 시대나 신석기 시대에 있었던 투쟁에 대한 언급들은 부족한 증거를 기반으로 하고 있어서 유라시아에서만 이루어진 선사 시대의 제도에 대해서는 어떤 것도 거의 규명되지 못했다. 여성의 양면성에 관해서는 Wolfgang Lederer, *The Fear of Women*(New York, 1968); Erich Neumann, *The Great Mother*, 2d ed.(New York, 1963); Robert Briffault, *The Mothers*, 3 vols.(New York, 1927) 참조.
12) '지옥(hell)'이란 말의 어원이 바로 이러한 일련의 의미를 확인해준다. 인도-유럽어의 어근 *kel*은 '덮다' 혹은 '은폐'를 의미하고, 영어의 '구멍(hole)', '헬멧(helmet)', 그리고 독일어의 hohl(텅 빈), Höhle(동굴), Halle(홀, 거처), 그리고 Hölle(지옥) 등의 의미가

된다.
13) S. G. F. Brandon, *The Judgement of the Dead*(London, 1967), pp.175-181 참조.
14) 검은 색을 악으로 인식하지 않는 몇 안 되는 이례적인 상황 가운데 하나는 고대 이집트의 경우였다. 이집트라는 이름은 '검은 땅'이라는 의미이고, 여기서 검은 색은 나일 강변의 생명을 주는 충적토와 연관되었고 붉게 타버린 불모의 사막과 대비되었다. 유럽의 민간전승에서 빨간 색은 악을 상징했다. 전쟁의 신 마르스도 빨간 색으로 나타났다. 유다는 빨간 머리로 묘사되었고, 윌리엄 '루퍼스'라는 이름은 모욕적으로 여겨졌고, 머리가 빨간 사람들은 마녀 숭배를 신봉한다는 의심을 더 자주 받았다. 빨간색이 악을 상징하게 된 유래는 피와의 연관성이 가장 그럴듯하게 추측되곤 하지만, 확실하지 않다.
15) John E. Williams and John R. Stabler, "If White Means Good, Then Black…," *Psychology Today*, July, 1973, pp.51-54.
16) 혼돈은 헤라클레이토스의 흐름(flux)이나 불교에서 말하는 다르마(dharma)와는 다르다. 혼돈은 실재적이라는 점에서 끊임없이 가상적으로 세계를 형성하고 나누고 다시 형성하면서, 창조적인 잠재성을 가지고 스스로 극복되면서 진정한 차이를 낳는다. 심리학적으로 혼돈은 의식 안에서 명령을 받거나 분화되어야 하는 무의식을 나타낼 수 있다. 또는 에고가 나타나기 위해서 반드시 극복되어야만 하는 부모(특히 어머니)를 상징하기도 한다.
17) 근대의 우주 발생론이 장구한 신화를 그토록 밀접하게 반복한다는 것은 이상한 일이다. 우주는 100억 년 전에 엄청나게 조밀한 플라스마(기체)로부터 형성되었다고 여겨져왔다. 어떤 천문학자들은 언젠가는 우주가 팽창을 멈추고, 그 자체로 붕괴되어 다시 혼돈으로 돌아갈 것이라고 믿는다. 특히 Mircea Eliade, *Cosmos and History*(New York, 1954) 참조.
18) Mircea Eliade, *Patterns in Comparative Religion*(New York, 1958), p.164. 또한 *Patterns*, pp.287-288 참조; Eliade, *Myths, Dreams, and Mysteries*(New York, 1960), p.219; Joseph Campbell, *The Masks of God: Primitive Mythology*(New York, 1959), pp.384-391; Erich Neumann, *The Origins and History of Consciousness*(New York, 1954), pp.5-38.
19) 달은 또한 순결을 상징한다. 달과 연관되면서 순결/다산이 혼합된 형태는 Artemis/Diana의 신화와 처녀 메리(Virgin Mary)라는 도상에 나타난다.
20) Dylan Thomas, 'Lament.'

21) 뿔에 관해서는 Frederick T. Elworthy, *Horns of Honour*(London, 1990); Jack Randolph Conrad, *The Horn and the Sword: the History of the Bull as Symbol of Power and Fertility*(New York, 1957) 참조.
22) Paul Radin, *Primitive Religion*(New York, 1937), p.112. Radin, p.245 and G. Van der Leeuw, *Religion in Essence and Manifestation*(London, 1938), pp.134ff. 참조.
23) T. O. Ling, *Buddhism and the Mythology of Evil*(London, 1962), p.61; R. C. Zachner, *Concordant Discord*(Oxford, 1970), p.173; James W. Boyd, *Satan and Māra*(Leiden, 1975). 불교도들은 기독교도들만큼 심각하게, 그리고 직접적으로 악마라는 개념을 다루지 않았다고 보이드(Boyd)는 주장한다.
24) Brandon, p.166; Charles H. Long, *Alpha*(New York, 1963), pp.47ff. 참조. 마야의 Popul Vub에 따르면, 신들은 오랫동안 자신들에게 시중들 만한 존재를 만들려고 했다. 그래서 먼저 동물들을 만들고 나서 진흙으로 인간을 만들었다. 신들은 나무로 사람을 만드는 데도 성공했다고 생각하고 있었는데, 그것들이 마침내 다시 네 발 달린 짐승으로 되돌아가 자신을 만든 신을 잊게 되었다. 신들은 홍수로 그들을 멸망시켜야만 했다. 다음번에 신들은 네 명의 훌륭한 사람들을 창조했는데, 모두 아름답고 현명했다. 그러나 신들은 이 걸물들이 자만해져서 자신들을 잊지 않을까 내심 걱정이 되어 사람과 하늘 사이에 미지의 장벽을 쌓았다. 실수를 한 사람에게 처벌할 시간조차 주지 않았다. H. Abrahamson, *The Origin of Death*(Uppsala, 1951); Geoffrey Parrinder, *African Mythology*(London, 1967) 참조.
25) 융과 여러 사람들은 트릭스터가 무의식- 모호하고, 관능적이며, 무질서한- 의 신화에서 가장 분명하게 현현된다는 것을 알고 있었는데, 트릭스터의 이야기가 꿈의 제재와 유사하다는 것은 사실이다. 트릭스터에 관해서는, Campbell, *Primitive Mythology*, pp.269-273; Eliade, *Quest*, pp.153-158; Roslyn Poignant, *Oceanic Mythology*(London, 1967) 참조. 최초로 북아메리카 인디언을 다룬 모범적인 저작은 Paul Radin, *The Trickster*(London, 1955)이다.
26) James B. Pritchard, *Ancient Near Eastern Texts Relation to the Old Testament*, 2d ed.(Princeton, 1955), p.8. Henri Frankfort, *Ancient Egyptian Religion*(New York, 1948), p.74 참조.
27) Pritchard, pp.10-11.
28) 신적인 존재 파라오는 심판을 면한다. 그는 아무런 잘못도 저지르지 않을 수 있어서 다른 신들과 영생을 누린다. 이집트인이 묘사하는 지옥의 불은 유대인의 게헤나

(Gehenna)에 영향을 주었을지도 모르고, 이를 통해 기독교의 지옥이라는 개념이 나온 것일 수도 있다. 인도, 중국, 일본에서 저주받은 자들은 주로 불꽃으로 고통을 당한다는 것을 상기해보라. 여기서 다시 자연 발생된 문제에 비교해서 전파의 문제는 해결되지 않았다. 악령들이 저주받은 이들을 고문하는 도구인 삼지창은 기독교 시대에 콥트말로 된 텍스트에는 나오지만, 이집트의 상형 문자로 된 텍스트에는 어디에도 나오지 않는다.

29) John A. Wilson, "Egypt: The Function Of the State," Henri Frankfort, ed., *The Intellectual Adventure of Ancient Man*(Chicago, 1946), p.71.

30) 정치적인 논의에 대해서는 J. G. Griffiths, *The Conflict of Horus and Seth*(Liverpool, 1960) 참조. 검은 색은 이따금 이집트에서조차도 위협적인 색이 될 수 있었다. 죽은 자를 심판하는 안푸도 검은 색이었고 때로는 세트도 검은 돼지의 모습을 취하곤 했다. 세트가 빨간 색이어서 기독교에서 악마의 색을 묘사할 때 검은 색 다음으로 빨간 색이 가장 일반적인 색이 되었다. 중세에 안색이 붉은 사람들은 악마에게 바치는 적절한 제물로 여겨졌다.

31) H. Te Velde, *Seth, God of Confusion*(Leiden, 1967), p.78. Te Velde는 심리학적 해석을 강력하게 지지한다.

32) 여기서 어린 호루스와 하늘 신 호루스는 매우 강하게 동일시된다. 원래 늙은 호루스는 자신의 한 쪽 눈을 잃었다. 호르(Hor)는 '얼굴'을 의미하고, 하늘은 두 개의 눈, 즉 태양과 달을 갖춘 얼굴로 지각된다. 전투중에 하늘은 한쪽 눈을 잃는다. 같은 신화가 스칸디나비아의 하늘 신 오딘에게서 전해진다. 그래서 불구가 된 하늘 신은 자신의 이름을 물려받을 사람(사실은 자기자신)으로 어린 호루스로 바뀐다.

33) Adolf Erman, ed., *The Ancient Egyptians*(New York, 1966), pp.47-49.

34) Samuel N. Kramer, "Mythology of Sumer and Akkad," Kramer, ed., *Mythologies of the Ancient World*, p.120.

35) "The Babylonian Theodicy," D. W. Thomas, ed., *Documents from Old Testament Times*(New York, 1958), pp.97-104.

36) Pritchard, p.61.

37) 몇몇 학자들은 에아(Ea)가 자기 집을 압수의 몸 안에 지었다거나 혹은 죽은 압수(Apsu)를 자기 집으로 만들었다는 식으로 이 판본을 해석한다. 어느 경우에든 고대의 조상에게 승리를 거둠으로써 에아(Sum, Enki)는 압수가 되있다.

38) 수메르의 신화에 니누르타, 엔키 또는 이난나와 같은 신과 쿠르 또는 아샤그라고 하는 용 사이에 벌어지는 유사한 갈등이 등장한다. 대부분의 판본에서 쿠르나 아샤그는 땅 밑, 그리고 심연의 위에 있는 거대한 지하세계(Kur)의 왕으로 나온다. 쿠르는 지하세계 그리고 질병과 죽음을 의미한다. 신은 쿠르를 죽이지만, 그가 죽자 땅 밑의 태초의 물이 터져나와 치명적인 어둠으로 모든 것을 뒤덮었다. 이 홍수는 니누르타가 쿠르의 몸에 돌을 쌓아올리자 멈추었고 그러고 나서 둑으로 물을 막았다.
39) Kramer, p.108.
40) 프레이저는 이 신화를 잘못 이해했다. 두무지/탐무즈는 죽었다가/소생하는 신은 아니다. 한 번 죽으면 다시는 소생하지 못하기 때문이다. 죽었다가 다시 소생한 것은 그의 부인 이난나/이슈타르다.
41) Georges Contenau, *Everyday Life in Babylonia and Assyria*(London, 1959), p.255.
42) 히브리인들은 아스타르테(Astarte)의 이름을 아슈토레스(Ashtoreth)로 왜곡해서 발음이 boshet(shame. 부끄러움)처럼 들리게 했다. 지중해 서쪽에 사는 페니키아 이주민들은 아스타르테를 타니트라고 불렀다. 이 여신의 가장 일반적인 상징은 초승달(혹은 뿔)이었다. 여러 모습 가운데 하나로 바알은 두 개의 뿔과 꼬리 하나를 가지고 있다. Mitchell Dahood, "Three Parallel Pairs in Ecclesiastes 10:18," *Jewish Quarterly Review*, 62(1971), 84-85 참조.
43) 바알의 죽음이 해마다 벌어지는 사건인지 아니면 몇 년에 한 번씩 주기적으로 발생하는 것인지에 대해서는 논쟁이 분분하다. 몇 년마다 벌어지는 일이라면 그 횟수가 7년일 가능성이 있다. 그러나 셈족의 언어에서 '7'은 막연한 숫자를 의미할 수 있다. 가나안 종교의 텍스트들은 난해해서 모든 해석에는 의문의 여지가 있다.
44) Translated by H. L. Ginsberg in James B. Pritchard, *The Ancient Near East*(Princeton, 1958), p.113.
45) Translated by Cyrus Gordon, "Canaanite Mythology," in Kramer, pp.197-199.
46) Hans Güterbock, 'Hittite Mythology,' in Kramer, p.145. 「창세기」 6:1-4에 쿠마르비 신화에 대한 유비가 나온다.
47) 일원론에 대한 또 다른 대안은 다원론인데, 여기에는 하나나 두 개의 절대 원리가 아니라 많은 원리들이 존재한다. 이 입장의 난점은 종교들이 좀처럼 받아들이려 하지 않는다는 것이다.
48) 정통 이슬람교 교리는 일원론과 상당히 가까워서 이 범주 안에 이슬람교의 위치를

약간 왜곡시킨다. 이슬람교도들은 조로아스터교와 마니교는 모하메드의 가르침과 전적으로 양립불가능하다는 것을 알았다. 그럼에도 불구하고, 이블리스(Iblis)나 샤이탄(Shaitan)이라는 관념이 이슬람교도의 사유에 널리 퍼져 있어서 이슬람교는 분명히 힌두교의 일원론이나 이집트 종교의 일원론과는 거리가 있다.

49) Martin Buber, *Good and Evil*(New York, 1953), p.7.
50) 조로아스터는 조로아스터의 서구적 형태다. 예언자 자신을 언급할 때는 '조로아스터'라는 말을 쓸 것이고, 그의 추종자들의 사상들을 언급할 때는 '조로아스터' '조로아스터교' '마즈다교'라는 말을 쓸 것이다. 교리의 기원에 대해서 상술하지는 않겠지만, 그것들은 조로아스터 자신에게서 나온 것이라기보다는 마즈다교에서 나온 것들이고, 상대적으로 알려진 바가 거의 없다. 조로아스터 자신의 교리를 언급할 때는 두 개의 영을 아후라 마즈다, 그리고 앙그라 마이뉴라고 부를 것이고, 마즈다교의 교의에 관해 언급할 때는 오르마즈드나 아리만이라는 후기의 용어들을 사용한다.
51) Gatha-Yasna 30:6, in Jacques Duchesne-Guillemin, ed., *The Hymns of Zarathustra*(London, 1952), p.105.
52) 몇몇 이란학자들, 특히 Duchesne-Guillemin 같은 사람들은 주르반교가 사산 시대에 개혁된 이론보다는 전통적인 교리를 따르고 있다고 주장한다. 비이란 학자들은 주르반이라는 신의 숭배는 훨씬 오래된 일이지만, 사산 시대에 이교의 기원을 지지하는 평균적인 의견으로 판단할 수 있을 뿐이라고 주장했다.
53) Gatha-Yasna 30:6, in Jacques Duchesne-Guillemin, ed., *The Hymns of Zarathustra*(London, 1952), p.105.
54) 『분다히쉰』에는 긴 판본과 짧은 판본이 있다. 짧은 판본은 늦어도 9세기경에 씌어진 것으로 추정된다.
55) Antonio Moreno, *Jung, Gods, and Modern Man*(Notre Dame, 1970) 참조.
56) "Selected Counsels of the Ancient Sages," R. C. Zaehner, *The Teachings of the Magi*(New York, 1956), p.23.
57) 이와 같은 시간의 제한, 즉 궁극적인 신의 승리를 위해 의미 있고 진보적이며 필수적인 시간 개념은 기독교의 교부들, 특히 아우구스티누스의 사상에서 다시 나타나며, 서구의 역사적 사유에 근간이 된 점을 주목하라.
58) 7이란 숫자가 바빌로니아의 영향을 받았다는 증거는 없지만, 그럴 수도 있을 것 같다. 이 숫자가 메소포타미아에서 기원한 것이든 아니든, 일곱 개의 행성에서 유래된

것이다.
59) R. C. Zaehner, *The Dawn and Twilight of Zoroastrianism*(London, 1961), p.262.
60) Zaehner, *Dawn*, p.267.
61) 조로아스터교도들이 제시하는 죄는 다른 종교와 대부분 유사하다. 폭력에 관한 죄: 화, 살인, 강간, 낙태. 무절제에 관한 죄: 폭식, 만취, 허풍. 반사회적인 죄: 불경(不敬), 인색, 나쁜 농담. 기혼자와의 간통은 죄가 되었지만, 미혼자와의 사통은 죄가 아니었다. 독신주의도 금욕주의와 마찬가지로 악습이며 신이 의도한 목적을 위해 이 세상의 질서를 거부한 죄로 간주되었다. 종교적인 터부를 위반하는 것과 관련된 죄목도 다양하다. 가축이나 기타 길들여진 짐승들을 먹는 것, 오르마즈드를 의심하는 것, 종교 의식을 부적절하게 수행하는 것, 배설물을 물과 접촉시키는 것 등등이 있다. 가장 중대한 죄, 죄 그 자체의 본질은 거짓말이었다. 다른 무엇보다도 거짓말은, 오르마즈드가 원하는 우주의 질서를 깨뜨리는 것으로 여겨졌다. 그래서 아리만의 성격에서 거짓말과 파괴 행위가 그렇게 밀접하게 연관된 이유이다.
62) 여기서 바유의 혼합된 성격이 가장 극단적으로 무섭게 나온다는 것을 주목하라. 친바트 다리를 묘사하는 부분은 하늘로 올라가는 사다리라는 기독교 신화의 모티브와 상당히 유사하다. 영혼이 천국으로 순례를 떠나는 것은 높은 사다리에 오르려는 노력으로 여겨진다. 어떤 영혼은 올라가는 데 성공하지만 어떤 영혼들은 사다리에서 미끄러져 지옥으로 떨어진다.

4장 고전 세계에서의 악

1) Erich Auerbach, "Odysseua' Scar," in his *Mimesis*(Princeton, 1953), pp.3-27.
2) 염소 이외에도 당나귀, 돼지, 늑대, 개, 수탉, 토끼, 고양이, 황소, 말 등이 세계의 여러 종교에서 빈번하게 다산성의 상징으로 나타난다. 또한 이러한 것들은 기독교의 전통에서는 악마의 모습으로 자주 나타난다. 특이하게도 뱀만은 자주 나타나지 않는다. 서유럽에서 나타나는 또 다른 다산성의 상징 녹색인간(Green Man) 역시 악마의 이미지와 동일시된다. 이와 연관된 현대적인 해석에 관해서는 Kingsley Amis, *The Green Man*(New York, 1970) 참조.

3) 『일리아스』와 『오디세이』가 한 사람의 작품이라는 데 의문의 여지가 있지만, 관례에 따라 호메로스 한 사람에 대해서만 언급하겠다.
4) F. M. Cornford, *From Religion to Philosophy*(New York, 1957), p.21.
5) 그리스에서 타락의 기원에 관한 논의에 대해서는 A. W. H. Adkins, *Merit and Responsibility*(Oxford, 1960), p.92 참조.
6) 태초에 우라노스의 자식들이 계곡에 갇히는 것은, 제우스와의 싸움에서 패한 후 티탄들이 갖게 된 운명이나 유대교의 감시 천사들이 인간의 딸들과 저지른 죄 때문에 땅의 계곡에 갇히게 된 것과 비교될 수 있다.
7) 크로노스(Kronos 혹은 Chronos)라는 말은 '시간'과는 기원이 달랐지만, 이 두 낱말은 그리스 사상에서 혼용되었다. 그래서 크로노스를 시간의 인격화로 보는 것도 타당하다. 이 둘은 창조하거나 가세하며, 세우거나 파괴한다. 크로노스는 마치 이후에 제우스가 크로노스의 장남으로도 막내로도 불려졌듯이, 우라노스와 가이아의 막내로 때로는 장남으로 불린다.
8) 헤시오도스 역시 프로메테우스를 판도라의 상자에서 빠져나온 악의 근접한 원인으로 보고 있다. 왜냐하면 제우스가 불이라는 선물을 받았던 사람들에게 벌을 주려고 판도라를 지상으로 보낸 것이라고 그가 말했기 때문이다.
9) 전체적인 이야기는 알렉산드리아의 클레멘트 시대에서야 비로소 알려진다.
10) Hans Jonas, *The Gnostic Religion*(Boston, 1958), pp.270-274; Gerschom Scholem, *The Messianic Idea in Judaism*(New York, 1971), pp.78-141; Jeffrey B. Russell, *Witchcraft in the Middle Ages*(Ithaca, N.Y., 1972), pp.123-132 참조.
11) Simone Pètrement, *Le Dualisme chez Platon, les gnostiques, et les manichèens*(Paris, 1947), p.16.
12) Hermann Fränkel, *Early Greek Poetry and Philosophy*(New York, 1973), p.111.
13) 어떤 원인론적인 신화에서는 최초의 라미아를 제우스가 사랑한 리비아의 여왕으로 묘사한다. 이를 질투한 헤라가 라미아의 자식들을 죽였고 이를 복수하기 위해 라미아는 세상을 돌아다니며 남자들을 유혹하거나 어린아이들을 죽였다. W. H. Roscher, *Lexikon der griechischen und römischen Mythologie*(Leipzig, 1894-97), vol. II(2), 1818-1821.
14) 알라스토르는 사람들을 유혹하기도 하고 그런 다음에 벌을 주기도 한다. 클리템네스트라(아가멤논의 아내)는 아트레우스의 알라스토르가 그녀로 하여금 아가멤논을 죽이게 했다고 주장한다. 아이스킬로스, 『아가멤논』, 1497-1508.
15) Philip Wheelwright, *Heraclitus*(Princeton, 1959), p.90.

16) 나는 여기서 두 가지 이유로 아리스토텔레스의 저작을 다루지 않는다. 먼저 12세기 아리스토텔레스의 사상이 부활하기 이전까지 플라톤에 비해 아리스토텔레스의 영향은 미미했다. 둘째로, 아리스토텔레스는 대체로 플라톤의 이원론에서 일원론적인 방향으로 돌아갔다.
17) 『베니스의 상인』, V.i.
18) Wiliam C. Greene, *Moira*(Cambridge, Mass., 1944), pp.309-310. 플루타르크와 티레의 막시무스(180년 활동), 그리고 켈수스(179년 활동)의 입장은 비슷했다.
19) 고전적인 저작으로는 Arthur O. Lovejoy, *The Great Chain of Being*(Cambridge, Mass., 1936)이 있다. J. Den Boeft, *Calcidius on Demons*(Leiden, 1977) 참조.
20) Mark W. Wyndham, "The Concept of the Gnostic Heretic in Patristic Literature,"(Dissertation, University of California, Riverside, June 1975), ch.3.
21) Wyndham, ch.2.

5장 히브리적인 악의 인격화

1) 예를 들면, 학자들은 모세 6경이 (몇몇 사소한 것들뿐만 아니라) 네 개의 중요한 자료 - 야훼스트(기원전 900년경), 엘로이스트(기원전 800년경), 신명기 편자들(기원전 680년경), 사제들(기원전 450-400년) - 에 기초한다는 데 동의해왔다. 그러나 이 자료들이 어떻게 나온 것인지는 확실하지 않다. *American Historical Review*, 79(1974), 1149에 실린 Frank Moore Cross, *Canaanite Myth*에 대한 고든(Cyrus Gordon)의 비평 참조. 'Apocrypha'라는 말은 그리스어 apokryptein(숨기다)에서 유래한 것이고, 'apocalypse'라는 말은 apokalyptein(드러내다)라는 말에서 유래한 것이다. 이 문헌들은 위전(僞典)이라고도 불리는데 그 이유는 이 문헌의 저자들은 고대의 족장이나 선지자라고 생각되기 때문이다. 때로는 'apocrypha'라고도 불리기도 하지만, 그 문헌 가운데 어느 것도 정전(正典)에 속하지는 못했다. 쿰란 문헌은 예언서와 같은 맥락에서 적절하게 고려될 수 있다. Harold H. Rowley, *The Growth of the Old Testament*, 3d ed.(London, 1967); David S. Russell, *The Method and Message of Jewish Apocalyptic*(Philadelphia, 1964) 참조.
2) Carl G. Jung, *Answer to Job*(London, 1954), p.369. 이 문제는 지난 세기 동안에 걸쳐

Gustav Roskoff, *Geschichte des Teufels*, 2 vols.(Leipzig, 1869)를 시작으로 해서 여러 작가들에 의해 인식되었다. Paul Volz, *Das Dämonische in Jahwe*(Tubingen, 1924); Gustav Mensching, "Teufel: Religionsgeschichtlich," *Religion in Geschichte und Gegenwart*, 3d ed.(Tubingen, 1957), VI, 704-705. 이 문제를 가장 명쾌하게 지적한 사람은 바로 융이었는데, 그의 저작을 이어받아 그의 제자 가운데 한 사람이 악마의 기원을 가장 잘 설명했다. Rivkah Schärf Kluger, *Satan in the Old Testament*(Evanston, III, 1967)는 저자의 처녀 때 유럽식 이름으로 처음 출판되었다: Rosa R. Schärf, *Die Gestalt des Satans im Alten Testament*(Glarus, 1948). 그리고 Rivkah Schärf라는 이름으로 C. G. Jung, *Symbolik des Geistes*(Zurich, 1953)의 제3장에 "Die Gestalt des Satans im Alten Testament"가 실렸다. 그녀의 저작은 탁월했지만, 두 가지 한계를 가지고 있었다. 때때로 확실한 근거보다는 융의 해석을 더 많이 취했다. 그리고 경외서나 묵시록에서 히브리인들이 악을 인격화한 것들을 제대로 다루지 않았다. 나는 이 장을 서술하는 데 Kluger의 저작에서 매우 많은 도움을 받았다. 그녀의 저작은 융의 사유를 이용해서 개념의 역사를 해명하는 하나의 전형을 보여준다. Robert Gordis, *Book of God and Man*(Chicago, 1965) pp.69-71은, 신과 사탄이 나누어진 것은 마즈다교의 영향 때문이라고 주장했다. 야훼와 유일신을 동일시하면 지나친 단순화에 빠질 위험이 있다. 가장 초기의 성서적인 전통 가운데 하나는 야훼주의적 전통인데, 이들은 유일신을 야훼라고 칭한다. 그러나 엘로히스트들은 엘로힘(Elohim)이라는 용어를 사용한다. 후자는 대체로 '하나님(Lord)'이라고 번역된다. 물론 우리가 사용하는 하나님이라는 용어는 히브리의 언어학적인 기원보다는 오히려 독일어의 기원을 가지고 있다. 야훼나 엘로힘이라는 두 용어 모두 모세 5경의 편집자들에 의해 하나의 존재를 지칭하는 것으로 동화되었다. 하지만 두 개의 용어가 다르게 사용되었다는 것은 사실이었고, 야훼주의자들이나 엘로히스트들이 글을 쓸 때 같은 개념을 사용하고 있다고 생각했는지는 자명하지 않다. 마치 엘로히스트들이 유일신을 복수로 간주한 것처럼, '엘로힘'이라는 말은 수적으로 복수라는 이상한 성질을 가지고 있다. 간단하게 말하면, 대체로 나는 이스라엘의 신을 지칭할 때는 엘로힘이라는 말보다는 야훼라는 말을 사용할 것이다.

3) 「여호수아」 7-8; 11:10-15; 11:20.
4) 「출애굽기」 3:19; 7:13-22; 9:12, 35; 10:1, 20, 27; 11:10; 13:15.
5) 마르둑, 호루스 또는 아후라 마즈다에 대해 말할 때보다 야훼에 대해 말할 때 비유적인 말을 사용하기가 더 어렵다. 왜냐하면 성서의 신, 그리고 성서의 신만이 개관적으

로 존재하는 신의 이념(idea)이라는 서구 문명의 오랜 전제 때문이다. 신자들뿐만 아니라 무신론자들도 이렇게 전제한다. 여기서 나의 입장은 다르다. "야훼가 했다"라고 말할 때, 그 의미는 "마르둑이 했다"라고 말하는 것과 같다. 즉, 나는 예컨대, "여호수아의 저자는 야훼가 했다라고 믿거나 또는 말했다"라는 문장을 줄여서 "야훼는 했다"라는 문장을 쓴다.

6) 「창세기」 3장에 나오는 아담과 이브가 추방당한 이야기에 대한 해석은 계속해서 생생한 논쟁의 주제가 되었다. 근대의 학자들은 「창세기」 3장의 저자가 뱀과 악마를 동일시하려 했다는 의견에 반대한다. 경외서나 나중에 나온 문헌에서만, 뱀은 사탄의 도구나 사탄 자신이 된다. 아담과 이브의 죄에 대한 최근의 해석 가운데 설득력이 다음의 글들 참조. Martin Buber, *God and Evil*(New York, 1953); George Wesley Buchanan, "The Old Testament Meaning of the Knowledge of Good and Evil," *Journal of Biblical Literature*, 75(1956), 114-120; W. Malcom Clark, "A Legal Background to the Yahwist's Use of 'Good and Evil' in Genesis 2-3," *Journal of Biblical Literature*, 88(1969), 266-278; Joseph Coppens, *La Connaissance du bien et du mal et le péché du paradis*(Louvain, 1948); A. M. Dubarle, *The Biblical Doctrine of Original Sin*(New York, 1964); J. M. Evans, *Paradise Lost and the Genesis Tradition*(Oxford, 1968); Robert Gordis, "The Knowledge of Good and Evil in the Old Testament and the Qumran Scrolls," *Journal of Biblical Literature*, 76(1957), 123-138; Cyrus Gordon, *The Ancient Near East*, 3d ed.(New York, 1965), pp.36-37; Julius Gross, *Entstehungsgeschichte der Erbsündendogmas; von der Bibel bis Augustinus*(Munich, 1960); Herbert Haag, *Is Original Sin in Scripture?*(New York, 1969); F. R. Tennant, *Sources of the Doctrines of the Fall and Original Sin*(Cambridge, 1903); Norman P. Williams, *The Ideas of the Fall and of Original Sin*(London, 1927).

7) 대체로 엘로히스트의 자료는 기원전 800년경으로 거슬러 올라간다. Aubrey Johnson, *The One and the Many in the Israelite Conception of God*, 2d ed.(Cardiff, 1961) 참조.

8) Kluger는 *Satan*, p.101, n. 54에서 학자들이 주인이신 주(Yahweh Seba'ot)라는 용어에 대한 정확한 해석에 관해서 의견의 일치를 보지 못하고 있음을 시사한다.

9) Theodore M. Gaster, *Myth, Legend, and Custom in the Old Testament*(New York, 1969), p.79에서 banim과 유사한 가나안어에 대해 논의한다.

10) 「창세기」 6:1-4. 이 문단은 노아의 생애를 논하는 과정에서 나오는데, 저자의 의도가 이 사건이 노아의 시대에 발생했다고 말하려는 것이었는지는 분명하지 않다. 네피림

은 '떨어지다'라는 의미의 히브리어 nerfal에서 유래한 것으로 보인다.
11) 「시편」 82:1-7. 시편의 연대는 기원전 3세기 또는 2세기경이다. 이 문단의 중간쯤에 문헌 비평이 가해진 몇 구절은 따로 떨어져 다른 문맥에서 「시편」을 마지막으로 편집한 사람에 의해 삽입되었다. 이렇게 삽입된 구절들은 자손들 대신에 인간의 군주들을 지칭한다. Bernard Bamberger, *Fallen Angels*(Philadelphia, 1952), pp.10-11 참조. 이 구절들은 라틴 철학과 그리스 철학에 커다란 영향을 주었다. 불가타 성서(4세기에 된 라틴어역 성서)에서 중요한 구절은 "Deus stetit in synagoga deorum… Ego dixi; dii estis, et filii Excelsi omnnes."『70인역 성서』에는 이렇게 되어 있다: "Ho theos estē en synagōgē theōn… Egō eipa, theoi este, kai hyioi hypsistou pantes." '신'은 히브리어 El로, '신들'은 elohim으로 번역되었다. '지존자'는 Elyon인데, '높은 신'으로 번역된 것 같다.
12) 「에스라서」 2:14.
13) 이것은 에녹 전서 또는 에티오피아 판본만이 유일하게 현존하므로 에티오피아의 에녹으로 알려진 책이다. 이 책은 기원전 200년경부터 기원전 60년경까지로 추정되는 여러 요소들로 구성되어 있다. 이와 관련된 장은 6장에서 36장까지이다. 종말론적인 문헌에 관한 이것과 다른 참고 문헌에 대해서는, R. H. Charles, *The Apocrypha and Pseudepigrapha of the Old Testament*, 2 vols.(Oxford, 1913), II: *Pseudepigrapha* 참조.
14) 스올(Sheol, 음부)은 「민수기」 16:30에 처음 나오고 그 다음은 「욥기」 30:23에 나온다. 지옥은 땅 아래에 있으며 '파괴, 망각 그리고 침묵'만이 있는 곳이다(Charles, p.230). 죽은 개개인들의 영혼은 육체에서 분리되어 기쁨도 없이 외롭고 음울한 상태로 그곳에 있게 된다. 선한 것과 악한 것 모두 죽으면 그곳으로 간다. 기원전. 2세기부터 종말론적인 시대 동안에, 원래의 개념이 마지막 심판과 징벌이라는 관념으로 바뀌었다. 예언서의 저자들이 죽은 자들로부터 정의로운 자들만 부활하고 부당한 자들은 아래에 남겨지는 것으로 부활의 범위를 제한하기 시작한 이래로, 스올은 처벌의 장소로 여겨지기 시작했다. 당시에 스올은 게헤나라는 개념과 동화되었다. 게헤나(Ben-hinnom)는 원래 셈족의 신 몰록 숭배와 연관되는 예루살렘 근처의 계곡이다. 예레미야는 이곳을 저주했고(7:31-32; 19:2, 6; 32:35), 「이사야」(66:24)는 반역적이고 신앙을 버린 유대인들은 그곳에서 불로 처벌을 받는다고 말한다. 「에티오피아의 에녹」에서, 이곳은 배교한 유대인들을 처벌하는 장소로 되어 있다. 랍비들에게 게헤나는 이방인들에게는 영원한 저주의 장소이고, 반역을 저지른 유대인들에게는 일시

적인 처벌의 장소였다. 일단 스올과 게헤나라는 개념이 혼합되면서, 이 혼합된 개념은 기독교의 지옥이라는 개념으로 채택되었다.

15) 이후에 '천사'를 언급할 때「창세기」의 문단을 끌어들인 유대인들의 의도는『70인역 성서』에 반영되는데, 거기에서「창세기」에 나오는 bene ha-elohim의 원래 번역은 angeloi였는데 - 그래서 필론에도 나온다 - 이후에 좀더 정확한 해석인 hyioi로 바뀐다.

16) 셈야자는「에녹」6:3에서 처음으로 감시 천사들의 지도자로 불려진다. '감시 천사'라는 말은「에녹」10:7에서 처음으로 사용되고 예언서의 저자들이 가장 일반적으로 사용하는 용어다. 이 말은 구약성서에서는「다니엘서」에서만 나오는데,「다니엘서」자체도 기원전 166~164년에 쓰어진 예언서이다.

17) Belial(그리스어: Beliar)은 '없는'이라는 의미의 beli와 '가치'라는 의미의 ya'al에서 유래한 것으로 보이므로 그 의미는 '가치 없는'이 된다. Theodore H. Gaster, "Belial," *Encyclopedia Judaica*(New York, 1970), 4, 427-428; Hans W. Hupperbauer, "Belial in den Qumrantexten," *Theologische Zeitschrift*, 15(1959), 89 참조. 쿰란 문헌에서 이 말은 여러 가지 방식으로 사용되는데, 어떤 때는 악을 의미하는 형용사로만 사용되고 또 어떤 때는 악이 인격화된 존재를 일컫는 말로 사용된다. 구약성서에서 벨리알은「신명기」(3:13),「사사기」(19:22, 20:13), 그리고「사무엘 상」(1:16, 2:12, 10:27, 25:17)에 나오지만 인격성은 거의 또는 전혀 가지고 있지 않다. 벨리알이란 말은「신명기」13:14,「잠언」19:29,「나훔」1:11에서처럼 단순히 비난받을 만한 행동을 하는 사람들을 일컫는 보통명사이다. 벨리알은 예언서나 쿰란 문헌에서는 악의 왕으로 나온다. 벨리알은 랍비 문헌에는 전혀 등장하지 않는다. J. Michl, "Katalog der Engelnamen," *Reallexikon für Antike und Christentum*, V(1962), 209 참조. 마스테마는 히브리어 mastemah ('증오') 혹은 아람어 mastima('비난자'_에서 유래한 것으로 사탄과 연관된다. 마스테마는 구약에서는 나오지 않지만 경외서 시대에는 악의 왕으로 나온다. Michl, p.221. 아자젤 또는 아사셀은「레위기」16:8, 10:26에 나오는데, 그 구절들에서 아자젤의 성격은 나쁘게 정의된다. 여기서 아자젤은 불순한 원리인 듯하다. 나중에는 악의 왕이 된다. 그의 이름은 'azaz 그리고 'el에서 유래한 것인데 '신의 강한 것'이라는 의미다. 그는 원래 사막의 신이었는데, 태양이 강렬하게 타도록 만든 가나안의 신 Asiz에서 유래한 것으로 보인다. 이집트의 세트가 아자젤에게 영향을 주었을 가능성도 있다. Kluger, p.41; Roskoff, I, p.183; Michl, pp.206-207 참조. 사타나엘 또는 사타나일은 사탄에게서 유래한 것이다. 이것도 구약에는 나오지 않지만 경외서 시대에는

악의 왕으로 나온다. Michl, pp.232-233. 이름의 유래가 sami('눈먼')인 사마엘은 아모라익(amoraic) 시대에 처음 등장한다. Michl, p.231; Scholem, 'Sammael', *Encyclopedia Judaica*, 14, 719-722 참조. '반역자' 또는 '감시자'를 의미할 수도 있는 이름을 가진 셈야자는 주로 예언서에서 악한 천사들의 우두머리로 나온다. Michl, p.234. 벨제붑 또는 벨제불은 구약에 에크론의 왕으로 나온다. 『70인역 성서』와 신약에서는 히브리어로 벨제불이라고 번역되었고, 그것이 『불가타 성서』에서는 벨제붑으로 채택되었다. 이 이름의 기원은 확실하지 않다. Edward Langton, *Essentials of Demonology*(London, 1949), pp.166-167 참조. 벨제붑은 신약에서는 악마를 일컫는 이름으로 자주 나오는데, 구약이나 예언서에서는 아직 나타나지 않았다.

18) 「사무엘 하」 19:22. 불가타 성서에는 다음과 같이 번역되었다. "Cur efficimini mihi hodie in satan?" 사탄이 구약성서에서 보통명사로 나오는 또 다른 예는 다음과 같다. 「사무엘 상」 29:24; 「열왕기 상」 5:4, 11:14-25; 「시편」 109:6(『70인역 성서』: diabolos; 『불가타 성서』: diabolus).

19) 여기 나온 '사탄'은 『70인역 성서』에서는 디아볼로스, 그리고 『불가타 성서』에서는 사탄으로 번역된다. 이 문단의 시기는 바빌론 유수 이후 초기인 기원전 520~518년으로 거슬러 올라간다.

20) 이 구절의 두 번째 부분이 성도(聖都) 예루살렘에 대해 사탄이 "악의를 드러낸다"고 번역되었다면, 야훼에게 대적했다는 것을 더 강하게 암시하는 것이다. 그러나 이 구절의 원래 의미는 매우 불분명하다.

21) 아자젤이라는 이름은 「민수기」에 나오는 희생양 이야기에서 유래하지만, 에티오피아의 에녹에 나오는 아자젤의 성격은 명확해진다.

22) 「에티오피아의 에녹」 9:6; 10:8.

23) 「에티오피아의 에녹」 15:11

24) 「에티오피아의 에녹」을 쓴 저자는 처벌의 수단으로 홍수를 사용하지 않았다는 점에 주목하라. 또 한편으로는 「창세기」에 나오는 이야기에서 자손들에 대한 처벌로 대홍수를 의도하지는 않았다는 지적도 있다.

25) 「에티오피아의 에녹」 98:4.

26) 「에티오피아의 에녹」 54:6, 이후에 사탄은 그들의 지도자이면서 동시에 그들을 처벌하는 자로 추가적으로 명명된다.

27) 「주빌리서(Jubilees)」는 기원전 135년에서 기원전 105년 사이에 메시아의 왕국이

곧 도래하리라고 예상했던 바리새인들에 의해 씌어졌다.
28) 「주빌리서」 4:15.
29) 「주빌리서」 5:6-11.
30) 「주빌리서」 10:1-12. Mastema와 Satan은 같은 것으로 여겨진다.
31) 「주빌리서」 19:28.
32) 게다가 단의 성서(기원전 109~106)에서는 사탄이 감시 천사들의 우두머리라고 전하고 있다.
33) T. Reub. (109-106 B. C.), 5:6-7.
34) 에녹 비서는 슬라브의 에녹 또는 에녹 하라고도 불린다. 완전하게 잔존하는 유일한 판본이 슬라브어로 되어 있다.
35) 「이사야」 14:12-15
36) G. R. Driver, *Canaanite Myths and Legends*(Edinburgh, 1956), pp.22-23. 여기서 채택된 히브리어 번역은 Helen ben Shachar이다.
37) 이 신화들에서 근본적으로 일치하지 않는 것은 타락의 시간의 전후 관계이다. 아담과 이브가 이미 에덴을 떠나 여러 세대의 자손을 낳은 후에 감시 천사들은 하늘에서 떨어지고, 그들의 죄는 노아 시대에 나타난다. 감시천사들이 인간의 딸들을 유혹하고, 또한 인류에게 유용한 지식을 가르쳐준다. 그러나 인간들이 이런 지식을 습득하게 되자 신은 분노했다.
38) Karl Schmidt, "Lucifer als gefallene Engelmacht," *Theologische Zeitschrift*, 7(1951), 161-179 참조.
39) Kluger, pp.55-76 참조.
40) 「욥기」 1-2장, 42:7-17.
41) 그러나 욥의 시에서 파괴의 멍에를 사탄에게 전가하기에는 충분하지 못하다. 왜냐하면 사탄은 신이 모든 파괴 행위에 대한 책임을 가지고 있다는 것을 알고 있기 때문이다.
42) 「지혜서」 2:24; 『70인역 성서』 diabolos; 『불가타 성서』 diabolus.
43) 「사무엘 상」 16:14-16; 18:10-11; 19:9-10.
44) 이 구절은 나중에 거의 그대로 「역대 상」 21:11-15에 반복된다.
45) 이 구절은 나중에 거의 똑같이 「역대 하」 18:18-22에 반복된다.
46) 이 둘의 연대는 거의 같은 시대였을 것이다.

47) 「사무엘 하」 24:1; 「역대 상」 21:1.
48) 「주빌리서」 48:9-15; 49:2
49) 「주빌리서」 48:1-3; cf. 「출애굽기」 4:24
50) 「주빌리서」 17:15 – 18:12. 마스테마는 미드라쉼에 흥미로운 내세를 갖는 것으로 나온다. Shalom Spiegel, *The Last Trial*(New York, 1967)을 보라.
51) 「주빌리서」 10:8; 23:29; 48:15-16.
52) Charles가 번역한 「에녹서(The Book of Enoch)」에 W. O. E. Oesterley가 쓴 서문, p.xiv 참조. 「에티오피아의 에녹」은 원본의 형태가 기원전 200년경부터 기원전 60년경에 걸쳐 많은 작가들에 의해 구성되었다.
53) 「에티오피아의 에녹」 40:7; 65:6.
54) 셈야자는 「에티오피아의 에녹」 6장 3절에서 감시 천사들의 우두머리로 나오지만 다른 곳에서는 부수적인 역할만을 할 뿐이다.
55) 「에티오피아 에녹」 9:6; 10:8.
56) 「에티오피아 에녹」 10:4, 12, 21; 55:3-56:8; 64:1-2; 67:4-7, 88.
57) Lat. 11.
58) 어떤 면에서 아담이 천사들보다 신과 더 비슷했는지는 수세기 동안 계속해서 신학자들을 괴롭힌 문제이다. Charles Trinkaus, *In Our Image and Likeness*(Chicago, 1970) 참조.
59) Lat. 15:3.
60) Lat. 12-17
61) 악으로서 벨리알에 관해서는 「유다서」 25:3; Test. Iss. 7:7 참조.
62) Test. Sim. 5:3; Test. Gad. 4:7; 5:1-2; Test. Dan. 3:6; 5:1.
63) Test. Ben. 7:2.
64) Test. Reub. 4:11; Test. Jos. 7:4; Test. Ash. 1:8; 3:2.
65) Test. Iss. 6:1; Test. Zeb. 9:8.
66) 「레위기」 19:1; Test. Naph. 2:6; Test. Jos. 20:2; Test. Dan. 6:2-4.
67) Test. Dan. 6:1-7.
68) 「레위기」 18:12.
69) Test. Ash. 6:4
70) 「모세 승천기」 10:1.
71) 바룩의 「그리스 계시록」(3 바룩) 4:17

72) Herbert G. May, "Cosmological Reference in the Qumran Doctrine of the Two Spirits and in Old Testament Imagery," *Journal of Biblical Literature*, 82(1963), 1-14.
73) The Common Rule, 3. in Vermes, *Dead Sea Scrolls*, pp.75-76.
74) Common Rule, 11I(Vermes, p.93).
75) Vermes, p.48.
76) Vermes, p.47. 어둠의 무리를 이끄는 지도자로서 사탄은 War Rule 4, 11, 13(Vermes, pp.128, 138, 140-141)을 알고 있기 때문이다.
77) Damascus Rule, 4(Vermes, pp.100-101)
78) Community Rule, 1-3(Vermes, pp.73-76)
79) Community Rule, 3(Vermes, p.76).
80) War Rule, 13(Vermes, p.141); War Rule, 4(Vermes, p.128), 11(Vermes, p.138) 참조.
81) Damascus Rule, 2; 8(Vermes, pp.98, 105).
82) Vermes, p.48.
83) 히브리의 악령들은 바빌로니아와 가나안의 영향을 상당히 받았고, 이란으로부터도 약간의 영향을 받은 듯하다. 『70인역 성서』에서 히브리어 shed는 다소 긍정적으로 연상되는 daimōn을 고의적으로 피해서, 파괴적인 의미를 함축하고 있는 용어인 daimonion으로 번역된다. 라틴어와 영어에서 demon은 오로지 부정적인 의미만을 담고 있다. Gaster, *Myth*, pp.574-576, 764 참조.
84) 「레위기」 16:1-23, 17:7; 「역대 하」. 11:15; 「이사야」 13:21, 34:14. se'irim은 히브리어 sa'ir('털이 많은 것' 또는 '숫염소')에서 유래된 것이다. Kluger, pp.43-44 참조.
85) 토비트 3:7-9, 6:14-19, 8:2-3. 여기서 이 악령은 한 페르시아 여인의 일곱 남편을 죽인다.
86) 「이사야」 5:14.
87) Kluger, p.51. 아자젤: 「레위기」 16:8-26; 「에티오피아의 에녹」 6:7; 8:1; 9:6. 구약성서와 신약성서에서 선과 악으로 나타나는 상징에 대한 심도 있는 논의에 대해서는 Otto Böcher, *Dämonenfurcht und Dämonenabwehr*(Stuttgart, 1970) 참조.
88) 헬레니즘 시대에 유대인들에 미친 그리스의 영향에 대한 강력한 논증에 대해서는 T. F. Glasson, *Greek Influence in Jewish Eschatology, with special Reference to the Apocalypses and Pseudepigraphs*(London, 1961) 참조. 고든(Cyrus Gordon)은 가나안의 영향에 대해 논증했고, 클루거(Rivkah Schärf Kluger)는 바빌로니아에서 비난자 개념의 유도를 위해 개인

각각에는 비난의 신과 비난의 여신이 있다고 했다. Kluger, pp.134-135 참조.
89) 이러한 논증에 대해서는 Helmer Ringgren, *The Faith of Qumran: Theology of the Dead Sea Scrolls*(Philadelphia, 1963), p.78; David Russell, pp.238-239 참조. 구약성서에서 스가랴는 바빌로니아 유수 직후에 씌어졌고, 분명히 욥기는 그 당시에도 현재의 형태대로 존재했다. 여기에 나타난 사탄의 이미지와 신의 반대자로서 「역대기 하」에 나타난 사탄의 역할은 이란 사상의 영향을 받았을 수도 있다. 이러한 영향에 분명한 암시는 악령 아스모듀가 아시마 데바의 모습으로 나타나는 토비트서에 나온다. 그러나 이러한 영향에 대해서도 지금까지 의문시되어왔다.

6장 신약성서에 나타난 악마

1) 지금 우리가 가지고 있는 초기 기독교 문헌들은 대체로 초기의 구전된 자료나 글로 씌어진 자료들로부터 나온 것이라고 인식되고 있다. 신약성서를 이루고 있는 편들은 50년경부터 100년경에 걸친 기간 동안 씌어진 것이다. 기독교의 외경은 다양한 기원과 연대를 이루고 있는데, 어떤 편들은 2세기 초에 시작되었고 어떤 편들은 늦어도 5세기경으로 추정된다.
2) 지난 반세기 동안 성서 비판에 나타난 두드러진 경향은 역사적 예수를 발견하기 위해서 역사 비판이라는 방법을 통해 신약성서를 세밀하게 연구하는 것이었다.
3) Richard H. Hiers는 "Satan, Demons, and the Kingdom of God," *Scottish Journal of Theology*, 27(1974), 35-47에서 이러한 논의를 설득력 있게 진술한다. 또한 Morton Kelsey의 *Encounter with God*(미네아폴리스, 1972), pp.242-245를 보라. Kelsey는 예컨대, 성령에 대해서 340개의 인용문을 언급하고 기적에 대해서는 604개의 인용문을 언급한 것과 비교해서 신약성서에 나타난 악령과 악마에 관해서는 568개의 인용문을 언급한다.
4) Wallace I. Matson, *The Existence of God*(Ithaca, N.Y., 1965) 참조.
5) 이 논의는 악이 배제되지 않는 일신론적인 신에는 반대하지 않지만, 기독교에서 생각하는 신에는 반대한다. 몇몇 무신론자들은 일신론적인 신론의 문제를 마지못해 제기하지만, 대부분은 기독교가 신에 대해서 내리는 정의를 강요하면서 이상하게 기독교에 경의를 표해왔다. 메트슨(Marson)은 비정통적인 유신론을 게임의 법칙으로

삼기를 거부한다. 매트슨이 보기에, 게임의 법칙은 자신이 신의 존재를 반박할 수 있는 그런 방식으로 신을 정의하는 것이다.
6) 히브리어 satan을 그리스어로 번역한 것, 즉 satanas는 신약성서(「고린도 후서」 12:7, 「마태복음」 12:26)에 33번 나온다. Ho diabolos 역시 33번 나온다(「마태복음」 4:3, 13:39). '적'이라는 의미의 Ho echtros도 나온다(「마태복음」 13:25, 39; 「누가복음」 10:19_. 위에 나온 세 가지 모두 유대교의 종말론적인 문헌에도 나온다. Beezeboul은 종말론적인 문헌에는 나오지 않고 구약성서에 단 한번 나오고, (약간 부정확한 형태 Beezeboub으로)「마태복음」 10:25, 「누가복음」 11:15에 6번 나온다. 이 말은 가나안의 'Baal the prince'에서 유래한 것인데, 신약성서에서 받아들여진 이유는 당시의 유대교 자료가 부족해서 설명되지 않았다. 「고린도 후서」 6:15에 나오는 벨리알은 종말론적 인 문헌에 나오는 Belial 또는 Beliar이다. '이 세상의 왕'이라는 의미의 Ho tou kosmou archōn은 이와 비슷한 구절이 특히 「요한복음」(12:31; 14:30)에 나온다. 이 말은 두 왕국 사이의 엄청난 투쟁을 반영한다. '유혹자'라는 의미의 Ho peirazon은 「마태복음」 4:3과 「데살로니카 전서」 3:5에 나온다. '비난자'라는 의미의 Ho katēgoros는 「레위기」 12:10 참조.「마태복음」 13:19, 「요한1서」 5:18에 나오는 '악한 것'이라는 뜻의 Ho ponēros는 주기도문(「마태복음」 6:13)에도 사용되었는데, 그리스어로 "악으로부터 우리를 구하옵시고" 또는 "악한 것으로부터 우리를 구하옵시고"라고 읽을 수 있다. 신약성서에서 Ho ponēros와 자동사 to ponēron은 둘 다 구분하기 힘든 경우에 자주 나온다. 「마태복음」 9:34절의 '악령들의 왕', 즉 Archōn tōn daimoniōn과 비슷한 구절 Archōn tēs exousias tou aeros(「에베소서」 2:2) '공중의 권세 잡은 자'라는 구절을 통해서 악령과 밀접한 관련을 갖게 된다. 마가와 바울로는 사탄이라는 이름을 사용하는 경향을 보이고 신약성서의 다른 저자들은 '악마' 혹은 완곡한 표현을 주로 선호했다.
7) 이 점에 대한 뛰어난 논의로는 Bendt Noack, Satanás and Sotería(Copenhagen, 1948); Trevor Ling, The Significance of Satan(London, 1961) 참조.
8) 공관 복음서에 나타난 광범위한 이원론의 요소들은 「마가복음」이나 「마태복음」보 다는 「누가복음」이 훨씬 두드러지고, 다른 어떤 공관 복음서보다 「요한복음」에서 두드러진다.
9) 「고린도 전서」 1:20, 2:6-7, 3:18; 「로마서」 12:2; 「갈라디아서」 1:4; 「요한1서」 4:3-4; 「에베소서」 2:2, 6:2; 「고린도 후서」 4:4; 「요한복음」 12:31, 14:30, 15:18-19, 16:11, 17:15-16. kosmos에 대해서는 Herman Sasse, 'κόσ μος', Theologisches Wörterbuch, 3(1938),

867-896, aiōn에 대해서는 Sasse, 'αἰών' ThW I(1933), 197-209 참조. "Grand Rapids, Mich.," in Gerhard Kettel and Gerhard Friedrich ed., *Theological Dictionary of the New Testament*, 1964-1973 참조.
10) 그리스어는 basileia인데, 이는 곧 바로 어렵지 않게 '나라'로 번역된다.
11) 「요한1서」 5:19. ho kosmos holos en tō ponērō keitai.
12) 「로마서」 8:7; 8:5-6, 「요한복음」 3:6; 6:63. 중립적인 의미의 sōma에 관해서는 8:10 참조. Sarx에 관해서는 Eduard Schwazer, 'σάρξ,' ThW 7(1960) 98-151 참조.
13) Hermann Strack and Paul Billerbeck, *Kommentar zum Neuen Testament aus Talmud und Midrasch*(Munich, 1922-1969), IV, 466.
14) locus classicus, 「요한복음」 1:4-5, 「고린도 후서」 4:4(빛 대 맹목), 「사도행전」 26:18, Col. 1:13, 「에베소서」 6:12 참조.
15) 「고린도 전서」. 10:20-21.
16) Ling, p.77.
17) 「로마서」 8:38; 「고린도 전서」 2:6; 「마태복음」 9:34, 25:41; 「요한계시록」 12:10; 「베드로 후서」 2:4, 특히 「마태복음」 12:28 참조.
18) 「요한복음」 6:70-71; 8:44, 13:2, 27; 「요한1서」 3:12.
19) Anton Fridrichsen, "The Conflict of Jesus with the Unclean Spirits," *Theology*, 22(1931), 127. Fridrichsen은 이 책 128페이지에서 biastai란 말은, 즉 「마태복음」 11장 12절에 나오는 '침노하는 자들'이란 말은 사람이 아니라 영적인 세력들에게 적용되어야 가장 잘 이해될 수 있고, biastai는 사탄과 그의 부하들이라고 주장한다.
20) 「요한복음」 8:44; 「사도행전」 13:10; 「데살로니가 후서」 2:3-9; 「요한계시록」 2:9; 3:9; 「요한1서」 3:8, 3:12.
21) 「마태복음」 16:23; 「마가복음」 8:33; 「누가복음」 22:31; 「마태복음」 4:10에서 예수가 베드로에게 사용한 똑같은 말을 사탄에게도 사용했다.
22) Henry Ansgar Kelly, "The Devil in the Desert," *Catholic Biblical Quarterly*, 26(1964), 218.
23) 「누가복음」 22:3 참조. 「요한복음」 6:70; 13:2, 27.
24) 「요한복음」 6:64. 이러한 아이러니는 기독교의 전통에서 명확하게 나타난 적은 없다. 기독교의 전통에서는 유다가 자신의 죄를 자유의지에 의한 것으로 선택되었다는 논리는 거부되었다. 그러니 밀접한 관계는 거기에서 얻어내었다.
25) 「요한계시록」 12:10; 「고린도 전서」 5:5; 「디모데 전서」 1:20.

26) G. B. Caird, *Principalities and Powers*(Oxford, 1956), pp.36-44 참조. Trevor Ling(p.41)은 「고린도 전서」 5장 5절에서 바울을 사탄에게 보낸 것은 기독교 공동체로부터의 추방으로 받아들여질 수 있다고 주장한다. 기독교가 영향력을 미치는 세계 이외에는 악마의 지배 하에 있다고 한다면, 기독교 공동체에서 제외되었다는 것은 악마의 지배 하에 놓이게 된다는 의미다.
27) Montague Rhodes James, ed., *The Apocryphal New Testament*(Oxford, 1924), pp.117-146.
28) 「누가복음」 10:18; 「마태복음」 12:28; 25:41; 「요한복음」 12:31; 16:11; 「베드로 후서」 2:4; 「요한계시록」 9:1-3; 12:7-9, 20. 감옥에 있는 영들(「베드로 전서」 3:19)은 타락한 천사들이다.
29) 기독교 천년왕국의 꿈이 나온 것은 바로 「요한계시록」 20장이다. 기독교의 천년왕국설은 후기 유대교의 메시아 사상의 변화를 반영한다. 기원전 150년경까지 유대인들은 메시아가 이 땅에 와서 영원한 지복의 통치를 예고할 것이라고 믿었고, 이러한 믿음의 흔적은 예수의 시대에까지도 남아 있었다. 그러나 기원전 150년 이후 엄청난 사건이 벌어지는 동안 유대인들은 이 세상은 너무나 악해서 메시아가 통치할 수 없게 되었고 메시아의 왕국이 이루어지기 이전 일정한 기간 동안 정화되어야 한다고 믿게 되었다. 그 기간이 얼마인지는 슬라브 에녹 22-23에 처음으로 천년이라고 명시되었는데, 그 날짜는 기원후 50년으로 되어 있다. 지옥의 불과 유황에 관해서는 「에녹 1서」; Test. Jud. 25:3; 「시빌의 신탁」, 3:73 참조.
30) 적그리스도란 벨리알, 되살아난 네로, 거짓 선지자라는 세 존재가 혼합된 것이라고 제기한 찰스(R. H. Charles)의 주장에 대한 비판적인 평가에 대해서는, Josef Ernst, *Die eschatologischen Gegenspieler in den Schriften des Neuen Testaments*(Regensburg, 1967); Béda Rigaux, *L'Antéchrist*(Gembloux, 1832) 참조. 칼리굴라와의 연관성은 「데살로니가 후서」 2장 14절에 암시되어 있다. 여기서 적그리스도는 사원에 자리를 잡고 신처럼 행세한다. 칼리굴라도 자신의 조각상을 사원에 세우라고 명령했다. 비록 그는 자신의 명령이 이루어지기 전에 암살되었지만, 계획적인 신성모독의 명성은 지속되었다.
31) 「요한복음」 3:8; 40-41; 「시편」 74:14; 104:26; 「이사야」 27:1; 「에티오피아의 에녹」 60:7-9 참조.
32) 「베드로 전서」 5:8; 「요한계시록」 12:9.
33) 「고린도 후서」 11:3; 「요한계시록」 12, 13:2. 뱀에 대한 모티브는 기독교 외경에서 더 강하게 나타난다. James, *Apocryphal New Testament*, pp.44, 80-82 참조.

34) 「에베소서」 2:2. '공중의 권세.'
35) 물의 선함을 강조하는 여러 구절 가운데 하나는 「요한복음」 3장 5절이다. 악으로써의 물에 관해서는 「요한계시록」 12:15-16; 13:1; 17:1 참조.
36) 「요한계시록」 6:4; 17:3-4.
37) 「요한복음」 1:4-9; 「사도행전」 26:18; 「요한계시록」 22:5.
38) 붉은 색(자주색)은 선으로도 나온다. 「마가복음」 15:17.
39) 외경에 관해서는 James, pp.22, 55, 323, 345, 451, 468 참조. 120년경에 바르나바의 서간에는 사탄이 *ho melas*, 즉 검은 것이라고 지칭되었고, 오바댜의 사도 역사와 필립 행전의 시대에 이르러, 사탄은 전적으로 검고, 날개가 있으며 악취가 나는 연기로 묘사되었다. 또한 초기 기독교에 관한 논문 *The Shepherd of Hermas* 참조.
40) 아쉽게도 매우 훌륭한 논문 한 편이 너무 늦게 나오는 바람에 참조할 수 없었다. Roy Yates, "Jesus and the Demonic in the Synoptic Gospels," *Irish Theological Quarterly*, 44(1977), 39-57.

참고문헌

여기에는 악마대하여 전체 또는 많은 부분을 할애한 저술만 수록했다.
악마라는 주제를 다룬 주요한 저술들은 본문의주로 처리했다.

Abrahamsson, Hans. *The Origin of Death: Studies in African Mythology.* Uppsala, 1951.
Adkins, Arthur W. H. "Homeric Gods and the Values of Homeric Society." *Journal of Hellenic Studies,* 92 (1972), 1-19.
Ahern, M. B. *The Problem of Evil.* London, 1971.
Albright, William F. *Yahweh and the Gods of Canaan.* London, 1968.
Anthes, Rudolf. "Mythology in Ancient Egypt," *Mythologies of the Ancient World.* Ed. Samuel Noah Kramer. New York, 1961. Pp. 17-92.
Arendt, Hannah. *On Violence.* New York, 1970.
Armstrong, Arthur H. *The Architecture of the Intelligible Universe in the Philosophy of Plotinus: An Analytical and Historical Study.* Cambridge, 1940.
———, ed. *The Cambridge History of Later Greek and Early Medieval Philosophy.* Cambridge, 1967.
Bamberger, Bernard J. *Fallen Angels.* Philadelphia, 1952.
Barton, George A. "The Origin of the Names of Angels and Demons in the Extra-Canonical Apocalyptic Literature to 100 A.D." *Journal of Biblical Literature,* 30-31 (1911-1912), 156-157.
Baumbach, Günther. *Das Verständnis des Bösen in den synoptischen Evangelien.* Berlin, 1963.
Becker, Ernest. *The Structure of Evil.* New York, 1968.
Bellah, Robert. *Beyond Belief: Essays on Religion in a Post-Traditional World.* New York, 1970.
Berends, William. "The Biblical Criteria for Demon-Possession." *Westminster Theological Journal,* 37 (1975), 342-365.
Berger, Peter, and Thomas Luckman. *The Social Construction of Reality: A Treatise in the Sociology of Knowledge.* New York, 1966.
Bianchi, Ugo. "Dualistic Aspects of Thracian Religion." *History of Religions,* 10 (1970), 228-233.

———. "Il dualismo come categoria storico-religiosa." *Rivista di storia e letteratura religiosa*, 9 (1973), 3–16.
———. *Il dualismo religioso: saggio storico ed etnologico*. Rome, 1958.
Billicsich, Friedrich, *Das Problem des Uebels in der Philosophie des Abendlandes*. Vol. 1: *Von Platon bis Thomas von Aquino*. 2d ed. Vienna, 1955.
Böcher, Otto. *Dämonenfurcht und Dämonenabwehr: ein Beitrag zur Vorgeschichte der christlichen Taufe*. Stuttgart, 1970.
———. *Der Johannische Dualismus im Zusammenhang des nachbiblischen Judentums*. Gütersloh, 1965.
———. *Das neue Testament und die dämonischen Mächte*. Stuttgart, 1972.
Bonnet, Hans. *Reallexikon der ägyptischen Religionsgeschichte*. Berlin, 1952.
Borsodi, Ralph. *The Definition of Definition: A New Linguistic Approach to the Integration of Knowledge*. Boston, 1967.
Bosch, Frederik D. R. *The Golden Germ: An Introduction to Indian Symbolism*. The Hague, 1960.
Boyd, James W. *Satan and Māra: Christian and Buddhist Symbols of Evil*. Leiden, 1975.
Brandon, Samuel G. F. *Creation Legends of the Ancient Near East*. London, 1963.
———. *The Judgement of the Dead: An Historical and Comparative Study*. London, 1967.
———. "The Personification of Death in Some Ancient Religions." *Bulletin of the John Rylands Library*, 43 (1961), 317–335.
———. *Religion in Ancient History*. New York, 1969.
Brock-Utne, Albert. "Der Feind: die alttestamentliche Satansgestalt im Lichte der sozialen Verhältnisse des nahen Orients." *Klio, Beiträge zur alten Geschichte*, 28 (1935), 219–227.
Bruno de Jésus-Marie, ed. *Satan*. New York, 1952.
Campbell, Joseph. *The Masks of God: Occidental Mythology*. New York, 1964.
———. *The Masks of God: Oriental Mythology*. New York, 1962.
———. *The Masks of God: Primitive Mythology*. New York, 1959.
———. *The Mythic Image*. Princeton, 1975.
Caquot, André. "Anges et démons en Israël." *Génies, anges et démons*. Paris, 1971.
Carcopino, Jérôme. *La Basilique pythagoricienne de la Porte Majeure*. Paris, 1926.
Cassuto, Umberto. *The Goddess Anath: Canaanite Epics of the Patriarchal Age*. Jerusalem, 1951.
Cave, Charles H. "The Obedience of Unclean Spirits." *New Testament Studies*, 11 (1964/1965), 93–97.
Cavendish, Richard. *The Powers of Evil*. New York, 1975.
Charles, Robert H. *The Apocrypha and Pseudepigrapha of the Old Testament in English*. 2 vols. Oxford, 1913.
———. *Eschatology*. 2d ed. by George Wesley Buchanan. New York, 1963.
———. *Religious Development between the Old and New Testaments*. London, 1914.
Cherniss, Harold. "Sources of Evil According to Plato." *Proceedings of the American Philosophical Society*, 98 (1954), 23–30.
Chilcott, C. M. "The Platonic Theory of Evil." *Classical Quarterly*, 17 (1923), 27–31.

Christensen, A. *Essai sur la démonologie iranienne.* Copenhagen, 1941.
Corvez, Maurice. *Les Structuralistes, les linguistes.* Paris, 1969.
Costello, Edward B. "Is Plotinus Inconsistent on the Nature of Evil?" *International Philosophical Quarterly,* 7 (1967), 483–497.
Cross, Frank Moore. *Canaanite Myth and Hebrew Epic: Essays in the History of the Religion of Israel.* Cambridge, Mass., 1973.
Culican, William. "Phoenician Demons." *Journal of Near Eastern Studies,* 35 (1976), 21–24.
Dahl, Nils Alstrup. "Der erstgeborene Satans und der Vater des Teufels." *Apophoreta: Festschrift für Ernst Haenchen.* Berlin, 1964. Pp. 70–84.
Dahood, Mitchell. "Ugaritic Studies and the Bible." *Gregorianum,* 43 (1962), 55–79.
Dam, Willem C. van. *Dämonen und Bessessene: die Dämonen in Geschichte und Gegenwart und ihre Austreibung.* Aschaffenburg, 1970.
Daniélou, Alain. *Hindu Polytheism.* New York, 1964.
De Harlez, Charles. "Satan et Ahriman, le démon biblique et celui de l'Avesta." *Society of Biblical Archeology, Proceedings,* 9 (1887), 365–373.
De Jonge, Marinus. *Testamenta XII Patriarcharum.* 2 vols. Leiden, 1964.
Denis, Albert Marie. *Introduction aux pseudépigraphes grecs de l'Ancien Testament.* Leiden, 1970.
Detienne, Marcel. "Sur la Démonologie de l'ancien pythagorisme." *Revue de l'histoire des religions,* 155 (1959), 17–32.
De Vaux, Roland. *Ancient Israel: Its Life and Institutions.* New York, 1961.
Dexinger, Ferdinand. *Sturz der Göttersöhne oder Engel vor der Sintflut.* Wiener Beiträge zur Theologie, 13. Vienna, 1966.
Dhorme, Edouard. *Les Religions de Babylonie et d'Assyrie.* Paris, 1956.
Dodds, Eric R. *Pagan and Christian in an Age of Anxiety: Some Aspects of Religious Experience from Marcus Aurelius to Constantine.* Cambridge, 1965.
Dresden, Mark J. "Mythology of Ancient Iran." Ed. Samuel N. Kramer, *Mythologies of the Ancient World.* New York, 1961.
Driver, Godfrey R. "Mythical Monsters in the Old Testament." *Studi orientalistici in onore di Giorgio Levi della Vida.* 2 vols. Rome, 1956. I, 234–249.
Duchesne-Guillemin, Jacques, ed. *The Hymns of Zarathustra.* London, 1952.
———. *Ohrmazd et Ahriman: l'aventure dualiste dans l'antiquité.* Paris, 1953.
———. *La Religion de l'Iran ancien.* Paris, 1962.
———. *Symbols and Values in Zoroastrianism: Their Survival and Renewal.* New York, 1966.
Dumézil, Georges. *Archaic Roman Religions.* 2 vols. Chicago, 1970.
Dussaud, René. *Les Religions des Hittites et des Hourrites, des Phéniciens, et des Syriens.* Paris, 1945.
Eissfeldt, Otto. *The Old Testament: An Introduction, Including the Apocrypha and Pseudepigrapha, and also the Works of Similar Type from Qumran.* New York, 1965.
Eitrem, Samson. *Some Notes on the Demonology in the New Testament.* 2d ed. Oslo, 1966.
Eliade, Mircea, ed. *From Primitives to Zen: A Thematic Sourcebook of the History of Religions.* New York, 1967.
———. *Myth and Reality.* New York, 1963.

―――. "Notes on Demonology." *Zalmoxis*, 1 (1938), 197-203.
―――. *Patterns in Comparative Religion*. New York, 1958.
―――. *The Two and the One*. London, 1965.
Erman, Adolf, ed. *The Ancient Egyptians: A Sourcebook of Their Writings*. London, 1923. 2d ed. New York, 1966. Originally published as *Die Literatur der Ägypter*. Leipzig, 1923.
Ernst, Josef. *Die eschatologischen Gegenspieler in den Schriften des Neuen Testaments*. Regensburg, 1967.
Evans, John M. *Paradise Lost and the Genesis Tradition*. Oxford, 1968.
Fascher, Erich. *Jesus und der Satan: eine Studie zur Auslegung der Versuchungsgeschichte*. Halle/Salle, 1949.
Feine, Paul, and Johannes Behm. *Einleitung in das Neue Testament*. 14th ed. by Werner Georg Kümmel, Heidelberg, 1964. Translated as *Introduction to the New Testament*. Nashville, 1966.
Ferguson, John. *The Religions of the Roman Empire*. London, 1970.
Festugière, André-Jean. *Epicurus and his Gods*. Oxford, 1955.
Frankfort, Henri. *Ancient Egyptian Religion: An Interpretation*. New York, 1948.
―――. *The Birth of Civilization in the Near East*. London, 1951.
―――, ed. *The Intellectual Adventure of Ancient Man: An Essay on Speculative Thought in the Ancient Near East*. Chicago, 1946.
―――. *The Problem of Similarity in Ancient Near Eastern Religion*. Oxford, 1951.
Fridrichsen, Anton. "The Conflict of Jesus with the Unclean Spirits." *Theology*, 22 (1931), 122-135.
Fromm, Erich. *The Anatomy of Human Destructiveness*. New York, 1973.
Fuller, Benjamin A. G. *The Problem of Evil in Plotinus*. Cambridge, 1912.
Girard, René. *La Violence et le sacré*. Paris, 1972.
Glasson, Thomas Francis. *Greek Influence in Jewish Eschatology, with Special Reference to the Apocalypses and Pseudepigraphs*. London, 1961.
Gonda, Jan. *Les Religions de l'Inde*. Paris, 1962.
Goodenough, Erwin R. *Introduction to Philo Judaeus*. 2d ed. Oxford, 1962.
Gordis, Robert. *The Book of God and Man: A Study of Job*. Chicago, 1965.
Gordon, Cyrus. *The Ancient Near East*. 3d ed. New York, 1965.
―――. "Canaanite Mythology." *Mythologies of the Ancient World*. Ed. Samuel Noah Kramer. New York, 1961. Pp. 183-215.
―――. *The Common Background of Greek and Hebrew Civilization*. New York, 1965. Originally published as *Before the Bible*. New York, 1962.
―――. *Ugarit and Minoan Crete: The Bearing of their Texts on the Origins of Western Culture*. New York, 1966.
―――. *Ugaritic Literature: A Comprehensive Translation of the Poetic and Prose Texts*. Rome, 1949.
Gray, John. *The Canaanites*. London, 1964.
―――. *The Legacy of Canaan: The Ras Shamra Texts and their Relevance to the Old Testament*. Leiden, 1965.
―――. *Near Eastern Mythology*. London, 1969.
Greeley, Andrew M. *Unsecular Man*. New York, 1972.
Greene, William C. *Moira: Fate, Good and Evil, in Greek Thought*. Cambridge, Mass., 1944.

Griffiths, John G. *The Conflict of Horus and Seth, from Egyptian and Classical Sources: A Study in Ancient Mythology*. Liverpool, 1960.
Gross, Julius. *Geschichte des Erbsündendogmas: ein Beitrag zur Geschichte des Problems vom Ursprung des Uebels*. 4 vols. Munich, 1960-1972.
Gruenthaner, Michael J. "The Demonology of the Old Testament." *Catholic Biblical Quarterly*, 6 (1944), 6-27.
Güterbock, Hans. "Hittite Mythology." *Mythologies of the Ancient World*. Ed. Samuel Noah Kramer. New York, 1961. Pp. 141-179.
Guthrie, William K. C. *Orpheus and Greek Religion*. London, 1935.
Haag, Herbert, ed. *Teufelsglaube*. Tübingen, 1974.
Hager, Fritz-Peter. *Die Vernunft und das Problem des Bösen im Rahmen der platonischen Ethik und Metaphysik*. Berne, 1963.
Harden, Donald. *The Phoenicians*. New York, 1962.
Heidel, Alexander. *The Babylonian Genesis: The Story of the Creation*. 2d ed. Chicago, 1951.
Helfer, James S. *On Method in the History of Religions*. Middletown, Conn., 1968.
Hennecke, Edgar, and Wilhelm Schneemelcher. *The New Testament Apocrypha*. 2 vols. Philadelphia, 1963-1965.
Henninger, Joseph. "The Adversary of God in Primitive Religions." *Satan*. Ed. Bruno de Jésus-Marie. New York, 1952.
Herter, Hans. "Böse Dämonen im frühgriechisches Volksglauben." *Rheinisches Jahrbuch der Volkskunde*, 1 (1950), 112-143.
Hick, John. *Evil and the God of Love*. New York, 1966.
Hiers, Richard H. "Satan, Demons, and the Kingdom of God." *Scottish Journal of Theology*, 27 (1974), 35-47.
Hinnells, John R. *Persian Mythology*. London, 1973.
———. "Zoroastrian Saviour Imagery and its Influence on the New Testament." *Numen*, 16 (1969), 161-185.
Hinz, Walther. *Zarathushtra*. Stuttgart, 1961.
Hollinger, David A. "T. S. Kuhn's Theory of Science and its Implications for History." *American Historical Review*, 78 (1973), 370-393.
Hooke, Samuel H. *Babylonian and Assyrian Religion*. New York, 1953.
Inge, William R. *The Philosophy of Plotinus*. 3d ed. 2 vols. London, 1929.
James, Montague Rhodes, ed., *The Apocryphal New Testament*. Oxford, 1924.
Jeanmaire, Henri. *Dionysos: histoire du culte de Bacchus*. Paris, 1951.
Jensen, Soren S. *Dualism and Demonology*. Copenhagen, 1966.
Johnson, Roger N. *Aggression in Man and Animals*. Philadelphia, 1972.
Jung, Leo. *Fallen Angels in Jewish, Christian and Mohammedan Literature*. Philadelphia, 1926.
The Jung Institute. *Evil*. Evanston, Ill., 1967.
Kapelrud, Arvid S. *The Violent Goddess: Anat in the Ras Shamra Texts*. Oslo, 1969.
Kaupel, Heinrich. *Die Dämonen im Alten Testament*. Augsburg, 1930.
Kee, Howard Clark. "The Terminology of Mark's Exorcism Studies." *New Testament Studies*, 14 (1968), 232-246.
Kelly, Henry Ansgar. *The Devil, Demonology, and Witchcraft: The Development of Christian Beliefs in Evil Spirits*. 2d ed. New York, 1974.

———. "The Devil in the Desert." *Catholic Biblical Quarterly*, 26 (1964), 190–220.
———. "Demonology and Diabolical Temptation." *Thought*, 40 (1965), 165–194.
Kelsey, Morton. "The Mythology of Evil." *Journal of Religion and Health*. 13 (1974), 7–18.
Kerenyi, Karoly. *The Religion of the Greeks and Romans*. New York, 1962.
Kirk, Geoffrey S. *Myth: Its Meaning and Functions in Ancient and Other Cultures*. Cambridge, 1970.
Kluger, Rivkah Schärf. *Satan in the Old Testament*. Evanston, Ill., 1967.
Kockelmans, Joseph J., ed. *Phenomenology: The Philosophy of Edmund Husserl and its Interpretations*. New York, 1967.
Kramer, Samuel Noah. "Mythology of Sumer and Akkad." *Mythologies of the Ancient World*. New York, 1961. Pp. 95–137.
———. *Sumerian Mythology: A Study of Spiritual and Literary Achievement in the Third Millennium B.C.* 2d ed. New York, 1961.
Kuhn, Harold B. "The Angelology of the Non-Canonical Jewish Apocalypses." *Journal of Biblical Literature*, 67 (1948), 217–232.
Langton, Edward. *Essentials of Demonology: A Study of Jewish and Christian Doctrine, its Origin and Development*. London, 1949.
———. *Good and Evil Spirits: A Study of the Jewish and Christian Doctrine, Its Origin and Development*. New York, 1942.
———. *Satan: A Portrait: A Study of the Character of Satan Through All the Ages*. London, 1945.
Leach, Edmund R. *Lévi-Strauss*. London, 1970.
Lederer, Wolfgang. *The Fear of Women*. New York, 1968.
Lefévre, André. "Angel or Monster?" *Satan*. Ed. Bruno de Jésus-Marie. New York, 1952.
Leibovici, Marcel. "Génies et démons en Babylonie." *Génies, anges et démons*. Paris, 1971. Pp. 85–112.
Ling, Trevor O. *Buddhism and the Mythology of Evil: A Study in Theravāda Buddhism*. London, 1962.
———. *The Significance of Satan: New Testament Demonology and its Contemporary Relevance*. London, 1961.
Lods, Adolphe. "La Chute des anges: origine et portée de cette spéculation." *Revue d'histoire et de philosophie religieuses*, 7 (1927), 295–315.
———. "Les Origines de la figure de Satan, ses fonctions à la cour céleste. *Mélanges syriens offerts à M. R. Dussaud*. 2 vols. Paris, 1939. II, 649–660.
Long, J. Bruce. "Siva and Dionysos—Visions of Terror and Bliss." *Numen*, 19 (1971), 180–209.
Lorenz, Konrad. *On Aggression*. New York, 1966.
Lovejoy, Arthur O. *Essays in the History of Ideas*. Baltimore, 1948.
Lüthi, Kurt. *Gott und das Böse: eine biblisch-theologische und systematische These*. Zurich, 1961.
McCasland, Selby Vernon. *By the Finger of God: Demon Possession and Exorcism in Early Christianity in the Light of Modern Views of Mental Illness*. New York, 1951.

Macchioro, Vittorio. *From Orpheus to Paul: A History of Orphism*. New York, 1930.
McCloskey, H. J. "God and Evil." *Philosophical Quarterly*, 10 (1960), 97-114.
——. "The Problem of Evil." *Journal of Bible and Religion*, 30 (1962), 187-197.
MacCulloch, John A. *The Harrowing of Hell: A Comparative Study of an Early Christian Doctrine*. Edinburgh, 1930.
Mackie, John L. "Evil and Omnipotence." *Mind*, 64 (1955), 200-212.
Madden, Edward H. "The Riddle of God and Evil." *Current Philosophical Issues*. Ed. Frederick C. Dommeyer. Springfield, Ill., 1966. Pp. 185-200.
——, and Peter H. Hare. *Evil and the Concept of God*. Springfield, Ill., 1968.
Maier, Johann. "Geister (Dämonen): Israel." *Reallexikon für Antike und Christentum*, IX (1976), 579-585.
Maranda, Pierre, and Eppi Köngäs. *Structural Analysis of Oral Tradition*. Philadelphia, 1971.
Maritain, Jacques. *God and the Permission of Evil*. Milwaukee, 1966.
May, Harry S. "The Daimonic in Jewish History; or, the Garden of Eden Revisited." *Zeitschrift für Religions- und Geistesgeschichte*, 23 (1971), 205-219.
May, Herbert G. "Cosmological Reference in the Qumran Doctrine of the Two Spirits and in Old Testament Imagery." *Journal of Biblical Literature*, 82 (1963), 1-14.
May, Rollo. *Power and Innocence: A Search for the Sources of Violence*. New York, 1972.
Meeks, Dimitri. "Génies, anges, démons en Egypte." *Génies, anges et démons*. Paris, 1971. Pp. 17-84.
Meldrum, M. "Plato and the ἀρχὴ κακῶν," *Journal of Hellenic Studies*, 70 (1950), 65-74.
Ménasce, P. de. "A Note on the Mazdean Dualism." *Satan*. Ed. Bruno de Jésus-Marie. New York, 1952. Pp. 121-126.
Mendelsohn, Isaac, ed. *Religions of the Ancient Near East: Sumero-Akkadian Religious Texts and Ugaritic Epics*. New York, 1955.
Mensching, Gustav. *Gut und Böse im Glauben der Völker*. 2d ed. Stuttgart, 1950.
Michl, Johann. "Katalog der Engelnamen." *Reallexikon für Antike und Christentum*, V (1962), 200-239.
Montagu, Ashley, ed. *Man and Aggression*. New York, 1968.
Moreno, Antonio. *Jung, Gods, and Modern Man*. Notre Dame, 1970.
Morenz, Siegfried. *Egyptian Religion*. Ithaca, N.Y., 1973. Originally published as *Aegyptische Religion*. Stuttgart, 1960.
Munz, Peter. *When the Golden Bough Breaks: Structuralism or Typology?* London, 1973.
Mylonas, George E. *Eleusis and the Eleusinian Mysteries*. Princeton, 1961.
Natanson, Maurice, ed. *Phenomenology and Social Reality: Essays in Memory of Alfred Schutz*. The Hague, 1970.
Neumann, Erich. *Depth Psychology and a New Ethic*. New York, 1969.
Newman, John Henry. *Essay on the Development of Christian Doctrine*. London, 1946.
Nilsson, Martin P. *Geschichte der griechischen Religion*. 3d ed 3 vols. Munich, 1967.

Noack, Bent. *Satanás und Soteria: Untersuchungen zur neutestamentlichen Dämonologie.* Copenhagen, 1948.
Nyberg, Henrik S. *Die Religionen des alten Iran.* Osnabrück, 1966.
Obeyesekere, Gananath. "Theodicy, Sin, and Salvation in a Sociology of Buddhism." *Dialectic in Practical Religion.* Ed. E. R. Leach. Cambridge, 1968, pp. 7-40.
O'Brien, D. "Plotinus on Evil: A Study of Matter and the Soul in Plotinus' Conception of Human Evil." *Downside Review,* 87 (1969), 68-110.
Oesterreich, Traugott K. *Possession, Demoniacal and Other: Among Primitive Races, in Antiquity, the Middle Ages, and Modern Times.* New York, 1930.
O'Flaherty, Wendy Doniger. *Hindu Myths.* Harmondsworth, 1975.
———. *The Origin of Evil in Hindu Mythology.* Berkeley, Calif., 1976.
———. "The Origin of Heresy in Hindu Mythology." *History of Religions,* 10 (1970), 271-333.
Olson, Alan M., ed. *Disguises of the Demonic: Contemporary Perspectives on the Power of Evil.* New York, 1975.
Otto, Walter F. *Dionysos: Myth and Cult.* Bloomington, Ind., 1965.
Penelhum, Terence. "Divine Goodness and the Problem of Evil." *Religious Studies,* 2 (1966), 95-107.
Petit, François. *The Problem of Evil.* New York, 1959.
Pètrement, Simone. *Le Dualisme chez Platon, les gnostiques, et les manichéens.* Paris, 1947.
———. *Le Dualisme dans l'histoire de la philosophie et des religions: introduction à l'étude du dualisme platonicien, du gnosticisme et du manichéisme.* Paris, 1946.
Piccoli, Giuseppe. "Etimologie e significati di voci bibliche indicanti Satana." *Rivista di filologia classica; nuova serie,* 30 (1952), 69-73.
Pike, Nelson, ed. *God and Evil: Readings on the Theological Problems of Evil.* Englewood Cliffs, N.J., 1964.
Pistorius, Philippus V. *Plotinus and Neoplatonism: An Introductory Study.* Cambridge, 1952.
Plantinga, Alvin. "The Free Will Defence." *Philosophy in America.* Ed. Max Black. Ithaca, N.Y., 1965. Pp. 204-220.
Pontifex, Mark. "The Question of Evil." *Prospect for Metaphysics.* Ed. Ian Ramsey. London, 1961. Pp. 121-137.
Pritchard, James B. *Ancient Near Eastern Texts Relating to the Old Testament.* 2d ed. Princeton, 1955.
Propp, Vladimir. *Morphology of the Folk Tale.* 2d ed. Austin, Tex., 1968.
Puccetti, Roland. "The Loving God—Some Observations on John Hick's *Evil and the God of Love.*" *Religious Studies,* 2 (1967), 255-268.
Radin, Paul. *The Trickster: A Study in American Indian Mythology.* London, 1955.
Raphaël, F. "Conditionnements socio-politiques et socio-psychologiques du Satanisme." *Revue des sciences religieuses,* 50 (1976), 112-156.
Reicke, Bo. *The Disobedient Spirits and Christian Baptism: A Study of 1 Pet. 3:19 and its Context.* Copenhagen, 1946.
Richman, Robert J. "The Argument from Evil." *Religious Studies,* 4 (1968), 203-211.
Ricoeur, Paul. *The Symbolism of Evil.* New York, 1967.

Ringgren, Helmer. *Religions of the Ancient Near East*. Philadelphia, 1973.
Roskoff, Gustav. *Geschichte des Teufels*. 2 vols. Leipzig, 1869.
Rossi, Ino. *The Unconscious in Culture: The Structuralism of Claude Lévi-Strauss in Perspective*. New York, 1974.
Russell, David S. *The Method and Message of Jewish Apocalyptic 200 B.C.–A.D. 100*. Philadelphia, 1964.
Sanford, Nevitt, and Craig Comstock. *Sanctions for Evil*. San Francisco, 1971.
Scheepers, Johannes H. *Die Gees van God en die gees van die mens in die Ou Testament*. Kampen, 1960.
Scheffczyk, Leo. "Christlicher Glaube und Dämonenlehre. Zur Bedeutung des Dokumentes der 'Kongregation für die Glaubenslehre' von Juni 1975." *Münchener Theologische Zeitschrift*, 26 (1975), 387–396.
Schipper, Kristofer. "Démonologie chinoise." *Génies, anges et démons*. Paris, 1971, pp. 403–427.
Schlier, Heinrich. *Principalities and Powers in the New Testament*. New York, 1961.
Schmid, Josef. "Der Antichrist und die hemmende Macht (2 Thess. 2:1–12)." *Theologische Quartalschrift*, 129 (1949), 323–343.
Schmidt, Karl Ludwig. "Lucifer als gefallene Engelmacht." *Theologische Zeitschrift*, 7 (1951), 161–179.
Schutz, Alfred. *The Phenomenology of the Social World*. Evanston, Ill., 1967.
Sesemann, Wilhelm. "Die Ethik Platos und das Problem des Bösen." *Festschrift Hermann Cohen*. Berlin, 1972. Pp. 170–189.
Shaked, Shaul. "Some Notes on Ahriman, the Evil Spirit, and his Creation." *Studies in Mysticism and Religion Presented to Gerschom G. Scholem*. Jerusalem, 1967.
Shiner, Larry. "A Phenomenological Approach to Historical Knowledge." *History and Theory*, 8 (1969), 260–274.
Simpson, William K., et al. *The Literature of Ancient Egypt: An Anthology of Stories, Instructions, and Poetry*. New Haven, 1972.
Soelle, Dorothy. *Suffering*. Philadelphia, 1976.
Sontag, Frederick. *The God of Evil: An Argument from the Existence of the Devil*. New York, 1970.
Soury, Guy. *La Démonologie de Plutarque*. Paris, 1942.
Spiro, Melford. *Buddhism and Society*. New York, 1972.
Stählin, Wilhelm. "Die Gestalt des Antichrists und das Katechon." *Festschrift J. Lortz*. 2 vols. Baden-Baden, 1958. II, 1–12.
Staude, John Raphael. "Psyche and Society: Freud, Jung and Lévi-Strauss from Depth Psychology to Depth Sociology." *Theory and Society*, 3 (1976), 303.
Stemberger, Günter. *La Symbolique du bien et du mal selon S. Jean*. Paris, 1970.
Storr, Anthony. *Human Destructiveness*. New York, 1972.
Strack, Hermann, and Paul Billerbeck. *Kommentar zum Neuen Testament aus Talmud und Midrasch*. 4 vols. Munich, 1922–1969.
Taylor, Richard. *Good and Evil: A New Direction*. New York, 1970.
Thornton, Timothy C. G. "Satan: God's Agent for Punishing." *Expository Times*, 83 (1972), 151–152.
Torczyner, Harry. *The Book of Job: A New Commentary*. Jerusalem, 1957.

———. "A Hebrew Incantation against Night-Demons from Biblical Times." *Journal of Near Eastern Studies*, 6 (1947), 18–29.
Vaillant, André. *Le Livre des secrets d'Hénoch: texte slave et traduction française*. Paris, 1952.
Van der Meulen, R. J. "Veraktualisering van de Antichrist." *Arcana Revelata: Festschrift W. Grosheid*. Kampen, 1951.
Vandier, Jacques. *La Religion égyptienne*. 2d ed. Paris, 1949.
Varenne, Jean. "Anges, démons et génies dans l'Inde." *Génies, anges et démons*. Paris, 1971. Pp. 257–294.
Verde, Felice M., O.P. "Il Problema del male da Proclo ad Avicenna." *Sapienza*, 11 (1948), 390–408.
———. "Il Problema del male da Plutarco a S. Agostino." *Sapienza*, 11 (1958), 231–268.
Vermaseren, Maarten J. *Mithras, the Secret God*. London, 1963.
Vermes, Geza. *The Dead Sea Scrolls in English*. 2d ed. Harmondsworth, 1970.
Von Petersdorff, Egon. *Daemonologie*. 2 vols. Munich, 1956–1957.
Wainwright, William J. "The Presence of Evil and the Falsification of Theistic Assertions." *Religious Studies*, 4 (1968), 213–216.
Wallace, Howard. "Leviathan and the Beast in Revelations." *Biblical Archaeologist*, 11 (1948), 61–68.
Watts, Alan W. *The Two Hands of God: The Myths of Polarity*. New York, 1963.
Wheelwright, Philip. *The Burning Fountain*. Bloomington, Ind., 1954.
Widengren, Geo. *The Great Vohu Manah and the Apostle of God: Studies in Iranian and Manichaean Religions*. Uppsala, 1945.
———. *Die Religionen Irans*. Stuttgart, 1965.
Willetts, Ronald F. *Cretan Cults and Festivals*. New York, 1962.
Williams, R. J. "Theodicy in the Ancient Near East." *Canadian Journal of Theology*, 2 (1956), 14–26.
Wilson, John A. *The Burden of Egypt: An Interpretation of Ancient Egyptian Culture*. Chicago, 1951. 2d ed. published as *The Culture of Ancient Egypt*. New York, 1956.
Winston, David. "The Iranian Component in the Bible, Apocrypha and Qumran. A Review of the Evidence." *History of Religions*, 5 (1965–1966), 183–216.
Wolfson, Harry A. *Philo: Foundations of Religious Philosophy in Judaism, Christianity, and Islam*. 2 vols. Cambridge, Mass., 1947.
Woods, Richard. *The Devil*. Chicago, 1974.
Zaehner, Robert C. *Concordant Discord: The Interdependence of Faiths*. Oxford, 1970.
———. *The Dawn and Twilight of Zoroastrianism*. London, 1961.
———. *Hinduism*. Oxford, 1962.
———. *The Teachings of the Magi*. New York, 1956.
———. *Zurvan, a Zoroastrian Dilemma*. Oxford, 1955.
Zandee, Jan. *Death as an Enemy According to Ancient Egyptian Conceptions*. Leiden, 1960.
Ziegler, Matthäus. *Engel und Dämon im Lichte der Bibel: mit Einschluss des ausserkanonischen Schrifttums*. Zurich, 1957.

역자후기

제프리 버튼 러셀은 20여 년 동안 인류의 문명사에서 악의 문제를 줄기차게 탐구해왔다. 저자는 인류 문명의 저 깊숙한 지하 속에서 켜켜이 먼지를 뒤집어쓰고 빛을 보지 못했던 또 하나의 유산을 마치 고고학자가 지층 속 유물을 탐사하듯 세심한 지성의 등불을 밝혀 우리 앞에 그 전모를 펼쳐 보인다. 고대로부터 초기 기독교, 중세와 근대를 아우르는 러셀의 지적 여정은 이전에 단편적으로 또는 산발적으로 흩어져 있던 악과 악마에 관한 문헌과 지식들을 총망라한 셈이다.

네 권의 저작을 통해서 러셀은 고대로부터 현재에 이르기는 악의 역사를 구체적인 개념 을 통해 규명하고자 했다. 고대로부터 기독교 시대, 그리고 중세를 거치면서 악의 상징은 그 시대의 상황과 맞물리면서 변용되어왔다. 악마의 개념은 종교개혁을 거치면서 다소 주춤하다가 합리론의 발흥으로 더욱 힘을 잃게 되었다. 그러다가 19세기에 접어들어 구체제에 대한 도전의 상징으로 강력하게 부상하면서 타락하고 어리석은 인간의 모습을 역설적으로 비춰주는 거울이 되었다. 러

셸은 객관적인 역사학자의 시각으로 악과 악마의 개념을 추적했으며, 그가 참조한 분야는 신학과 철학, 문학, 미술 더 나아가 대중 예술에 이르기까지 전방위로 확대되면서 연구의 폭과 깊이를 넓혀나갔다. 명실상부하게 인간이 손댄 모든 분야의 이면을 뒤집어, 문명과 문화의 참모습을 남김없이 드러낸 것이다.

전권을 통해서 저자는 가장 극명한 악의 상징들이 역사 속에서 변용되어온 과정을 파고들면서도 탐구의 대상들이 단순히 학문의 영역으로만 제한되지 않고 인간의 삶 속에서 생생하게 경험하게 되는 엄연한 현실임을 줄곧 강조하고 있다.

빛이 그 밝음을 더할수록 그 이면엔 더 짙은 어둠이 드리워지는 법. 그저 멀리하며 들여다보기 꺼려 했던 인간 역사의 다른 한쪽이 드러나면서, 비로소 인류 문화사는 온전한 양 날개를 펼치게 되었다. 두려움과 무지가, 역사적 문맥과 지성으로 진실을 밝혀보려는 용기를 통해 극복된다면, 러셀의 이 도저한 작업은 우리에게 문명을 이해하는 균형감각을 갖게 해주리라 생각한다.

2006년 3월
김영범

찾아보기

가요마르트 136~138, 142, 148
가타(Gatha) 122, 128, 129
게헤나(Ghehnna) 223, 325, 303

남녀추니 44, 71, 72, 178

다이모니온(daimonion) 299, 300, 179
데몬(demon) 179, 221
데블(Devil) 226
도덕적 악 23, 185, 186, 209, 218, 297
디오니소스 축제 177

라미아스 223, 321
레(Re) 91, 98~100, 193
레비-스트로스 54, 60, 61
「루벤의 성서」 248
리처드 테일러 24, 25
릴리투(Lilitu) 110

마기(Magi) 125, 193
마니교 135, 142, 147

마르둑(Marduk) 106, 107
마즈다 118, 123, 147
마즈다교 124, 125, 148, 205, 321, 324
마스테마 240, 242, 246~248, 251, 260, 261, 269
말락 251~253, 257~261, 272
모나드(Monad) 204
모트(Mot) 113, 114, 320
미트라교 147, 148, 193~198, 220, 324

바쿠스 축제(Bacchanalia) 193
베네 엘로힘 252, 257, 258, 319
벨리알 267, 271, 275, 276, 240, 242, 266

사륵스(sarx) 298
사이러스 고든 114
세트(Seth) 92, 93, 95, 96, 98, 113
셈야자 240, 244, 246
소마(soma) 298
소쉬얀스(Soshyans) 146

소크라테스 182, 183, 189
스키너 28~30
스토아학파 201, 202
신정론 67, 104, 119, 167, 182, 204
  217, 218, 258, 261, 291, 313, 318
신피타고라스주의 204
싱크레티즘(syncretism) 191

아나트와 바알 112~114
아르테미스 158, 159,165
아리만 69, 129~132, 134~142, 195,
  275, 320, 321
아수라 69
아슈르바니팔 2세 46, 102, 104
아이온(aion) 296
아이스킬로스 163, 166, 171
아자젤 263, 240, 242, 246, 251
아테나 154, 155
아폴론 158
아후라 마즈다 69, 127, 129, 136,
  124, 322
압수(Apsu)와 티아마트(Tiamat) 105
「에녹 비서」 248, 250
에레슈키갈(Ereshkigal) 107, 108
에리히 프롬 23, 31
에피쿠로스 201, 202
오르마즈드 129~132, 134~146,
  193~195, 200
오르페우스교 172, 175, 177, 178,
  184, 187, 202

융(C. G. Jung) 32, 33, 34, 35, 54, 60
이슈타르 108, 110
이원론 35, 116, 118~119, 121~124,
  129, 135, 149, 172, 174~175,
  183, 184, 187, 204, 205, 219,
  220, 224, 264, 269, 270, 289,
  313, 316, 317, 320, 325
이중체 69, 71, 95, 114, 127, 134,
  301, 318
외경 226, 227, 236
「일리아스」162, 164, 165, 179
일원론 35, 129, 182~184, 206, 214,
  218, 219, 236, 281, 289, 316, 317

자연발생적인 악 23, 198, 209, 281
자유의지 286~288
조로아스터교 116~129, 275,
  276~278
존재론적 악 185, 186
주르반교 132, 134, 142, 147, 277

카룬(Charun) 198~200
코스모스(kosmos) 296

트릭스터(Trickster) 88, 98, 155
판(Pan) 156
포세이돈 155, 159
프라슈카르트(Frashkart) 145
플라톤 183~189, 208, 209
플로티누스 206~214

플루타르코스 205, 206, 221
필론 215, 216

하데스 156, 158, 180, 181, 195, 221~223, 303, 321
하메스타간(Hamestagan) 145
하토르(Hathor) 98
헤라 153, 154
헤르메스 155, 324
호메로스 159, 162, 164, 165
호루스(Horus) 92, 93, 95, 96, 98
힌두교 24, 66, 86, 278

THE DEVIL 데블
고대로부터 원시 기독교까지 악의 인격화

지은이 | 제프리 버튼 러셀
옮긴이 | 김영범
펴낸이 | 박종암
펴낸곳 | 도서출판 르네상스

초판 1쇄 펴냄 | 2006년 3월 22일
초판 2쇄 펴냄 | 2006년 4월 20일

주소 | 121-842 서울시 마포구 서교동 460-14번지 2층
전화 | 02-334-2751
팩스 | 02-334-2752
메일 | re411@hanmail.net
등록 | 2006년 5월 22일, 제300-2006-62호

ISBN 89-90828-31-7 03900
ISBN 89-90828-30-9 (세트)

* 잘못된 책은 바꿔 드립니다.